基于尺度与结构的区域发展研究

Research on Regional Development Based on Scale and Structure

王成新　于尚坤　周慧敏　孙　冰 ◎ 著

中国社会科学出版社

图书在版编目(CIP)数据

基于尺度与结构的区域发展研究 / 王成新等著. —北京：中国社会科学出版社，2021.3
ISBN 978-7-5203-7938-0

Ⅰ.①基… Ⅱ.①王… Ⅲ.①区域发展—研究—中国 Ⅳ.①F127

中国版本图书馆 CIP 数据核字（2021）第 029950 号

出 版 人	赵剑英
责任编辑	李金涛
责任校对	李广超
责任印制	李寡寡

出　　版	中国社会科学出版社
社　　址	北京鼓楼西大街甲 158 号
邮　　编	100720
网　　址	http://www.csspw.cn
发 行 部	010－84083685
门 市 部	010－84029450
经　　销	新华书店及其他书店

印刷装订	北京市十月印刷有限公司
版　　次	2021 年 3 月第 1 版
印　　次	2021 年 3 月第 1 次印刷

开　　本	710×1000　1/16
印　　张	17
插　　页	2
字　　数	262 千字
定　　价	98.00 元

凡购买中国社会科学出版社图书，如有质量问题请与本社营销中心联系调换
电话：010－84083683
版权所有　侵权必究

目 录

前 言 ………………………………………………………………（1）

第一篇 全国尺度与平衡结构

第一章 研究背景与理论基础 ……………………………………（3）
  一 研究背景 …………………………………………………（3）
  二 理论基础 …………………………………………………（6）

第二章 中国区域发展的现状分析 ………………………………（10）
  一 经济发展现状 ……………………………………………（10）
  二 社会发展现状 ……………………………………………（15）

第三章 中国区域发展平衡结构的时间演变 ……………………（24）
  一 指标选取 …………………………………………………（24）
  二 研究方法 …………………………………………………（25）
  三 区域经济发展平衡性的演变 ……………………………（29）
  四 区域社会发展平衡性的演变 ……………………………（37）

第四章 中国区域发展平衡结构的空间特征 ……………………（52）
  一 研究方法 …………………………………………………（52）
  二 经济发展平衡性的空间特征探究 ………………………（54）
  三 社会发展平衡性的空间特征探究 ………………………（66）

第五章　中国区域发展平衡结构的优化 ……………………………（78）
一　影响因素分析 ………………………………………………（78）
二　优化对策 ……………………………………………………（84）

第二篇　省域尺度与城市结构

第一章　研究背景与理论基础 ……………………………………（93）
一　研究背景 ……………………………………………………（93）
二　理论基础 ……………………………………………………（96）
三　山东半岛城市群空间范围与发展概况 …………………（102）

第二章　山东半岛城市群等级规模结构演变分析 ………………（108）
一　基于统计数据的等级规模结构分析 ……………………（108）
二　基于灯光数据的等级规模结构分析 ……………………（121）
三　小结 …………………………………………………………（128）

第三章　山东半岛城市群城市职能结构演变分析 ………………（131）
一　数据预处理与模型选取 ……………………………………（131）
二　城市职能结构测度 …………………………………………（134）
三　小结 …………………………………………………………（139）

第四章　山东半岛城市群城市空间联系演变分析 ………………（140）
一　经济空间联系演变分析 ……………………………………（140）
二　社会空间联系演变分析 ……………………………………（147）
三　生态空间联系演变分析 ……………………………………（153）
四　小结 …………………………………………………………（159）

第五章　山东半岛城市群空间结构存在问题与优化对策 ………（161）
一　存在问题 ……………………………………………………（161）
二　优化对策 ……………………………………………………（163）

第三篇　市域尺度与用地结构

第一章　研究背景与理论基础 …………………………………（171）
　一　研究背景 ………………………………………………（171）
　二　理论基础 ………………………………………………（174）
　三　研究区概况 ……………………………………………（183）

第二章　济南市城市用地结构演变特点 ……………………（185）
　一　济南市城市用地结构演变的时间特征 ………………（185）
　二　济南市城市用地结构演变的空间特征 ………………（196）

第三章　济南市城市功能演变特点 …………………………（210）
　一　居住功能 ………………………………………………（210）
　二　工业生产功能 …………………………………………（214）
　三　公共服务功能 …………………………………………（221）
　四　交通物流功能 …………………………………………（230）
　五　生态功能 ………………………………………………（237）

第四章　济南市城市用地结构和功能的关系与提升对策研究 …（243）
　一　城市用地和功能的互馈关系分析 ……………………（243）
　二　影响因素分析 …………………………………………（249）
　三　优化用地结构与提升城市功能的对策 ………………（257）

参考文献 ………………………………………………………（260）

前　　言

区域强，结构体系必须强。区域发展与区域的结构息息相关，良好的结构布局将有利于区域的协调发展。当前中国已经由高速增长阶段转向高质量发展阶段，正处在转变发展方式、优化区域结构、转换增长动力的关键时期。优化发展结构，才能实现区域内各要素的流通和良性互动，促进人口、经济和资源环境的空间均衡发展。本书将基于全国、省域与市域三大尺度，从平衡结构、城市结构、用地结构三个方面，结合主要案例探究不同尺度的区域发展现状，并提出优化思路。

改革开放以来，中国经济高速发展，但是自然禀赋、政策战略等原因导致各区域间发展的不平衡问题一直十分突出。目前中国社会主要矛盾已经转化为人民日益增长的美好生活需要和不平衡不充分的发展之间的矛盾，本书全面测度中国区域间发展的平衡性，为解决全国区域发展不平衡的问题提供参考。本书从时间和空间两个维度，省级和地级市两个尺度，经济发展和社会发展两个角度，对2000—2017年中国区域发展的平衡性展开全方位研究。从区域发展质量和发展速度来看，发展质量从东南沿海向西部内陆递减，发展速度中部地区要高于东部和西部地区，各省份差异较大。从时间演变来看，基于省级尺度研究，中国各省间经济发展的绝对差异不断拉大，相对差异和整体差异持续缩小；社会发展的绝对差异、相对差异、整体差异均减小。基于地级市尺度研究，中国283个地级市间经济发展的绝对差异、相对差异均逐步增大，社会发展的绝对差异拉大，但相对差异减小，经济和社会均为区域内差异大于区域间差异。从空间特征看，中国省级尺度和地级市尺度的经济发展和社会发展均存在显著的空间相关性，但各省之间空间集聚性减弱，各地级市之间空间集聚性增强，283个地级市之间经济发展的辐射、拉动效果显著，而社会发展方面连片凹陷区没有改善。平衡性空间格局方面，快速平衡趋向、中速平衡趋向、弱平衡趋向和不平衡趋向四类在空间上呈交叉分布。2017年经济发展平衡性呈多种平衡性水平类型互相交叉、各自分散的空间分布格局，社会发展平衡性呈现东部地区最优、东北及南方地区良好、青藏地区较好、西北地区一般的空间分布格局。这里从促进机会平衡、能力平衡的角度提出对策：推动区域流域一体化发展，增大落后地区发展机会；强化省域内部协调，改善区内不平衡；拓宽全球价值链，保障参与机会的均衡化；推动落后地区社会消费升级、产业结构优化，提高经济发展能力；推进城市化和城乡一体化，增强社会发展基础；加大教育投入力度，全面提高人口素质；加大企业研发投入力度，培育欠发达地区的增长新动能。

城市群是城镇化和工业化高级阶段的产物。结构决定功能，城市群空间结构的合理化与有序化是其健康发展的重要基础。研究期内随着乡镇不断合并，撤县（市）稳步进行，山东半岛城市群城市建设规模不断扩大，现已形成大城市、中等城市、小城市三级规模等级城市。从经济集中度来看，青岛经济集中度一直位列首位，济南与烟台之间经济集中度的差距逐步缩小，"3+5+9"的经济等级结构逐渐转变为"1+2+5+9"。基于DMSP/OLS夜间灯光数据的城市群重心一直位于几何重心的东北方向，但有向西南方向移动的趋势，城市群经济发展趋于均衡。从城市职能结构来看，能源生产采掘业、制造业为山东半岛城市群的基本职能部门，建筑业、交通仓储邮政业、商业、金融房地产业、社会服务业、科教文卫服务业、机关团体服务业为其非基本职能部门。基本职能区位熵有升有降，非基本职能区位熵除机关团体服务业外均上升。基本职能由于产业结构的优化调整，专业化部门与职能强度呈现下降趋势；非基本职能中交通仓储邮政业发展最为迅速，金融房地产业、建筑业发展较为缓慢，科教文卫服务业与机关团体服务业变化不大，表现出明显的"遍在"职能特征。从城市经济空间联系来看，随着经济联系强度不断增强，城市之间的连接线不断增多，已经形成了密集的经济网络结构。随着城市群网络密度的不断上升，可视化后的网络结构也趋于复杂；处于城市群核心位置的济南、青岛、淄博、潍坊等市中心性水平较高且稳步提升，而处于边缘位置的菏泽、枣庄、莱芜等市中心性水平较低。从城市社会空间联系来看，"双核多中心"网络层级下的信息流总量不断提升，三四层级城市数量稳定增加，非均衡性有所缓解。从城市生态空间联系来看，城市之间通过泰山、黄河、京杭运河、沂蒙山区、海岸线等自然要素形成的密切联系，是城市突破行政区划限制共同开发旅游资源与生态环境保护，实现协同发展的重要基础；同时空气质量指数及其污染物 $PM_{2.5}$、PM_{10} 存在显著的空间相关性，由于产业结构、地形、季风等因素的影响使得空气质量指数呈现出"西高东低"的空间分异特征。就目前山东半岛城市群空间结构发展来看，今后应从提升核心城市实力、促进区域协调发展，完善交通网络建设、增强城市空间联系，实施创新驱动战略、加快新旧动能转换，统筹基础设施建设、推动产业协同发展，加强生态环境保护、实现流域区域协同治理等方面加强措施，优化整体结构。

随着中国城镇化加快推进，城市用地规模和结构演变剧烈，同时带来城市功能的变化调整。在黄河流域生态保护与高质量发展成为国家战略的时代背景下，济南市作为黄河流域唯一沿海省份的省会，城市用地和功能发展既受到现存问题的挑战，也面临着新的发展机遇。济南市城市用地总量不断增长，用地结构逐步均衡。在时间尺度演变上：1991—2018年间，济南市城市用地规模由波动增长变为稳定增长，用地结构经历了"非均衡—均衡—稳定"的变化过程，各类用地也呈现出不同程度的增长变化。在空间尺度演变上：济南市城市用地经历了先向"东北"后向"西南"方向的转变，中心城区城市用地扩张速度慢于边缘新城区。受到城市用地整体扩张方向的影响，各类城市用地也沿着"西南—东北"的方向不断向外扩张。济南市各类城市功能不断完善，并表现出空间异质性。济南市城市居住环境不断完善，功能不断增强；居住小区在空间上呈现"中心大集聚、周围小集聚"的分布特点，小区房价呈现由中心向外围递减的趋势。济南市城市制造业已逐渐转变为高技术含量和高附加值为主的产业类型；城市生产功能增长活力不足，在空间上表现为由中心向外围迁移的层级性分布。城市教育功能表现出竞争力减弱的发展趋势。城市商业服务功能呈现出规模增大、多中心和逐步明确中央商务区的发展特点。在交通服务功能上，济南市城市道路长度逐年增加，交通通达性显著提高，居民出行方式多样化。在信息化背景下，济南市智慧物流业发展良好，进一步完善了城市物流功能。城市"三废"处理能力显著提高，城市生态服务功能逐渐完善。城市用地结构和城市功能的发展既受到彼此发展相互制约，也会受到城市自然条件、技术进步、政府宏观政策以及市场作用的影响。济南市快速扩张工业园区，造成大面积的工业用地闲置，工业用地技术效率下降，不利于城市工业生产功能的提升。济南西客站的建设有效地推动了周围城市用地面积的增长，促进了用地结构的合理性分布。为优化城市用地结构、完善城市功能，并结合城市高质量发展目标，济南市未来城市发展要注重优化城市用地复合类型，减少闲置用地，提高城市用地效率；增加基础服务设施的建设；提升产业结构层次；强化资源优势整合，协调供需关系。

第一篇

全国尺度与平衡结构

第一章　研究背景与理论基础

一　研究背景

（一）中国特色社会主义进入新时代，社会主要矛盾发生转化

2017年10月18日，习近平同志在十九大报告中强调，中国特色社会主义进入新时代，社会主要矛盾已经转化为人民日益增长的美好生活需要和不平衡不充分的发展之间的矛盾。改革开放40多年来，中国取得了令世界瞩目的发展成就，国内生产总值和人们生活水平也不断攀升，但由于资源禀赋、区位条件、相关政策等条件的不同，中国三大区域之间发展差异逐渐扩大，东部地区省份保持着高速发展，中西部地区省份发展相对落后，区域间和区域内发展不平衡问题凸显。从GDP总值看，2018年中国东部地区所占比例55.35%，中部地区24.5%，西

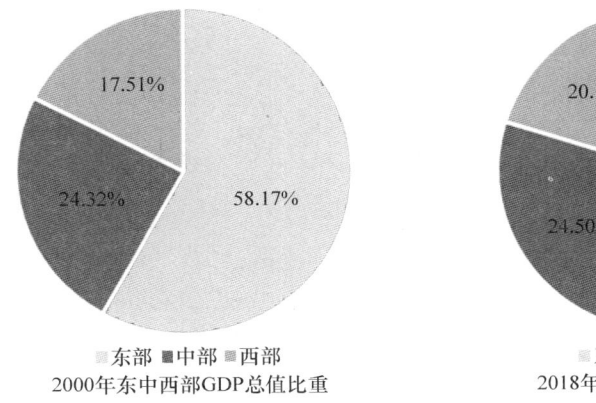

图1-1-1　中国东部、中部、西部的GDP比重图

部地区 20.15%，东部地区高于中、西部之和；从人均 GDP 来看，2018年东部地区为 87698 元，中部地区为 51627 元，西部地区为 48891 元，差距明显。在 2017 年 12 月 1 号召开的中共中央经济工作会议上，国家明确表示，中国特色社会主义已经进入了一个新时代，中国社会经济的发展从"速度型"转为"质量型"，目前解决地区间发展不平衡、不充分问题，让全国人民能充分享受高质量发展的实惠是今后工作的重中之重。

（二）省际和省内发展不平衡问题日益受到关注

中国东中西、南北等大尺度的区域差异问题，政府多年来在持续关注，采取一定的措施，取得了一定成效，但中观尺度的各省份和省内的不平衡发展未得到充分重视。近年来省份间的区域发展不平衡愈演愈烈，除了三大地带之间的差异之外，中国各省市间、各省市内，发展不平衡都已经成为亟待解决的问题。省域是中国区域发展的行政高级地域单元，拥有完善的结构、齐全的区域功能。2018 年中国 31 个省级行政区划单位（港澳台除外）GDP 总值差距较大，广东省、江苏省、山东省领先于其他省份，西藏 GDP 总值仅为广东的 1.5%，差距悬殊；各个省份的人均 GDP 差距也较大，2018 年北京市人均 GDP 高达 140211 元，而甘肃仅仅为 31336 元；从居民人均可支配收入来看，全国最高的上海达到 64182.65 元，是西藏的 3.71 倍。全国 283 个地级市之间同样相差

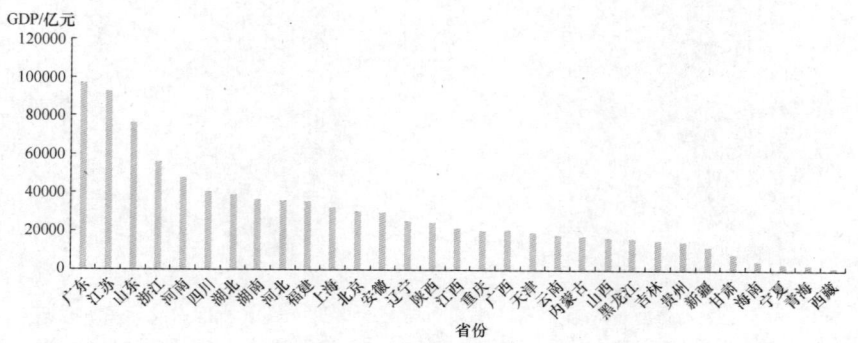

图 1-1-2　2018 年中国各省份 GDP 总量

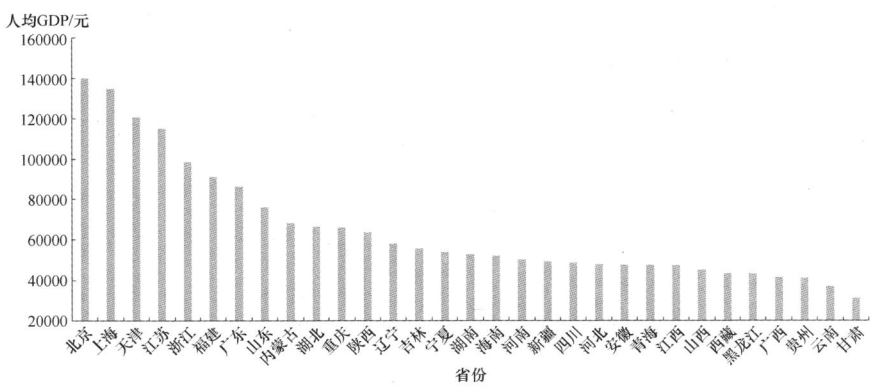

图1-1-3 2018年中国各省份人均GDP

悬殊，2018年，人均GDP排名第一的是广东省深圳市，为193338元，最低的甘肃省定西市人均GDP是17890元。同时，同一省份内部也存在差距，与深圳同省份的梅州市2018年人均GDP为25380元，仅为深圳市的13.13%。因此，全国各省份在经济发展、社会发展方面的平衡性现状和变化趋势亟待明确和关注。

（三）促进区域协调平衡发展是时代所趋

中国经济发展进入新常态，这不仅仅意味着经济由高速增长转向中高速增长，更预示着中国在推进区域协调发展上要更进一步。国家对区域协调平衡发展十分重视，采取诸多强有力的措施缩小区域间经济发展、社会发展等差异，以推动区域协调和平衡。十九大报告明确指出："实施区域协调发展战略。加大力度支持革命老区、民族地区、边疆地区、贫困地区加快发展，强化举措推进西部大开发形成新格局，深化改革加快东北等老工业基地振兴，发挥优势推动中部地区崛起，创新引领率先实现东部地区优化发展，建立更加有效的区域协调发展新机制。"客观来说，区域不平衡发展有利有弊，区域之间一定程度范围内的不平衡会推动区域发展，这种不平衡有利于区域之间资源的优化配置、更好地刺激落后地区的发展，然而是否失衡以及是否激化社会潜在矛盾，取决于平衡性的程度阈值。区域之间不平衡性一旦越过"度"，则不仅不能刺激落后区域的发展，反而会带来一系列其他问题，致使区域发展偏离正常轨道。因此，合理测度发展的平衡性日益成为焦点，这是实现富强美丽中国梦的重要环节，更是时代所趋，在这样的大背景下，区域发展的平衡性研究就显得势在必行。

二 理论基础

（一）相关概念

1. 区域

区域作为一个空间概念，国内外各个学科、各大领域都赋予其不同的定义和内涵。本书认为区域是一个有自然和社会等多重属性的、集经济发展和社会发展等诸多要素在内的空间载体，如果将区域看成一个紧密且不可分割的整体，则更有助于我们对所需要的事件和数据进行分析，因此本篇区域的划分方法主要采用行政区域划分的方法。

2. 区域发展

区域发展的内涵十分丰富，随着时间的推进，发展的内涵在变化，区域发展也由注重经济提升逐渐演变成为以综合实力提升为目标的一系列经济、社会发展，所以区域经济发展和区域发展严格意义上来说有很大区别。本书认为，区域发展包括多个阶段、多个系统，不应该局限于经济层面，因此结合中国区域发展不平衡的实际情况和研究的主要内容，本书所定义的区域发展是以人均 GDP、收入水平、消费水平、基础设施、社会福祉等方面为主的经济发展和社会发展。

3. 平衡性

学界对于平衡性定义目前还未形成统一的认识，与平衡性相近的、经常用到的一个概念是发展差异。覃成林认为差异研究与平衡性研究的区别在于，差异是指人均意义上的经济发展水平差距，而平衡性则反映了具有相互联系的若干区域之间的协调程度[①]。因此，本书所定义的平衡性主要指各区域之间在经济发展、社会发展两大系统中的平衡发展程

---

① 覃成林：《中国区域经济差异研究》，中国经济出版社1997年版，第23—29页。

度，是一种具有时间、空间规律性和阶段性的状态。判断平衡或者不平衡的方法主要有基尼系数、集中指数、泰尔系数等。同时，通过对空间集聚性以及空间格局的探讨，进一步判断平衡性的空间格局，并非经济差距的简单计算。本书既遵循传统方式选择经济指标，又根据中国发展实际选择社会指标，使研究更加立体。

（二）理论基础

1. 增长极理论

佩鲁（F. Perroux）于1950年首次提出，他认为，经济的增长是首先出现在某些特定区域，不是同时出现在所有区域，这些特定区域在技术上具有一定创新力，能够对周边地区在技术、资本等方面起到带动作用，从而形成以特定区域为增长极，周边区域发展较慢的不平衡增长的区域集团[1]。20世纪60年代部分学者将增长极理论进行空间含义的补充，对空间地理等因素的重视使增长极理论有了更广大的意义。

1978年邓小平提出让一部分人、一部分地区先富起来，逐步实现共同富裕，这也是遵循了增长极理论。中国先富起来的地区，他们发挥了增长极的作用，但是实现共同富裕，需要更多的增长极，带动周边区域共同发展，实现区域平衡发展。

2. 核心—边缘理论

弗里德曼（J. Friedman）于20世纪60年代提出核心—边缘理论，由于各区域的资源禀赋等的不同，会有部分地区先发展。他认为，区域的发展通常刚开始是孤立的，因此优势地区就会顺势成为"核心"，在市场、资本等方面占据优势，而其他发展较缓慢的区域就会成为"边缘"，边缘地区只能处于依附的被动地位缓慢发展，与掌握主动权的核心地区形成单一的经济空间二元结构。随着时间推移，核心地区与边缘地区打破界限，区域间由发展的不平衡逐步向平衡演变，最终形成一个平衡发展的、交互联系的综合体。

---

[1] F. Perroux, "Economic Space: Theory and Applications", *The Quarterly Journal of Economics*, Vol. 64, No. 1, 1950, pp. 89–104.

改革开放以来，中国东部沿海成为发展的核心区域，但是随着中国城市化的推进，包括小城镇和乡村在内的广大边缘区域，亟待打破界限，实现一体化。

3. 循环累积因果理论

瑞典经济学家缪尔达尔（G. Myrdal）于20世纪50年代提出循环累积因果论，后卡尔多（N. Kaldor）等人进行完善规范。该理论认为，各种影响因素在区域发展过程中相互作用，使得发展过程往往不是同时产生或同步前进的。那些开始具有市场、制度等发展优势的地区发展速度较快，而开始处于劣势的地区资本吸引力差，则经济发展会相对滞后。发达地区会"抢夺"落后地区的发展资源，致使不同地区间差异越拉越大，这叫作"回波效应"。当发达地区高度发展时，对周边落后地区逐渐发挥带动作用，此时地区间差异便缩小，这叫作"扩散效应"。回波效应大于扩散效应时，随着发达地区的持续发展，不平衡现象会变得更加突出，这是造成区域发展不平衡加大的根源。

目前中国的区域发展，正亟待扩散效应超过回波效应，只有通过一系列有效措施加强扩散效应，才可能逐步实现区域发展平衡化。

4. 梯度推移理论

梯度推移理论认为，产业结构对区域发展而言至关重要，这往往受主导部门影响，因此主导专业化部门所具有的先进性和先知性很大程度地决定了该区域经济的旺盛或衰败，该理论将主要部门分为三种：处于创新和成长时期的部门，处于发展和成熟时期的部门，临近衰败没落时期的部门。当该区域主导部门由兴盛成熟阶段部门组成时为高梯度地区，由衰败没落阶段部门组成时为低梯度地区，创新活动通常由高梯度地区产生，逐步从高梯度地区推移到低梯度地区就是梯度推移理论。

中国的经济发展和社会发展，都存在梯度推移现象，在中国区域发展平衡化的进程中，需要遵循科学发展规律，根据中国国情进行梯度推进，不能盲目一刀切。

5. 区域经济发展阶段论

罗斯托（W. W. Rostow）于20世纪60年代提出经济成长阶段论，包含传统社会、准备、起飞、成熟、高消费和追求质量六个阶段；胡佛

（E. M. Hoover）也提出了区域经济发展通常经历自给自足、乡村工业崛起、农业生产结构变迁、工业化、服务业输出五个阶段。其主要特征存在高度相似性，即区域经济的发展大致经历发展初期、工业化快速发展、工业化深入发展、后工业化发展四个阶段。初期阶段经济水平低，产业结构单一，以第一产业为主；工业化快速发展阶段经济发展迅猛，工业成为主导产业；工业化深入发展阶段经济较发达，向高加工度转化；后工业化发展阶段经济发达，以信息化为特征，生物工程、航天技术等成为主体。

区域经济发展阶段论关系到中国实施生产力布局大规模战略转移的时机是否成熟，如在对应的阶段开展西部大开发等，同时也关系到如何在恰当阶段推进中国区域的平衡发展。

第二章　中国区域发展的现状分析

一　经济发展现状

(一) 中国总体状况

1. 经济实力快速提高

改革开放以来，中国经济高速发展，GDP总值于2010年达到60871.65亿美元，超越日本跃居世界第二，并一直稳居世界第二，仅次于美国。2018年，中国GDP总值为136081.52亿美元，远远超过日本的49709亿美元。改革开放40多年来，中国经济的平均增速为9.5%，在全球经济危机，世界经济衰退时，美国（2009年为-2.54%）、日本（2009年为-5.42%）等国家GDP增速纷纷出现负值，而中国GDP增速（2009年为9.4%）依然保持坚挺，创造了高速发展的中国奇迹。中国GDP占全世界的比重逐年提高，GDP总值占世界比重由2000年的3.61%提高到2018年的15.84%。

2. 人均经济水平不高

中国经济总体实力较强，但由于人口基数大等原因，导致人均经济水平不高，目前依然有"大而不强"的问题。2018年美国人均GDP为62641美元，日本人均GDP为39286美元，世界人均GDP为11298美元，而中国人均GDP为64644元，折合9770美元，与发达国家相比还有很大差距，且一直未达到世界平均水平。因此，中国急需通过提高生产要素组合效率、激发创新效率、倒逼机制提高调控效率等措施提高经济发展质量和人均经济水平。

第二章 中国区域发展的现状分析 11

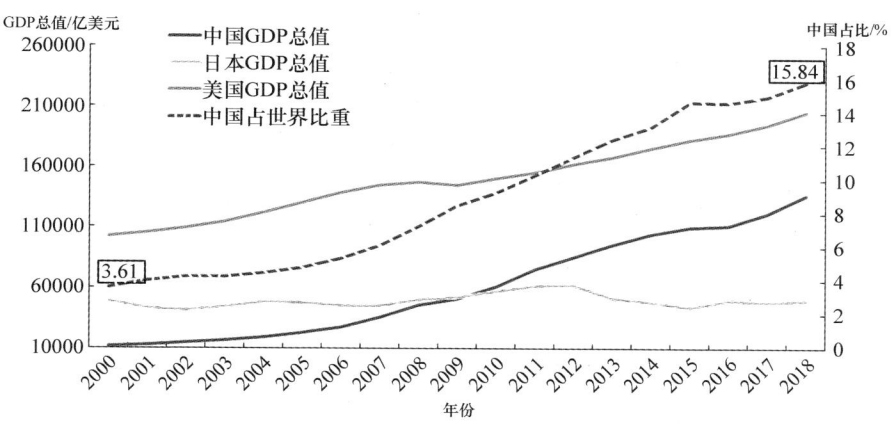

图 1-2-1 中国、美国、日本 GDP 总值对比图

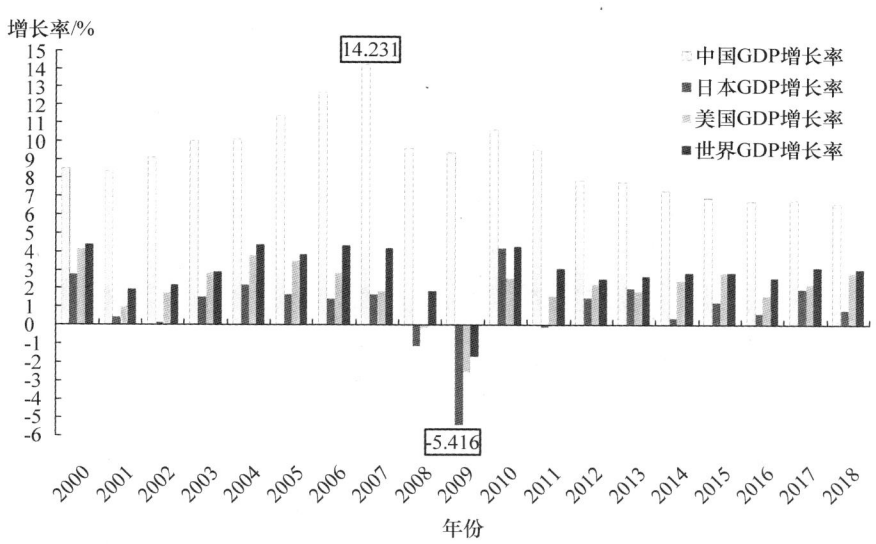

图 1-2-2 中国、美国、日本 GDP 总值增长率对比图

中国人口众多，加之较晚进入工业化社会，所以人均数据不高是正常现象，而且是必须经历的发展阶段。但中国发展势头良好，根据数据可知，中国人均 GDP 的增长速度居世界首位，且远高于世界平均增速。2000—2018 年，中国人均 GDP 的年均增长率为 8.53%，分别是美国的 7 倍、日本的 9 倍。

12　第一篇　全国尺度与平衡结构

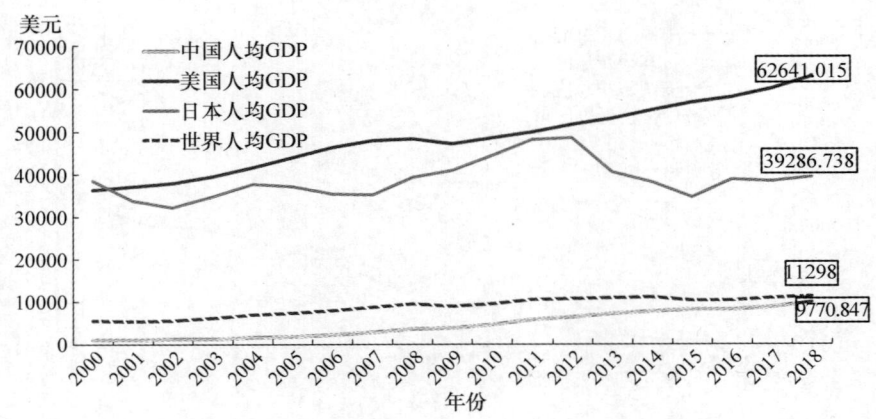

图1-2-3　2000—2018年中、美、日三国人均GDP对比图

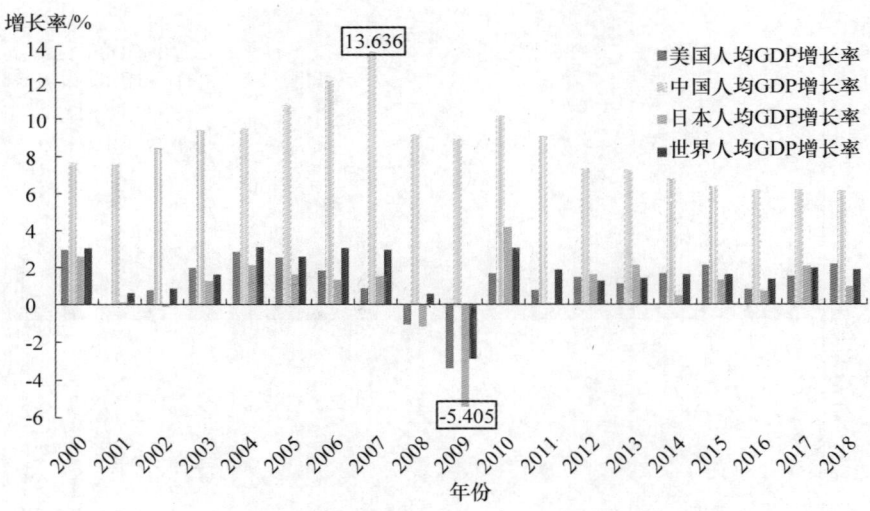

图1-2-4　2000—2018年中、美、日三国人均GDP增长率对比

3. 区域经济差异大

根据表1-2-1可知，中国三大区域间经济差异较大，2000年东部省份GDP为57413亿元，分别为中部、西部的2.39倍、3.32倍；到了2018年，东部GDP总值为506311元，为中部的2.26倍、西部的2.75倍。虽东部地区GDP总值远超中西部，但可以看出，2000—2018年间西部GDP总值所占比重不断提高，东部GDP总值所占比重不断降

低，中部基本保持稳定，这表示区域协调发展战略有了一定成效，未来有向协调平衡发展进一步迈进的良好态势。

表 1-2-1　2000—2018 年东、中、西部 GDP 总值及其比重　单位：亿元

年份	东部	占比（%）	中部	占比（%）	西部	占比（%）
2000	57413	58.17	24004	24.32	17276	17.51
2001	63629	58.50	26208	24.09	18939	17.41
2002	71182	58.92	28681	23.74	20957	17.35
2003	82972	59.46	32590	23.36	23975	17.18
2004	99488	59.25	39489	23.52	28945	17.24
2005	118596	59.53	46545	23.36	34087	17.11
2006	138523	59.49	53967	23.18	40346	17.33
2007	165194	59.05	65360	23.36	49184	17.58
2008	194085	58.23	78781	23.64	60448	18.14
2009	211887	58.00	86443	23.66	66973	18.33
2010	250488	57.31	105146	24.06	81408	18.63
2011	293581	56.30	127625	24.48	100235	19.22
2012	320738	55.63	141909	24.61	113905	19.76
2013	351978	55.49	155411	24.50	126956	20.01
2014	378727	55.34	167522	24.48	138100	20.18
2015	401652	55.57	176097	24.36	145019	20.06
2016	432433	55.44	190808	24.46	156828	20.10
2017	471245	55.63	207334	24.47	168562	19.90
2018	506311	55.35	224094	24.50	184302	20.15

（二）经济发展的省域差异

1. 经济发展水平

2018 年，中国大陆 31 个省级行政区的经济发展并不平衡。GDP 总值呈现从东部沿海地区到西部内陆地区逐渐递减的规律，其中江苏、山东、广东、浙江、福建等沿海大省居于领先地位，GDP 总量较高；紧随其后的是北京、上海、安徽、陕西、辽宁等；GDP 总值较低的主要是西

部、北部，由于自然禀赋、政府政策等原因经济发展整体较慢，主要包括西藏、青海、云南、内蒙古等。

2018年各省级行政区人均GDP的现状与GDP总量的分布有相似规律，但也有特别之处，整体上从东南沿海地区向西部、北部递减。北京、上海、江苏、浙江、福建位于第一梯队，人均GDP较高，都在90000元以上，经济总体发展快、人均经济水平高；山东、广东、天津、海南的人均GDP暂列第二梯队，在70000元以上；湖北、湖南、内蒙古等位于中部内陆和北部寒冷地区，经济发展水平一般，人均GDP不高；甘肃、云南等地自然环境条件差、发展基础一般，经济发展慢，人均GDP低，急需新的经济推动力。

2. 经济发展速度

在测度发展速度方面，多数学者倾向于使用年均增长率这一数据。在2000—2018年间，由于多种原因，各省份每年的增长率都有不同幅度的波动。考虑到研究目的更多是为了表征相对结果，因此采用多年的年均名义增长率公式较为合理。

$$S = \sqrt[n]{\frac{B}{A}} - 1$$

式中，B为最末一年，A为第一年，n为相差年数。

西藏、陕西、宁夏等地GDP总值的年均增长率较高，都在14.5%—16%之间；江苏、安徽、湖北、重庆等地年均增长率也相对较高，在13.5—14.5%之间；相比之下黑龙江、辽宁、甘肃GDP总值的年平均增长率最低，仅为9%左右，还需新的经济增长政策、新的发展模式拉动发展。分析各省份人均GDP的年均增长率发现，贵州、陕西发展速度较快，2000—2018年间年均增长率高，分别是16.2%和15.2%；内蒙古、西藏、江苏、安徽、湖南、四川等地紧随其后，人均GDP增长状况良好，保持在12%—14%之间；黑龙江、辽宁的人均GDP发展速度与GDP总值的发展速度在全国的排名状况相似，均处于落后地位，人均GDP的年均增长率分别是9.61%和9.58%。

GDP总值和人均GDP基本上呈现由东南向中西部、东北部递减的规律，但是分析发展速度发现，各个省份各有优势，各有亮点，发展侧重各不相同，年均增长率也呈现错综复杂的分布，没有明显的空间规律。

二 社会发展现状

（一）中国总体状况

1. 就业人口不断增多，就业结构逐步升级

近年来为了避免掉入中等收入陷阱，中国产业转型升级有较大进步，2018年一、二、三产业增加值比值为1∶5.65∶7.25，二、三产业贡献率达到92.8%，农业产值占比低，工业、服务业明显占据优势地位，产业结构的升级进一步促进了就业结构的升级。通过图1-2-5可知，2000年一、二、三产业的就业人员占比分别为50%、22.5%、27.5%，到2018年则分别变成26.1%、27.6%、46.3%，第一产业就业人数占比大幅度降低，第三产业就业人员比重大幅度增高，第二产业比重也有所增高，就业人员向非农产业转移，就业结构逐步升级。从总量来看，就业人员由2000年的72085万人增高到2018年的77586万人，就业总人口不断增多。

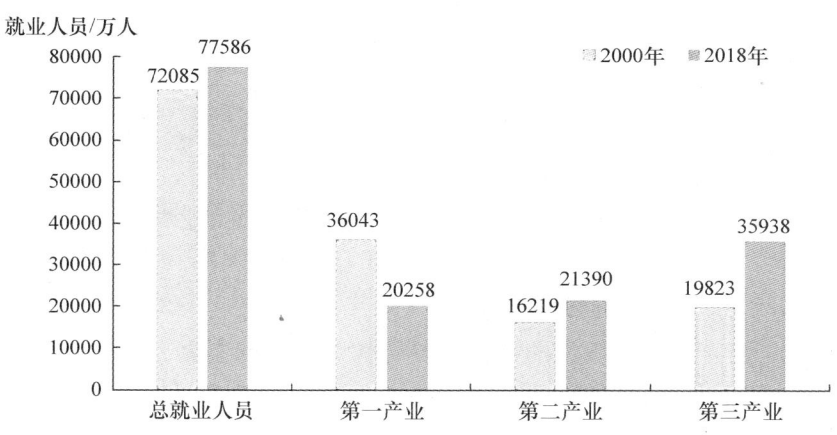

图1-2-5 2000、2018年份产业就业人员图

2. 城市化进程处于快速发展阶段，城乡进入融合发展时期

2000年中国的城镇化率不高，仅为36.22%，随后几年迅速提高，

到 2011 年首次突破 50%，随后几年稳步增长，到 2018 年城镇化率已达到 59.58%。但中国目前城乡的发展水平差异仍然较大，2018 年全国城区面积 200896.5 平方千米，城市建设用地面积 56075 平方千米，2018 年人均可支配收入，城镇居民为 39251 元，农村居民为 14617 元。但与 1978 年相比（1978 年为 1），2018 年的人均可支配收入指数，城镇为 16.619，农村为 19.86，农村的增收速度高于城镇。2017 年农村主要农业机械 3234 万台，是 1978 年的 7.06 倍，农村发展速度正在逐年提高。2018 年发布的《中共中央国务院关于建立健全城乡融合发展体制机制和政策体系的意见》指出，到 2022 年初步建立中国城乡融合的发展体制机制，接下来的城乡发展将步入一个融合发展的新时期。

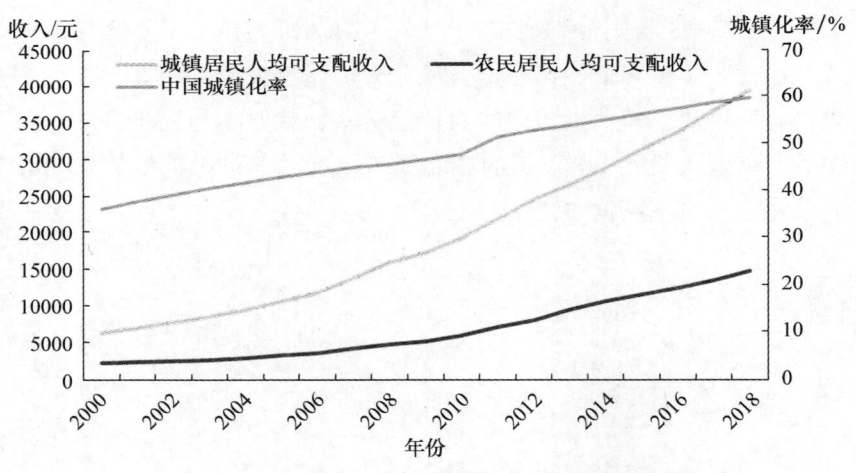

图 1-2-6 城乡居民人均可支配收入与城镇化率

（二）社会发展的省域差异

为了综合揭示各省份的社会发展现状，从基础建设、人民生活、就业结构、社会福祉四个方面，选取 12 个具体指标对社会发展状况进行阐释。

1. 社会发展水平

（1）基础建设及人民生活

基础建设现状分析中，选取城市化率、建成区占地面积比例、地均公路里程3项指标。根据表1-2-2可知，上海、北京、天津、广东、江苏的城市化率位居全国前5，其中上海城市化率最高，达87.70%，西藏、贵州、甘肃、云南、广西五个省份城市化率最低，西藏仅为30.89%，省份之间差距非常大。建成区面积占总面积比例情况较好的是上海、天津、北京、江苏、广东，较差的是西藏、青海、新疆、内蒙古、甘肃。"要致富，先修路"，一个区域的建设情况必须要看的就是公路里程，上海、重庆、山东、河南、江苏地均公路里程全国领先，西藏、新疆、青海、内蒙古、甘肃为全国后5名，其中西藏地均公路里程为0.07千米/平方千米，仅为上海的1/30。通过以上三项指标可以看出，上海、北京、江苏的城市建设情况好且远高于其他地区；西藏城市建设较差，基础设施建设情况位于全国最末。

区域的消费水平、互联网水平等可以体现区域的人民生活水平，选取人均社会消费品零售额、互联网上网数占总人数比率、万人在校大学生数来体现人民生活水平现状。根据表1-2-2可知，北京、上海、天津、江苏、福建的人均社会消费品零售额较高，其中北京、上海均高于5万元，贵州、新疆、甘肃、宁夏、青海消费状况较差。万人在校大学生数前5名分别是北京、天津、陕西、上海、重庆，后5名分别是青海、西藏、新疆、内蒙古、云南，北京（530人）的万人在校大学生数是青海（139人）的3.8倍。互联网上网数占人数比率可以很好地反映区域互联网普及率，北京、上海、广东、福建、天津位居前5名，北京的互联网上网人数比率为82.54%，而云南仅为41.49%，除了云南较低以外，后5名中其他四个省份分别是河南、四川、贵州、湖南。可以看出，北京、上海、天津在人民生活方面的水平较高。

表1-2-2　　　　2017年中国各省份社会指标数据及其排名

省份	基础建设					人民生活				
	城市化率（%）	排名	建成区占总面积比例（%）	排名	地均公路里程（千米/平方千米）	排名	人均社会消费品零售额（万元）	排名	互联网上网数占人数比率（%）	排名	万人在校大学生（人）	排名
北京	86.50	2	8.61	3	1.32	9	5.41	1	82.54	1	530.0	1

续表

省份	基础建设 城市化率(%)	排名	建成区占总面积比例(%)	排名	地均公路里程(千米/平方千米)	排名	人民生活 人均社会消费品零售额(万元)	排名	互联网上网数占人数比率(%)	排名	万人在校大学生(人)	排名
上海	87.70	1	15.86	1	2.11	1	5.24	2	78.21	2	349.8	4
浙江	68.00	6	2.77	7	1.18	11	4.42	3	66.10	6	234.5	19
辽宁	67.49	7	1.81	8	0.84	20	3.24	9	65.16	7	285.9	9
广东	69.85	4	3.28	5	1.22	10	3.54	7	72.74	3	245.4	13
江苏	68.76	5	4.31	4	1.54	5	4.14	4	57.43	9	304.5	6
新疆	49.38	26	0.07	29	0.11	30	1.30	30	57.10	10	186.3	29
天津	82.93	3	9.63	2	1.46	6	3.55	6	70.13	5	407.2	2
海南	58.04	14	0.95	15	0.90	17	1.85	22	51.84	19	226.1	23
西藏	30.89	31	0.01	31	0.07	31	1.77	23	47.18	23	167.8	30
黑龙江	59.40	12	0.40	25	0.36	26	2.46	14	50.99	21	240.3	15
吉林	56.65	18	0.77	18	0.55	23	2.77	12	55.24	12	303.8	7
四川	50.79	24	0.59	23	0.69	21	2.20	18	44.27	29	233.9	20
山东	60.58	11	3.23	6	1.76	3	3.36	8	53.04	17	251.9	11
重庆	64.08	9	1.73	9	1.80	2	2.59	13	53.85	16	308.4	5
福建	64.80	8	1.25	13	0.89	18	3.66	5	70.85	4	235.2	18
内蒙古	62.02	10	0.11	28	0.17	28	2.89	11	56.03	11	196.9	28
山西	57.34	16	0.75	19	0.91	16	1.98	20	57.54	8	240.1	16
宁夏	57.98	15	0.69	20	0.52	25	1.37	28	51.17	20	227.8	22
青海	53.07	23	0.03	30	0.11	29	1.40	27	55.18	13	139.1	31
湖北	59.30	13	1.26	12	1.45	8	3.11	10	52.68	18	300.0	8
陕西	56.79	17	0.63	21	0.85	19	2.33	15	54.47	14	358.2	3
甘肃	46.39	29	0.19	27	0.31	27	1.31	29	45.70	25	221.7	25
河南	50.16	25	1.61	10	1.60	4	2.15	19	44.04	30	245.5	12
贵州	46.02	30	0.56	24	1.10	13	1.11	31	45.36	28	212.9	26
安徽	53.49	22	1.46	11	1.46	7	1.93	21	45.39	26	225.0	24
河北	55.01	19	1.13	14	1.02	15	2.20	17	53.88	15	232.8	21
广西	49.21	27	0.60	22	0.52	24	1.70	24	47.35	22	238.3	17
湖南	54.62	20	0.81	17	1.13	12	2.28	16	45.38	27	241.9	14

续表

省份	基础建设							人民生活					
	城市化率（％）	排名	建成区占总面积比例（％）	排名	地均公路里程（千米/平方千米）	排名	人均社会消费品零售额（万元）	排名	互联网上网数占人数比率（％）	排名	万人在校大学生（人）	排名
江西	54.60	21	0.93	16	1.04	14	1.64	25	46.19	24	267.6	10
云南	46.69	28	0.30	26	0.63	22	1.42	26	41.49	31	199.9	27

（2）就业结构及社会福祉

根据表1-2-3可以看出，在就业结构方面，上海、北京、天津、浙江、江苏的二三产业从业人数比重位居全国前5，其中上海、北京比重分别高达97.2％、96％，就业结构较好，贵州、甘肃、云南、广西、陕西的二三产业比重最低，产业转型升级成效差。广东、江苏、山东的城镇就业人员数最多，西藏、青海、宁夏的城镇就业情况最差。各省份非农产业的发展比重普遍比二三产业从业人数比重稍高，这意味着二三产业带来的增加值较高，其中上海、北京、天津、浙江、广东位居前5，海南、黑龙江、广西、贵州、云南居后5名。可以看出，上海、浙江在就业结构方面总体领先于其他省份。

社会福祉是人们最能感知的社会发展的重要方面，最可以体现该区域人民的生活幸福指数以及社会发展的先进性。根据表1-2-3可知，万人卫生技术人员数前5名的省级行政区分别是北京、浙江、天津、上海、宁夏，后5名分别是西藏、安徽、江西、甘肃、河北，北京（113.31人）的万人卫生技术人员数是西藏（48.96人）的2.31倍，值得一提的是宁夏，在基础医疗方面表现较好，卫生技术人员达到了72.87人/万人。北京、江西、福建、广东、江苏五个省份的建成区绿化覆盖率较高，分别是48.4％、45.2％、43.7％、43.5％、43％，全国后5个省份是青海、甘肃、西藏、黑龙江、吉林。北京、上海、浙江、辽宁、广东的城镇基本医疗保险覆盖率最高，其中北京达到了83.56％，远远高于第二名上海（70.49％），云南、江西、湖南、广西、河北状况较差，城镇居民对于医疗保险认识较差。可以看出，北京的人民社会福祉整体较好，生活幸福感较高，而河北在社会福祉方面还有待加强。

表1-2-3　2017年中国各省份社会指标数据及其排名

省份	二三产业从业人数比重（%）	排名	城镇就业人员数（万人）	排名	非农产业发展比重（%）	排名	万人卫生技术人员数（人）	排名	建成区绿化覆盖率（%）	排名	城镇基本医疗保险覆盖率（%）	排名
北京	96.00	2	812.86	6	99.57	2	113.31	1	48.40	1	83.56	1
上海	97.20	1	632.31	10	99.64	1	77.30	4	39.10	21	70.49	2
浙江	87.50	4	1054.5	5	96.26	4	81.26	2	40.40	12	55.04	3
辽宁	72.20	8	519.48	13	91.87	14	66.65	12	40.70	10	53.44	4
广东	78.30	6	1963.1	1	95.97	5	63.34	16	43.50	4	50.79	5
江苏	83.30	5	1484.6	2	95.29	7	68.22	10	43.00	5	47.11	6
新疆	56.80	26	335.01	22	85.74	26	71.21	7	40.00	17	44.29	7
天津	93.00	3	269.48	26	99.09	3	64.87	14	36.80	26	42.92	8
海南	67.10	14	100.86	28	78.42	31	65.23	13	40.10	16	39.03	9
西藏	60.20	24	33.3	31	90.64	20	48.96	31	34.80	29	38.46	10
黑龙江	61.80	21	413.01	19	81.35	30	60.54	24	35.50	28	37.50	11
吉林	66.20	15	307.06	24	92.67	12	61.83	21	35.80	27	37.43	12
四川	62.10	20	792.21	7	88.47	25	63.88	15	40.00	18	36.20	13
山东	71.50	10	1192.94	3	93.35	9	68.82	9	42.10	7	33.21	14
重庆	70.90	11	406.39	20	93.43	8	62.31	20	40.30	14	32.49	15
福建	78.20	7	672.48	9	93.12	10	59.17	25	43.70	3	32.33	16
内蒙古	61.40	22	280.63	25	89.75	23	71.33	6	40.20	15	31.58	17
山西	65.10	16	428.68	17	95.37	6	63.02	18	40.60	11	31.28	18
宁夏	58.30	25	71.14	29	92.72	11	72.87	5	40.40	13	31.27	19
青海	65.00	17	63.35	30	90.92	16	69.73	8	32.60	31	29.65	20
湖北	62.90	18	695.02	8	90.05	22	67.72	11	38.40	24	29.11	21
陕西	55.80	27	510.39	15	92.05	13	80.89	3	39.90	19	28.46	22
甘肃	44.20	30	259.22	27	88.48	24	55.94	28	33.30	30	26.29	23
河南	62.10	19	1129.35	4	90.71	19	60.78	22	39.40	20	25.61	24
贵州	38.20	31	315.22	23	84.99	28	63.10	17	37.00	25	24.90	25

续表

省份	就业结构						社会福祉					
	二三产业从业人数比重（%）	排名	城镇就业人员数（万人）	排名	非农产业发展比重（%）	排名	万人卫生技术人员数（人）	排名	建成区绿化覆盖率（%）	排名	城镇基本医疗保险覆盖率（%）	排名
安徽	68.10	13	516.21	14	90.44	21	50.12	30	42.20	6	24.18	26
河北	69.00	12	535.32	12	90.80	18	56.54	27	41.80	8	23.86	27
广西	49.70	28	398.03	21	84.46	29	62.50	19	39.10	22	23.16	28
湖南	60.80	23	565.75	11	91.16	15	60.58	23	41.20	9	23.14	29
江西	71.70	9	428.68	17	90.83	17	51.00	29	45.20	2	22.14	30
云南	47.60	29	422.41	18	85.72	27	59.13	26	38.90	23	21.92	31

2. 社会发展速度

（1）基础建设及人民生活

基础建设的速度现状依然根据年均增长率来看，城市化率的年均增长率较高的是河北、河南、安徽、江西等，并非传统认识中的发达省份，由于这些省份基础较弱，所以发展空间大、进步多、增速快；相反，北京、天津、上海的年均增长率较低，由于 2000 年的城市化率已经达到较高水平，因此后续增速放缓。黑龙江、吉林发展基础一般，2000 年城市化率为 59.4%、56.7%，之后的 17 年的发展速度也慢于全国其他省份，需要进一步重视。建成区占地面积比例的年增长率较高的是重庆、广东、福建、山东、宁夏等几个省份，均在 6.5% 以上；黑龙江、吉林、辽宁、陕西、湖北、海南发展速度均较慢，其中海南年均增长率最低，仅为 1.39%。地均公路里程的发展速度较快的省份有江苏、贵州、新疆、重庆等，其中最快的是江苏省，由 2000 年的 0.27 千米/平方千米增长为 1.54 千米/平方千米，年均增长率为 10.69%，值得一提的是新疆，新疆大力发展公路建设，这 18 年来年均增长率达到了 10.38%；发展最慢的几个省份是海南、北京、天津，其中北京的年均增长率是最低的，一方面城市面积有限，一方面公路设施基础较为完善，使得北京年均增长率仅为 2.93%。

2000—2017 年人民生活有了很大改善，这从人均社会消费品零售额可以看出。增长最快的是陕西、内蒙古、重庆、山东、江苏、安徽、河南等省份，其中陕西、内蒙古在16%以上，人民消费水平提高明显；新疆、北京、天津、上海增长相对比较慢，这其中有着复杂的自然禀赋、发展基础、上升空间、政策决策等原因，这几个地区增长率都在10%左右。互联网上网人数的年均增长率较高的地区有西藏、贵州、青海、内蒙古，较低的地区有辽宁、北京、天津、上海，最高的青海是31.04%，31个省份中最低的上海也达到了12.85%，互联网上网覆盖率情况整体增长速度比其他指标都快，年均增长率都相对较高，整体实现了质的飞跃。一个区域是否重视教育发展是衡量社会发展的重要考量，2000—2017年31个地区中，河南、云南、贵州、广西、海南万人在校大学生数年均增长率在14%左右，大学生数量明显增多；万人在校大学生数增长速度最慢的是上海，年增长率为4.26%，一部分原因是基础较好，2000年的万人在校大学生数已经达到172人，发展空间受限，年均增速较慢。相比之下，2000年北京、天津的发展起点也较高，但增速依然高于上海，值得借鉴。

（2）就业结构及社会福祉

根据年均增长率可知，二三产业从业人数比重年均增长率较高的是西藏、云南，分别是4.9%和3.6%，河南、重庆、安徽等省份紧随其后，年增长率都在3%左右，天津、甘肃、北京、辽宁等省份发展速度较慢，都仅为0.5%左右，18年来变化不是很大。产业结构优化转型是一个长期的过程，因此非农产业发展比重的年均增长率整体偏低，其中较高的是西藏、海南，分别为1.61%和1.24%，黑龙江较为特殊，出现了负的年均增长率；除了黑龙江外，北京、天津、辽宁、浙江、广东、陕西、山西、青海这几个省份的年均增长率也不高，在0.43%以下。城镇就业人员数年均增长率最高的三个省份是江苏、广东、西藏，最低三个省份是黑龙江、辽宁、吉林，看出东北地区的城镇就业情况发展较差。

2000—2017年社会福祉的改善较大，国家以及各地政府着力提高人民所享受的福利。万人卫生技术人员数年均增长率较高的是浙江、贵州、广西，其中贵州最高，为6.19%，天津出现负数，年均增长率为-0.2%，除天津外，新疆、西藏、山西、辽宁、北京、上海等省份年均增长率都不高。建成区绿化覆盖率年增长率较高的是甘肃、山西，分别是6.64%和6.02%，其次是河北、天津、上海、河南、青海、西藏，在2.6%—4.7%之间，年增长率较低的是湖北、四川、福建、辽宁、安徽等省份，其中湖北出现负年均增长率-0.26%，建成区绿化覆盖率由2000年的40.16%下降到38.4%。城镇基本医疗保险覆盖率年均增长率最高的是重庆，为19.4%，其次是江西、广东、吉林、北京、浙江等，均在6.8以上，较低的省份为青海、云南、河南、湖南，均低于1.68%，重庆的年均增长率是云南的15倍，各地区对于城镇基本医疗保险的重视程度相差甚远，发展速度差距较大。

第三章　中国区域发展平衡结构的时间演变

一　指标选取

已有研究成果表明，GDP 是衡量经济发展状况常用的较为客观、可信的指标，根据 GDP 可看出经济发展的总体规律和水平，但由于中国是人口大国，各个省级行政区、地级市的人口差距较大，GDP 总量往往难以衡量经济发展的实际水平和人均状况，因此人均 GDP 就相对客观、便于比较。本章采用人均 GDP 这一指标来代表中国各尺度各个区域的经济发展水平，以此为基础来测度中国各区域的经济发展的平衡性。

社会发展是一个比较复杂和相对的概念，本章从基础建设、人民生活、就业结构、社会福祉四个方面着手：城市化率能够在一定程度上反映基础建设的发展水平，基础建设差的区域其城市化进程也受到限制；建成区主要指区域内已成片的开发建设、市政公用设施等，可以反映区域的基本发展情况，是区域基础建设的重要指标；道路是区域发展所必需的建设，与高速交通不同，公路在全国各省份范围内已较为完善，各尺度层面均具备可比性，因此选取地均公路里程作为反映基础建设的指标；人均社会消费品零售额一定程度上表示商品购买力的实现和市场规模，可以反映人民物质文化生活水平；互联网是新时代信息产业的重要要素，社会各方面对信息技术、网络和服务的需求不断增长，互联网也成为居民生活中不可缺少的要素，因此，互联网上网人数可作为人民生活的参考指标；万人在校大学生作为传统的教育指标，其内在机理也可以侧面反映出人民生活的水平，大学生密度高的区域人民生活通常较好；二三产业从业人数比重、城镇就业人员数这两项指标可以正面反映区域就业人员比例状况，非农产业发展比重是从经济的角度侧面反馈三次产业就业结构现状；万人卫生技术人员数一定程度上反映区域的卫生健康条件以及人民在医疗方面的福祉状况；社会全面发展对生态环境提出了更高要求，建成区绿化覆盖率对于人民生态福祉和幸福指数都较为重要；城镇基本医疗保险关系到促进社会公平、增进人民福祉的重大事项，真切、直接地关系到生活福祉，因此将城镇基本医疗保险覆盖率纳入指标体系。

参考已有研究成果，结合前文分析，本着科学性、全面性、可比性、可靠性的原则，选取了城市化率、建成区占地面积比例、地均公路里程、人均社会消费品零售额、互联网上网数占人数比率、万人在校大学生、二三产业从业人数比重、城镇就业人员数、非农产业发展比重、万人卫生技术人员数、建成区绿化覆盖率、城镇基本医疗保险覆盖率12个指标，构建评价指标体系，对中国省际社会发展进行客观的、综合的评价，并以此评价结果为基础进行后续的时间演变分析和空间特征分析。

二 研究方法

（一）极差

极差是指某个指标最大值与最小值之间的差额，可体现离散程度，其公式为：

$$R = X_{max} - X_{min}$$

式中，R是极差，X_{max}是数据中的最大值，X_{min}是最小值。R的数值越小，表示区域间的绝对差异越小，反之绝对差异越大。

（二）标准差

标准差是测度绝对差异所常用的方法，可体现数据与平均值之间的离散程度。其公式为：

$$S = \sqrt{\frac{\sum_{i=1}^{n}(X_i - \bar{X})^2}{n}}$$

式中，S 为标准差，n 为研究区域总个数，X_i 为研究的 i 区域的数值，$\bar{X}$ 为所有研究区域的数据的平均值。S 的数值越小，表示区域间的绝对差异越小，反之绝对差异越大。

（三）基尼系数

基尼系数是衡量收入分配是否均衡的国际上常用的指标，此方法广泛应用在测度分配公平上，其数值范围是 [0，1]。其具体公式为：

$$G = \frac{2}{N^2 \bar{X}}(X_1 + 2X_2 + 3X_3 + \cdots + NX_N) - \frac{N+1}{N}$$

式中，G 为基尼系数，N 为研究区域的个数，X_i 为具体指标数值，$\bar{X}$ 为所有区域的该指标平均值。按照国际惯例，0.2 以下为绝对平衡，0.2—0.3 为比较平衡，0.3—0.4 为相对合理，0.4—0.5 为差距较大，0.5 以上为差距悬殊，通常把 0.4 当作"警戒线"。

（四）人口加权变异系数

加权变异系数能够消除不同量纲的影响，考虑人口规模影响程度，能够测度不同区域的经济指标与所有研究区域的均值两者之间的离散程度，其具体公式为：

$$C = \frac{1}{\bar{X}}\sqrt{\sum_{i=1}^{n}(X_i - \bar{X})^2 \times \frac{P_i}{P}}$$

式中，C 为加权变异系数，n 为研究区域的个数，$\bar{X}$ 为所有区域的经济指标均值，X_i 为 i 区域的经济指标，P_i 为 i 区域的总人口，P 为所有区域的总人口。C 越小表示该区域的相对差异就越小，反之相对差异越大。

（五）集中指数

集中指数能够体现出研究区域内的整体均衡情况，按照国际惯例，当集中指数在 50—69 之间时，表示该研究区域发展平衡性良好[①]。其具体公式为：

$$J = \left(1 - \frac{H}{P}\right) \times 100$$

式中，J 表示集中指数，H 表示研究区内各部分指标数值按照从大到小顺序排列，累计指标数值达到整个研究区数值总量的 50% 时对应的总人数，P 表示整个研究区的总人数。

（六）多因素综合评价指标法

为了更全方位地测度各区域的发展水平，采用多因素综合指标体系法，指标体系构建完成后，采取熵权法确定权重，更加客观和可靠。具体过程如下：首先将原始数据进行正向、负向标准化得到 H_{ij}，再计算指标信息熵 S_j，最后计算各个指标权重 W_i，最后根据权重和实际数据的标准化数据得到综合得分 F_i。

$$H_{ij} = \frac{X_{ij} - \min\{X_{ij}\}}{\max\{X_j\} - \min\{X_{ij}\}}$$

$$H_{ij} = \frac{\max\{X_j\} - X_{ij}}{\max\{X_j\} - \min\{X_{ij}\}}$$

$$Y_{ij} = \frac{H_{ij}}{\sum_{i=1}^{m} H_{ij}}$$

$$S_j = -k \sum_{i=1}^{m} Y_{ij} \times \ln Y_{ij}, k = 1/\ln m$$

$$W_i = (1 - S_j) / \sum_{j=1}^{n} (1 - S_j)$$

$$F_i = \sum_{j=1}^{n} H_{ij} W_{ij} \times 100$$

式中，其中 m 为评价区域数，i = 1，2，3，…，m，n 为选取指标数，j = 1，2，3，…，n。

[①] 殷小敏：《中部地区市域经济发展差异及影响因素分析》，硕士学位论文，安徽财经大学，2018 年，第 19 页。

(七) 泰尔系数

泰尔系数可以测度区域间的相对差异，最大的优势就是可以进行分解。采用最常用的泰尔系数，即地区的经济社会数据占比与人口占比之比的对数再加权求和，权重就是人口占比。其具体公式为：

$$T = \sum_{i=1}^{n} Y_i \log(Y_i / P_i)$$

式中，T 为泰尔系数，n 为研究的区域数量，Y_i 是 i 地区的数据占整个地区全部数据的比重，P_i 是指 i 区域的人口所占整个地区全部人口的比重。泰尔系数越小代表区域间差异程度越小，反之，越大则代表差异越大。可以将泰尔系数进行分解，分解为组内差异和组间差异，以地级市为基本的空间单元可以分别探究不同省份内部的差异和省份之间的差异对整体差异的贡献率，具体的分解公式如下：

$$T_{pi} = \sum_{j} \left(\frac{Y_{ij}}{Y_i}\right) \log\left(\frac{\frac{Y_{ij}}{Y}}{\frac{P_{ij}}{P}}\right)$$

$$T = \sum_{i=1}^{n} \left(\frac{Y_i}{Y}\right) T_{pi} + \sum_{i=1}^{n} \frac{Y_i}{Y} \log\left(\frac{\frac{Y_i}{Y}}{\frac{P_i}{P}}\right) = T_w + T_b$$

式中，T_{pi} 代表每个小组内的泰尔系数，Y_{ij} 为第 i 组中第 j 个小区域的数值，P_{ij} 为第 i 组中的第 j 个小区域的人口数量。

T 为泰尔系数，T_w 代表组内差异，T_b 代表组间差异，n 代表分组数，Y_i 代表第 i 组的组内数值总量，Y 代表全部研究区的数值总量，Y_i/Y 代表第 i 组的数值所占份额，P_i 代表第 i 组的总人口，P 代表全部研究区的人口总量，P_i/P 代表第 i 组的人口所占份额。

根据以上两个公式，可以求解组内差异和组间差异的贡献率，具体公式为：

$$\frac{T_b}{T} \times 100\%$$

$$\frac{T_w}{T} \times 100\%$$

三 区域经济发展平衡性的演变

(一) 基于省级尺度的研究

1. 绝对差异

图1-3-1是中国各省份人均GDP的极差和标准差的时间演变结果,可以看出:2000—2017年中国省际人均GDP的极差快速增高,且差异的数值比较大,2000年为27288元,2017年极差攀升到100497元,是2000年的3.68倍,年平均增长率7.97%,代表研究期内各省经济的绝对差异迅速拉开。极差的时间演变趋势大致是2000—2014年稳步增长,2015—2017年高速增长。2000年标准差为5876元,2017年标准差为26886元,同比增长357.56%,年平均增长率为9.36%,这表明区域经济差异逐年变大,差距悬殊。标准差的时间演变趋势大致是2000—2016年稳步增长,2017年迅速上升,增长率达16.88%,意味着2017年区域经济绝对差异加剧。

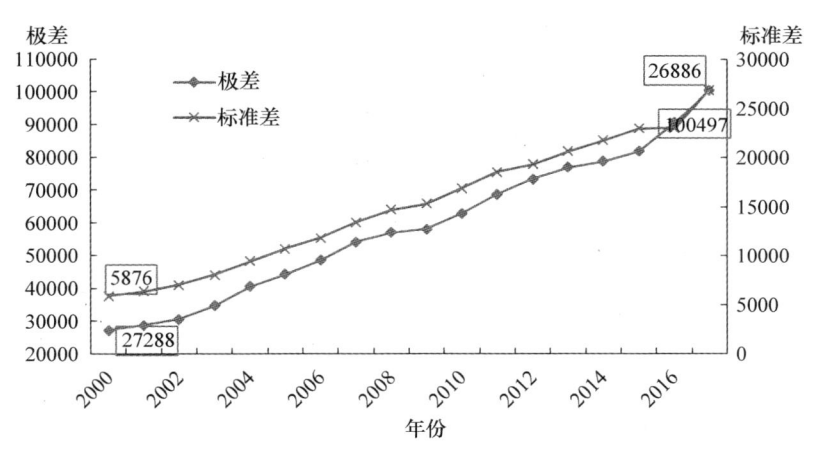

图1-3-1 2000—2017年中国省际人均GDP极差、标准差变化趋势图

极差和标准差有着逐年增大的相同趋势,且增长幅度较大,这两者

都可以表明 2000—2017 年中国省际区域经济的绝对差异在逐年拉大，省域经济发展不平衡性逐年加重。

2. 相对差异

测度绝对差异的同时要进行相对差异的测度，消除绝对总量大小的影响。因此采取基尼系数、人口加权变异系数来测度省际经济的相对差异。

图 1-3-2 是 2000—2017 年中国省际人均 GDP 的基尼系数和人口加权变异系数。根据基尼系数特性可知，中国省际的基尼系数一直处于 0.219—0.319 之间，说明 31 个省份之间的经济发展平衡性处于相对合理的位置。基尼系数数值从 2000 年的 0.371 下降到了 2017 年的 0.227，说明省际经济发展相对差异在稳步缩小，大致趋势是 2000—2006 年小幅度稳步下降，2007—2013 年下降明显，下降幅度相对较大，2014—2017 年期间基尼系数较为波动，先增大后减小再增大，每年变化幅度不大，致使 2014 年与 2017 年的基尼系数都为 0.227。从基尼系数结果的总体来看，中国在 2000—2006 年省际经济发展平衡性处于相对合理的状态，2007—2017 年之间处于比较平衡的状态。人口加权变异系数 2000—2003 年先减小、后增大，2003—2014 年逐年稳步下降，从

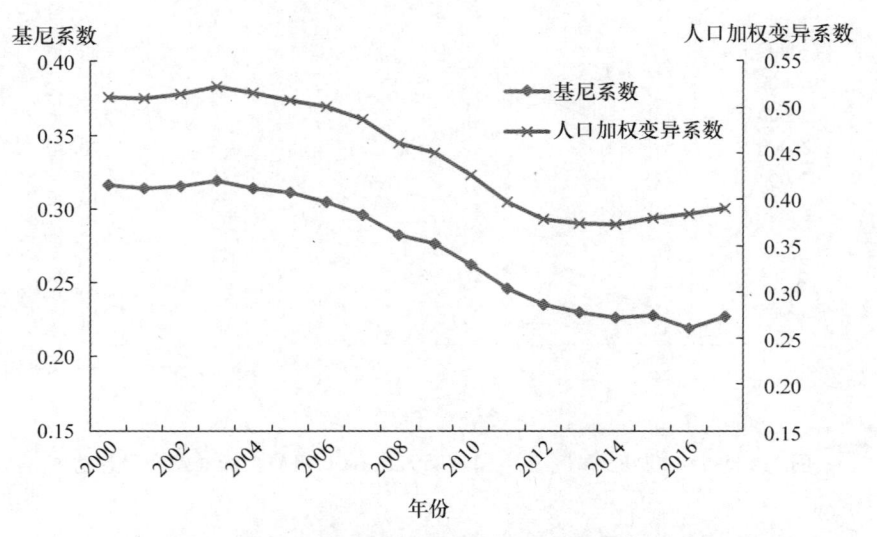

图 1-3-2　各省份人均 GDP 基尼系数及加权变异系数变化趋势图

0.524下降到0.373，2015—2017年略有反弹。可以看出，2000—2017年人口加权变异系数整体上为波动减小的变化趋势，由2000年的0.512下降到2017年的0.390，整体降低了23.8%，表示省际经济发展的平衡性虽偶有反弹，但总体趋于平衡，这与基尼系数的结果是相似的。

可以看出，尽管省域之间经济发展水平的绝对差距在拉大，但是相对差距在缩小，这也体现了21世纪以来中国经济发展政策向中西部等落后地区倾斜的效果。

3. 整体差异

不平衡增长理论等经典理论都认为经济发展不是各区域同步开展的，为了促进地区腾飞，一定范围内适当的不平衡会促进经济的发展，但是长期的极化发展肯定不符合中国特色社会主义宗旨。因此，减短不均衡周期、在不均衡的发展状态下尽可能向协调发展靠拢，是实现中国长久发展的正确方向。以集中指数衡量中国省际经济发展的平衡性，为整体的平衡性提供参考。

分析图1-3-3并结合集中指数的特性可知：①2000—2017年之间，中国区域经济发展的集中指数总体呈现下降，由2000年的67.28下降到了2017年的63.61，下降幅度达到5.5%，态势较为良好。②18年间只有4年的数值超过了69，其余14年全部位于50—69的良好区间，代表绝大多数时期中国的经济发展平衡性较为合理。③2002—2005年之间，集中指数超过69，表明这4年中经济发展进入集中化、非均衡化的发展阶段，部分省级行政区的发展速度加快，逐步获得多种经济资本向其集中，不平衡性加剧。④2000—2017年整体来看波动下降，但近几年集中指数的升高值得再次引起重视，2014年之后，集中指数逐年攀高，到2017年仍没有下降的态势，表明近几年中国不同区域间经济差距又在逐步拉开。

（二）基于地级市尺度的研究

为了进一步深入细化中国区域发展的平衡性研究，探明中国不同省份内部的差异问题，对2000年、2006年、2012年、2017年中国283

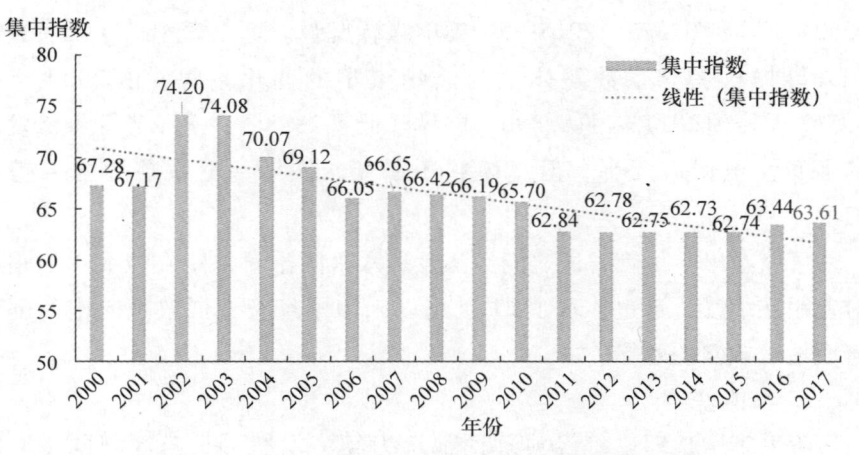

图 1-3-3 2000—2017 年中国人均 GDP 集中指数图

个地级市（港澳台所含的除外）的差异性和平衡性状况进行分析。

1. 绝对差异

根据表 1-3-1 可知：2000—2017 年中国各地级市之间人均 GDP 的极差迅速攀升，且差异的数值比较大，2000 年为 57876 元，2017 年极差升高为 182132 元，是 2000 年的 3.15 倍，代表这 18 年间中国各地级市之间的经济绝对差异迅速拉开，例如 2017 年广东省深圳市的人均 GDP 为 184068 元，甘肃省定西市的人均 GDP 仅为 17890 元。极差的时间演变趋势大致是 2000—2006 年快速增长，增长率达 61%，2007—2012 年平稳增长，增长率为 47%，到 2012 年以后增长率降到 33%，这也意味着在这期间各地市之间虽然绝对差异在逐渐拉大，但差异拉大的速度有所减慢。2000 年标准差为 7956 元，2017 年标准差为 34945 元，同比增长了 339.22%，这表明区域经济差异变大，不平衡性加剧，差距悬殊。标准差的时间演变趋势大致是 2000—2006 年快速增长，增长率为 77%，2007—2012 年间增长率比上一阶段升高 5 个百分点，区域经济差异加速扩大，2013—2017 年间增长率将至 37%。

极差和标准差自 2000 年至 2017 年均呈增大趋势，且增长幅度较大，这两者都可以表明 2000—2017 年中国地市之间经济的绝对差异在拉大，经济发展不平衡性总体加重。但就增长速度来看，2012—2017

年间极差和标准差都低于前几阶段,这意味着近年来中国地市之间的经济不平衡速度放缓。

表1-3-1 中国各地级市经济数据极差和标准差

年份	极差	标准差
2000	57876	7956
2006	93239	14068
2012	137238	25581
2017	182132	34945

2. 相对差异

为了明确中国地级市之间的相对差异情况,同时探明区域内差异和区域间差异的变化。区域内差异即各自省份内部的差异,区域间差异即31个省份之间的差异,将全国283个地级市按照对应省份进行分组,采用泰尔系数及其分解的方式来衡量相对差异状况。

通过表1-3-2可知,2000—2017年,泰尔系数从0.121上升到0.149,整个过程呈现先下降后升高的态势,代表全国地级市经济的相对差异总体拉大。2000—2006年,出现下降,降至0.096,随后2006—2012年继续出现明显下降,2012年中国地级市总体泰尔系数仅为0.065,表示地级市之间的差距正在逐步减小,但2012—2017年泰尔系数迅速反弹,升高至0.149,反超2000年,差距再次拉开。

表1-3-2 中国各地级市经济发展泰尔系数及其分解

年份	泰尔系数	各市间	各市内	各市间贡献率(%)	各市内贡献率(%)
2000	0.121	0.055	0.066	45.26	54.74
2006	0.096	0.037	0.059	38.46	61.54
2012	0.065	0.021	0.044	32.92	67.08
2017	0.149	0.070	0.079	46.97	53.03

由图1-3-4可知,经济发展方面,2000年、2006年、2012年、

2017年，各省份内部的差异大于各省份之间的差异，总体泰尔系数主要是由省份内部差异贡献。省份内部差异的贡献率2000年为54.74%，最后经历先增大后减小的过程，升至67.08%又降至53.03%，仍然大于省份间差异贡献率；省份间差异贡献率2000年为45.26%，最后降至32.92%又升至46.97%，一直稳定小于50%。

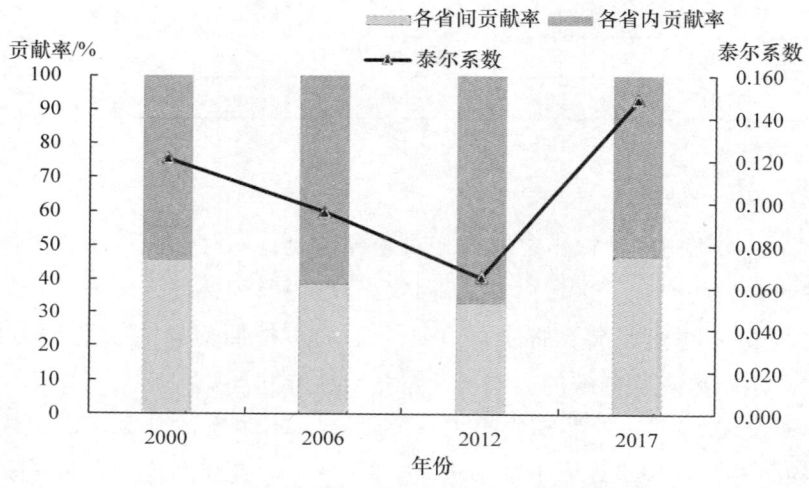

图1-3-4　经济发展各省内差异及各省间差异贡献率图

从表1-3-3贡献率程度分析，各省份都处于不断变化之中（青海、西藏由于在研究期内地级市数量的问题未对区域内差异有贡献）。2000年广东省内的差异对总差异贡献率最高，高达13.94%，随后贡献率较高的是甘肃、云南，贡献率最低的是河南，仅为1.47%；2006年对总体差异贡献率最高的是甘肃，甘肃内部差异贡献率为10.91%，广东、江苏贡献率也都较高；2012年贡献率前三名是甘肃、黑龙江、广东，贡献率最低的是海南，仅为0.16%；2017年贡献率最高的是四川、甘肃、广东，其中四川省内部的差异贡献率高达16.18%，贡献率最低的是海南、福建、贵州。贡献率较高的省份意味着区域内部各个地级市之间经济发展差异较大，贡献率较低的省份代表内部各地级市经济发展协调性较好、平衡性较好。2000—2017年间，甘肃、江苏等省份

表1-3-3　　　　　中国各省份内部差异贡献率　　　　　单位:%

		2000	2006	2012	2017
各省间差异贡献率	地区间	3.20	2.44	1.93	4.32
各省内差异贡献率	云南	6.49	5.48	5.37	4.39
	内蒙古	3.45	5.55	5.82	2.91
	吉林	1.84	1.02	1.03	1.65
	四川	3.37	3.16	2.83	16.18
	宁夏	3.12	5.01	5.11	1.63
	安徽	2.75	5.32	5.71	4.05
	山东	4.19	4.37	4.14	4.28
	山西	2.46	1.80	2.24	3.07
	广东	13.94	7.43	7.32	9.44
	广西	2.23	1.62	2.69	2.95
	新疆	4.00	5.08	3.16	2.06
	江苏	4.66	6.93	3.30	6.12
	江西	1.89	2.69	4.37	2.22
	河北	1.87	1.54	2.52	1.66
	河南	1.47	2.53	2.42	2.10
	浙江	2.00	2.23	1.94	0.99
	海南	5.16	0.01	0.16	0.05
	湖北	2.04	3.03	3.78	1.31
	湖南	1.72	2.47	4.39	1.68
	甘肃	7.11	10.91	11.62	9.99
	福建	4.59	2.82	1.01	0.35
	贵州	3.29	3.54	2.09	0.87
	辽宁	4.87	4.04	3.23	2.42
	陕西	2.29	3.16	4.67	4.89
	黑龙江	5.97	5.82	7.14	8.41
	西藏	0.20	0.00	0.00	0.00
	青海	0.00	0.00	0.00	0.00

贡献率不断升高,各地级市间的经济差异逐年加大,广东、贵州等省份

贡献率逐年减小，表示其范围内的地级市经济发展平衡程度有所改善。

3. 整体差异

使用集中指数测度各个区域之间的平衡状态，为整体平衡性提供参考。根据公式得出 2000 年、2006 年、2012 年、2017 年全国地级市的集中指数。

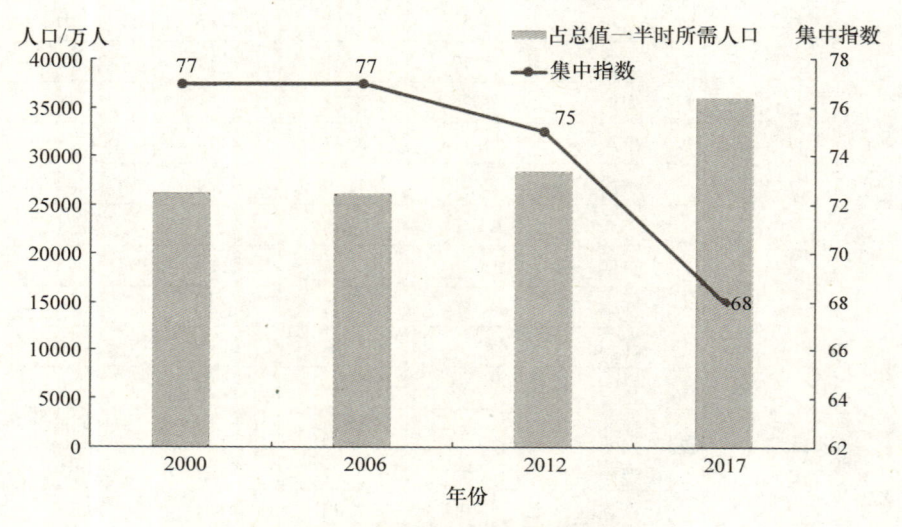

图 1-3-5 中国各地级市集中指数

分析图 1-3-5 可知：①2000—2017 年间，中国全部地级市范围内，区域经济发展的集中程度呈现整体减弱态势，集中指数由 2000 年的 77 下降到 2017 年的 68，下降幅度为 11.7%，态势良好。②2000 年、2006 年、2012 年的集中指数分别是 77、77、75，超出合理区间，这表明在 2000—2006 年左右中国地级市之间的经济发展不平衡性较为严重、极化现象突出，到 2012 年左右稍有缓和，但经济发展集中性仍然较强。③只有 2017 年的集中指数落在 50—69 的良好区间，到 2017 年由于区域协调发展等重大战略的奏效，各地级市经济过度集中现象有所好转，但也仅处于平衡与不平衡的临界值左右，需继续关注。

四 区域社会发展平衡性的演变

(一) 基于省级尺度的研究

1. 衡量社会发展的指标体系

根据前文所提到的社会指标选择依据并通过熵权法确定权重，构建了测度社会发展的综合指标体系，根据指标体系如表1-3-4。可以有效评价2000—2017年中国各个区域的社会发展情况，得出每一个省级行政区这17年来每年的社会发展综合得分。

表1-3-4　　　　社会发展综合评价指标体系

准则层	权重	指标层	权重	单位
基础建设	0.2954	城市化率	0.0411	%
		建成区占地面积比例	0.1801	%
		地均公路里程	0.0642	千米/平方千米
人民生活	0.2135	人均社会消费品零售额	0.0845	万元/人
		互联网上网人数所占比率	0.0792	%
		万人在校大学生数	0.0498	人/万人
就业结构	0.2702	二三产业从业人数比重	0.0576	%
		城镇就业人员数	0.1829	万人
		非农产业发展比重	0.0397	%
社会福祉	0.2209	万人卫生技术人员数	0.0619	人/万人
		建成区绿化覆盖率	0.0368	%
		城镇基本医疗保险覆盖率	0.1222	%

由表1-3-5的数据分析可以得出：全国总体的社会发展水平逐年改善，在基础建设、人民生活、产业结构、社会福祉等方面的综合情况不断提高，但31个省级行政区之间的社会发展差异较大。上海、北京在2000—2017年的社会发展测度中居于第1名、第2名，其得分也远高于其他区域，社会发展状态良好且稳定；天津、江苏、广东、浙江互相交错、互相竞争，在2000—2017年间大致交互动态地居于第3名、

表 1-3-5　中国各省份社会发展评价综合得分及排名

年份 区域	2000	排名	2001	排名	2002	排名	2003	排名	2004	排名	2005	排名	2006	排名	2007	排名	2008	排名
北京	64.29	2	68.64	2	75.69	2	80.31	2	75.68	2	73.81	2	72.16	2	72.08	2	72.22	2
天津	54.22	3	56.82	3	58.69	3	58.37	3	56.19	3	56.37	3	53.59	3	52.25	4	53.79	3
河北	18.34	14	19.00	16	20.88	13	20.64	17	20.67	16	19.64	15	20.74	15	20.88	14	22.10	13
山西	19.43	12	19.78	11	19.87	17	20.84	16	21.92	14	20.81	14	21.92	11	22.35	11	24.06	11
内蒙古	14.69	21	15.37	22	16.00	23	16.07	24	17.22	22	19.35	16	16.92	20	17.45	21	17.46	22
辽宁	36.48	7	37.86	7	39.55	6	38.70	7	38.99	6	35.63	8	34.61	8	36.29	8	37.79	8
吉林	18.14	16	19.37	15	20.16	16	21.29	13	21.62	15	18.76	17	20.85	13	21.47	12	21.34	16
黑龙江	18.32	15	19.46	13	20.85	14	21.09	15	24.31	10	22.20	11	21.58	12	21.47	13	21.68	14
上海	91.61	1	88.86	1	87.98	1	87.19	1	85.47	1	78.32	1	79.37	1	80.95	1	81.00	1
江苏	42.67	5	45.92	4	47.74	4	49.41	4	48.86	4	44.79	4	47.36	4	52.62	3	53.50	4
浙江	42.02	6	38.89	6	39.23	7	39.78	6	38.69	7	35.76	7	39.45	7	42.71	7	45.77	6
安徽	14.64	22	15.91	20	16.63	21	16.98	22	17.22	23	14.42	25	15.80	24	17.15	23	17.44	24
福建	22.70	9	23.53	9	25.54	9	24.56	10	24.67	9	23.12	9	24.41	9	25.15	9	26.53	9
江西	14.10	23	14.57	23	16.19	22	17.14	21	16.99	24	14.09	26	16.03	22	18.42	20	19.65	20
山东	33.89	8	32.52	8	35.36	8	35.12	8	35.99	8	40.94	6	44.39	5	43.93	6	41.77	7
河南	19.66	11	19.68	12	21.07	12	21.14	14	19.55	17	17.09	17	19.05	19	20.52	16	21.32	17

第三章　中国区域发展平衡结构的时间演变　39

续表

年份 区域	2000	排名	2001	排名	2002	排名	2003	排名	2004	排名	2005	排名	2006	排名	2007	排名	2008	排名
湖北	20.63	10	22.50	10	23.46	10	24.80	10	24.26	11	21.83	12	23.16	10	23.14	10	24.53	10
湖南	17.83	18	18.25	18	19.38	18	19.21	18	19.21	18	16.99	20	17.05	19	18.67	19	19.84	19
广东	43.92	4	40.35	5	42.39	5	45.96	5	47.35	5	41.08	5	41.13	6	49.59	5	53.00	5
广西	10.77	28	11.25	28	11.60	28	12.00	29	12.75	27	10.82	28	10.43	28	10.27	27	10.22	27
海南	17.14	19	17.58	19	18.47	19	18.02	19	18.35	20	17.91	18	16.91	21	17.26	22	18.63	21
重庆	12.40	26	12.52	26	13.64	26	15.90	25	17.32	21	15.99	23	18.32	18	20.07	17	22.25	12
四川	15.75	20	15.71	21	17.39	21	18.36	20	18.93	19	16.27	22	15.79	25	15.97	25	16.73	25
贵州	6.68	30	6.19	30	7.66	30	7.34	30	7.22	30	5.75	31	6.94	31	7.56	31	8.12	31
云南	11.23	27	12.27	27	12.29	27	12.38	27	12.49	28	11.21	27	9.48	29	9.05	30	8.83	30
西藏	4.91	31	5.81	31	5.82	31	4.79	31	4.49	31	8.78	30	7.87	30	9.09	29	8.99	29
陕西	18.70	13	19.40	14	21.94	11	22.87	11	23.67	13	20.96	13	20.75	14	20.71	15	21.35	15
甘肃	10.24	29	10.69	29	11.61	29	12.51	28	12.46	29	10.64	29	10.61	27	9.69	28	10.00	28
青海	13.21	24	13.58	25	14.35	25	15.17	26	15.54	26	14.85	24	13.44	26	13.32	26	14.45	26
宁夏	13.01	25	14.27	24	15.03	24	16.47	24	16.79	23	16.34	21	15.87	23	16.37	24	17.44	23
新疆	18.03	17	18.70	17	20.42	15	21.88	12	23.79	12	22.83	10	19.19	16	19.91	18	20.61	18

续表

年份 区域	2009	排名	2010	排名	2011	排名	2012	排名	2013	排名	2014	排名	2015	排名	2016	排名	2017	排名
北京	72.43	2	69.23	2	72.03	2	72.34	2	72.44	2	72.92	2	72.92	2	72.91	2	72.96	2
天津	51.89	5	51.72	5	51.98	5	51.03	5	51.17	5	49.86	5	51.06	6	51.67	6	50.74	6
河北	22.04	15	22.30	16	22.84	15	23.28	14	23.74	15	23.17	15	22.89	16	22.99	16	23.29	14
山西	25.33	11	24.81	12	25.15	12	25.40	12	26.02	12	24.57	12	23.79	13	23.47	15	23.06	15
内蒙古	19.10	21	19.33	20	20.00	20	20.48	20	21.64	18	21.17	17	21.36	17	21.28	19	20.59	20
辽宁	38.53	8	39.61	8	40.55	8	40.02	8	40.97	8	39.36	8	37.77	8	35.61	8	35.63	8
吉林	21.70	17	23.21	13	23.45	14	23.11	15	23.65	16	23.30	14	23.40	14	23.67	14	23.02	16
黑龙江	22.20	14	22.87	14	22.63	16	21.13	18	21.13	21	19.50	21	19.07	22	18.89	23	17.36	24
上海	79.81	1	79.49	1	78.35	1	76.79	1	76.29	1	75.13	1	75.75	1	75.22	1	75.31	1
江苏	53.29	3	54.11	3	55.52	3	56.60	3	57.11	3	57.13	3	57.49	4	57.87	4	57.71	3
浙江	46.24	6	46.81	6	48.17	6	49.67	6	50.81	6	51.11	5	52.03	5	51.76	5	50.84	5
安徽	17.73	23	18.19	23	19.47	22	20.36	21	21.38	19	20.65	18	20.94	18	22.62	17	22.92	17
福建	28.06	9	29.30	9	30.69	9	32.71	9	33.79	9	33.62	9	34.35	9	34.40	9	34.42	9
江西	18.69	22	18.37	22	18.48	24	18.95	23	18.70	25	18.21	24	18.59	23	19.76	22	19.80	21
山东	43.00	7	43.73	7	44.65	7	45.66	7	47.19	7	47.02	7	46.79	7	47.45	7	46.57	7
河南	22.33	13	22.11	17	22.62	17	22.59	17	23.87	14	23.15	16	23.06	15	24.36	13	24.33	13

第三章 中国区域发展平衡结构的时间演变 41

续表

年份 区域	2009	排名	2010	排名	2011	排名	2012	排名	2013	排名	2014	排名	2015	排名	2016	排名	2017	排名
湖北	25.81	10	26.36	10	27.46	10	27.80	11	28.37	10	28.24	11	28.77	11	29.38	11	29.36	11
湖南	20.52	18	20.79	18	20.95	19	20.81	19	21.34	20	20.64	19	20.79	19	21.69	18	22.45	18
广东	52.82	4	54.10	4	55.93	3	56.19	3	56.85	4	56.90	4	57.52	3	57.89	3	56.96	4
广西	10.45	27	11.52	27	12.27	27	12.63	27	13.24	27	12.55	28	12.42	28	13.08	27	13.03	27
海南	19.17	19	20.35	19	21.72	18	22.69	16	23.15	17	20.21	20	19.99	20	19.80	21	19.37	22
重庆	23.33	12	25.08	11	26.19	11	27.83	10	28.36	11	28.57	10	29.74	10	30.70	10	30.70	10
四川	17.00	24	17.84	24	18.89	23	19.70	22	20.28	22	19.48	22	19.87	21	20.78	20	20.69	19
贵州	7.70	31	7.79	31	9.05	31	9.18	31	11.05	28	9.58	29	10.07	29	11.32	28	11.52	28
云南	9.50	29	9.44	29	9.78	29	9.82	29	10.01	31	9.11	30	8.98	30	9.48	30	10.07	30
西藏	8.99	30	8.71	30	9.39	30	10.43	28	10.22	30	12.74	27	12.78	27	10.11	29	10.62	29
陕西	21.80	16	22.31	15	24.00	13	23.61	13	24.58	13	23.90	13	24.30	12	24.64	12	24.70	12
甘肃	10.25	28	10.18	28	10.39	28	9.72	30	10.89	29	9.08	31	8.24	31	8.43	31	8.86	31
青海	13.82	26	13.60	26	14.34	26	14.40	26	15.65	26	14.22	26	14.26	26	13.73	26	13.06	26
宁夏	16.93	25	17.05	25	17.65	25	18.84	25	19.22	25	18.29	23	18.09	24	18.30	24	18.24	23
新疆	19.15	20	19.05	21	19.79	21	18.91	24	19.96	23	18.21	25	17.89	25	17.18	25	17.09	25

第4名、第5名、第6名的位置，发展相对良好；山东、辽宁、福建、湖北则紧跟其后，多年来一直在第7—10名的位置，在城市建设等方面发展较好；河北、山西、内蒙古、吉林等较多省份多年来排名变化不大，略有浮动但不影响整体。相比之下，部分区域的发展不是很稳定，有的区域发展飞速，自2000年至2017年排名提升较快，重庆在2000—2005年一直是26名左右，之后社会发展状况逐渐好转，到2010年以后稳定保持在第10名左右，安徽则由第22名提高至第17名；有的区域则发展较慢，排名逐年下滑，黑龙江由2000年的15名下滑至2017年的24名，新疆则由第17名下降至第25名。同时，西藏、贵州等落后省份的社会发展值得引起关注，2000—2017年间，西藏、贵州大多数时候均位于倒数两位，近几年来，情况稍有好转，但也仅仅前进到第28、29左右的位次；甘肃、云南，在2000—2011年间，位于全国27名、28名左右，到近几年连续下滑，甘肃2014年以后的4年连续下降至全国最末位，云南则连续居于倒数第二位次，情况较差。

根据社会发展综合评价指标体系可以客观测度每个区域的发展状况，并以此为基本依据，为后续的差异性研究和平衡性研究打好基础。

2. 绝对差异

图1-3-6是中国各省份社会发展的极差和标准差的时间演变结果，分析数据可以得出：2000—2017年中国省际社会发展的极差有所减缓，2000年为86.70，2017年极差下降到了66.45，虽然差异的数值比较大，代表各区域间的差异一直存在且不容忽视，但是整体发展趋向较为平衡。2017年的极差是2000年的76.6%，年平均降低率为1.55%，代表中国省际社会发展差异在逐步缩小，平衡性态势较为良好，极差的时间演变趋势大致是2000—2004年稳步下降，2005年急速下降，降幅较大，下降了10.38%，2006—2014年缓慢持续下降，2014—2017年出现回升态势。2000年标准差为18.52，到了2017年标准差降低为17.84，同比降低了3.7%，年平均降低率为0.2%，整体来看是降低态势，省际绝对差异在减小，平衡性状况有所好转，但是标准差降低的幅度不大，说明区域间要达到平衡发展的道路还有很长。其中，标准差并不是逐年降低，在2000—2017年期间多次波动上升、反

弹，需要引起一定重视。省际区域发展得分的标准差时间演变趋势大致是 2000—2003 年处于上升状态，且到 2003 年达到峰值 19.13，随后两年急速下降，2004—2005 年下降到 17.48，2006—2008 年又出现增长，达到 18.19，随后逐年下降至 2013 年都相对比较稳定，2014—2017 年各区域的标准差波动上升、下降，但都高于 2013 年的 17.66。总体来看，标准差整体降低了，但是近十年的数值都高于 2005 年，代表着目前现状比 2000 年的绝对差异要小，但是与 2005 年相比，绝对差异是拉大的。

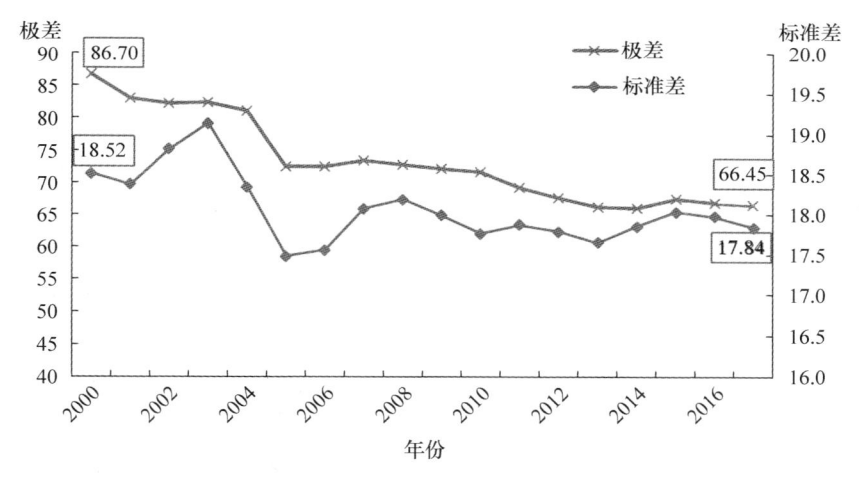

图 1-3-6 社会发展综合得分的极差和标准差变化趋势图

极差和标准差有着降低的相同趋势，这两者都可以表明 2000—2017 年中国省际社会发展的绝对差异在减小，社会发展不平衡性正在逐步优化，情况尚为乐观。不同的是，极差基本是整体逐年下降，且下降幅度较大，而标准差波动上升、下降，情况较为不稳定，其中 2014 年之后极差和标准差都出现了一定程度小幅度的回升，表明 2014—2017 年中国省际社会发展的绝对差异略有加剧的趋势。

3. 相对差异

图 1-3-7 是 2000—2017 年中国省际社会发展综合得分的基尼系数和人口加权变异系数。这 18 年中，中国省际的基尼系数落在 0.31—

0.36 的区间内，说明各省级行政区在社会发展的平衡性上处于相对合理的状况。基尼系数数值从 2000 年的 0.36 下降到了 2017 年的 0.32，说明中国省际经济发展差异在不断的、稳步的缩小，但是缩小的幅度并不大，大致的趋势是 2000—2004 年稳步下降，2005 年急速下降，下降幅度相对较大，2006—2007 年略有回升但幅度不大，2008—2013 年期间基尼系数再次稳步下降，由 0.334 下降至 0.31，出现最低值，代表此时是研究期内中国省际社会差异最小的一年，2014 年之后基尼系数略有回弹，代表区域社会差异稍有拉大。从基尼系数结果的总体来看，2000—2006 年省际社会发展平衡性相对合理并且逐步趋向平衡发展。

2000—2017 年人口加权变异系数整体上呈现波动态势，2000 年省际社会发展的变异系数为 0.588，到 2017 年为 0.583，从结果来看是保持稳定且略有减小，区域间的相对差异正在缩小，但从过程来看则是波动较大，区域间的相对差异时有加大、时有缓和。2000—2002 年变异系数减小，区域之间差距缩小，随后 2003—2007 年波动上升，到 2007 年达到峰值 0.604，区域之间社会发展差距逐步拉大，2008—2013 年情况有所好转，变异系数再次稳定降低，到 2013 年下降至 0.568，

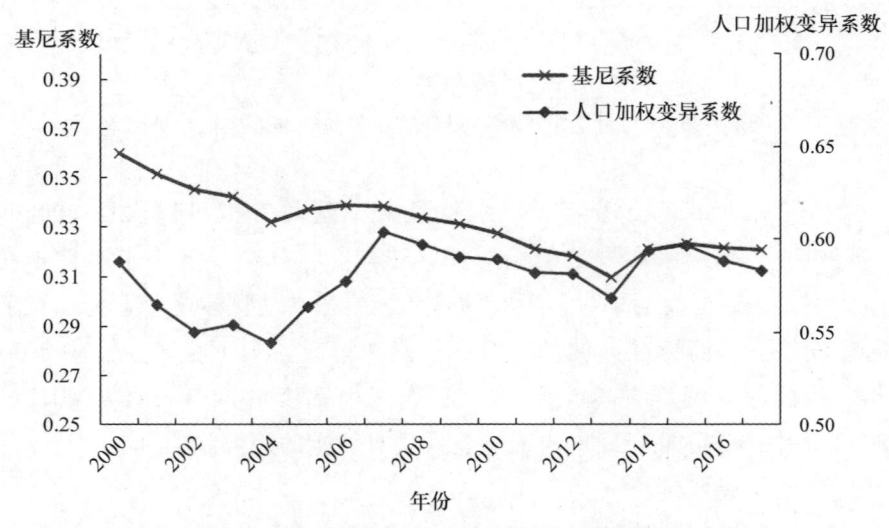

图 1-3-7 中国省际社会发展的基尼系数和加权变异系数

2014—2017年又波动上升至0.583。

总体来看,基尼系数下降程度大于人口加权变异系数,2000—2017年来两者都是略有减小的,这代表中国省际社会发展平衡性较为乐观。但是近几年尤其是2013年之后,这两个结果同时出现了回弹,这意味着2013—2017年中国省际社会发展的不平衡性确实有所加剧,急需加以关注和调控。

4. 整体差异

通过分析图1-3-8可以得出:①2000—2017年之间,中国省际区域社会发展的集中程度整体呈下降的趋势,由2000年的66.67下降到了2017年的61.35,下降幅度达到了7.98%,区域之间的平衡性趋势尚可。②2000—2017年间集中指数数值全部落在50—69的良好区间之内,代表在研究期内中国省际社会发展平衡性良好,各种社会资源和发展分布较为合理。③2012年是一个分水岭,集中指数下降最大,由64.2下降到61.37,可以看出这一年全国省际社会发展平衡性进步很大。④2000—2011年间集中指数区间为64.2—66.67,2012—2017年间集中指数区间为61.35—61.38,表明中国区域之间的社会发展整体差异基本上保持稳定。

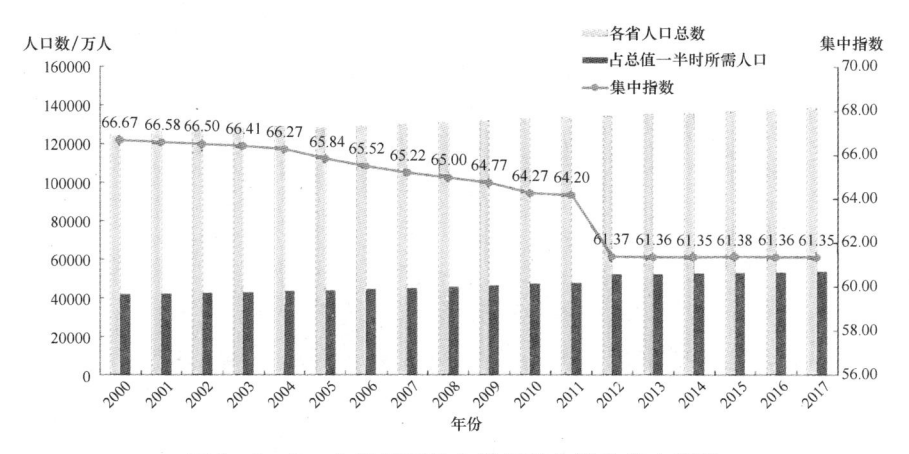

图1-3-8 中国省际社会发展综合得分集中指数

(二) 基于地级市尺度的研究

1. 评价指标体系

根据前文构建的社会发展的综合评价指标体系，可以有效评价中国各个地级市的社会发展情况，从城市建设、产业结构、人民生活、社会福祉等多个方面测度每个地级市的社会发展，计算其综合得分。

2000年至2017年大部分地级市的得分和排名都相对稳定，浮动幅度大的城市数量较少。部分城市排名浮动为0，如深圳市、陇南市、天水市、南宁市、梅州市5个城市，其中深圳市的社会综合排名一直位于全国第一，发展态势良好，而梅州2000年和2017年均排名第247，表明其社会发展无明显提高。共有49个城市名次上下浮动5位以内，如杭州市、厦门市、昆明市、珠海市等，这些城市在2000—2017年间发展稳定。大部分城市的名次浮动范围都处于6—50之间，共204个城市，占比72%，这表示大部分地级市的发展是相对稳定和循序渐进的。2000—2017年间的城市排名浮动了100名以上的城市有菏泽市、中卫市，仅占总数量的0.7%，其中菏泽市发展迅速，名次提高较大，而中卫市则在各方面被其他城市超越，排名逐年下降，值得引起重视和反思。除此之外，德州市、宜春市、齐齐哈尔市等城市的名次浮动也均在70名左右，上升或下降的幅度较大，表示2000—2017年间城市整体的社会发展水平在全国范围内有着较大变化。

根据社会发展综合评价指标体系可以客观测度每个地级市的发展状况，并以此为基本依据探究地级市尺度的社会发展平衡性情况。

2. 绝对差异

表1-3-6是2000年、2006年、2012年、2017年中国283个地级市社会发展得分的极差和标准差结果，分析数据可以得出：

2000—2017年中国各地级市之间社会发展综合得分的极差总体变大，而且差异的数值比较大，2000年为59.054，2017年极差为78.371，增长了32%，代表这18年间中国各地级市之间在社会发展方面绝对差异逐渐拉开。极差的时间演变趋势大致是2000—2006年快速增长，2006—2012年有一定幅度的降低，2012—2017年略有升高，这表示2000—2006年期间是中国各地级市之间社会发展水平差距拉开的关键时期。标准差基本保持稳定，数值较小，2000—2017年间稳定在9—10的范围内，由2000年的9.353升高到2017年的9.867，增长率为5%。极差和标准差呈增大的相同趋势，这可以表明2000—2017年中国地市之间社会发展的绝对差异在拉大，社会发展不平衡性总体加重。但是差距拉开较为严重的主要集中在发展最快的城市和发展最慢的城市之间，而就整体差异来看，中国283个地级市之间的社会发展差距相对稳定、差距缓慢拉开。

表1-3-6　　　　中国各地级市社会发展得分极差和标准差

年份	极差	标准差
2000	59.054	9.353
2006	80.631	9.243
2012	75.588	9.353
2017	78.371	9.867

3. 相对差异

通过表1-3-7可以发现，2000年至2017年，泰尔系数从0.098下降到0.088，代表全国地级市范围内社会发展的绝对差异缩小。2000—2006年，泰尔系数增大，到2006年到达最大值0.114，表示此时全国各地级市之间的社会发展差距最大，随后2006—2012年开始减小，泰尔系数减小为0.107，2012—2017年持续减小，最终降低至0.088，表示地级市之间的社会差距逐步减小，不平衡状况有所改善。从图1-3-9可以看出，社会发展方面，与经济发展相同，都是区域内差异贡献率大于区域间贡献率。这表示2000年、2006年、2012年、2017年间中国各省份内部的社会差异远大于各省份之间。省份内差异的贡献率2000年为66.84%，2017年为60.10%，呈现稳定降低的态势，但仍然大于省份间差异贡献率；省份间差异贡献率2000年为33.16%，2017年升高至39.90%，一直稳定小于40%，不是主要贡献因素。这表示中国各省份内部的差异大于省份之间差异,但是省份内部差异正在逐渐减小,而各省份之间的差异正在逐渐增大。

表1-3-7　　　　　　　中国地级市泰尔系数及其分解

年份	泰尔指数	各市间	各市内	各市间贡献率(%)	各市内贡献率(%)
2000	0.098	0.032	0.065	33.16	66.84
2006	0.114	0.043	0.071	37.85	62.15
2012	0.107	0.041	0.065	38.74	61.26
2017	0.088	0.035	0.053	39.90	60.10

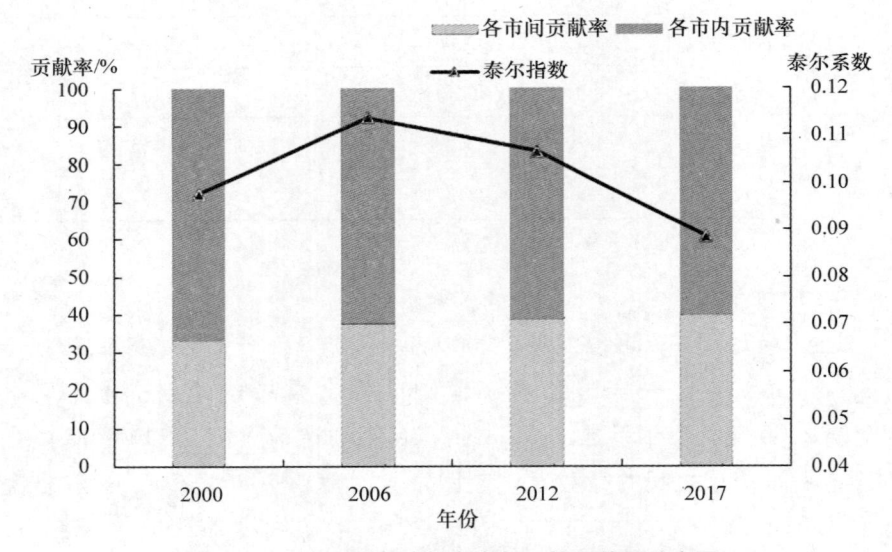

图1-3-9　中国各地级市泰尔系数及其贡献率图

从表1-3-8贡献率程度分析,各省份的贡献率都略有浮动,但是总体变化不大,贡献率高的省份持续较高,贡献率低的省份稳定较低(青海、西藏由于在研究期内地级市数量的问题未对区域内差异有贡献)。2000年贡献率最高的三个省份是广东、甘肃、贵州,其中广东高达12.73%,贡献率最低的三个省份是新疆、黑龙江、河北,其中新疆

表 1-3-8　　中国各省份社会发展内部差异的贡献率　　单位:%

		2000	2006	2012	2017
各省间差异贡献率	地区间	1.95	2.38	2.47	2.59
各省内差异贡献率	云南	5.25	7.02	7.20	4.95
	内蒙古	3.01	3.23	2.04	3.58
	吉林	1.61	1.60	1.20	1.09
	四川	3.72	3.85	3.20	3.87
	宁夏	6.12	7.03	7.75	5.03
	安徽	4.09	3.92	3.49	2.07
	山东	3.26	1.78	1.64	2.05
	山西	3.22	2.59	2.47	2.74
	广东	12.73	12.61	15.48	18.56
	广西	4.31	4.19	3.56	3.67
	新疆	0.04	0.02	0.51	0.17
	江苏	6.00	4.33	4.76	5.96
	江西	2.60	2.64	1.43	1.68
	河北	1.47	1.18	1.23	0.97
	河南	2.41	2.53	1.63	1.91
	浙江	1.97	2.07	1.82	3.02
	海南	1.68	0.29	0.11	0.33
	湖北	4.50	4.57	5.05	3.49
	湖南	2.64	3.27	3.11	2.71
	甘肃	6.39	7.29	9.20	8.43
	福建	5.58	4.87	5.50	6.59
	贵州	6.35	8.05	6.33	6.62
	辽宁	3.03	2.57	2.58	2.08
	陕西	4.79	3.77	4.05	3.56
	黑龙江	1.28	2.33	2.19	2.26
	西藏	0.00	0.00	0.00	0.00
	青海	0.00	0.00	0.00	0.00

的差异贡献率仅为 0.04%；2006 年对总体差异贡献率最高的仍然是广东，广东省内差异贡献率为 12.61%，甘肃和贵州贡献率也都较高；2012 年贡献率前三名是广东、甘肃、宁夏，贡献率最低的是海南；2017 年贡献率最高的是广东、甘肃、贵州，最低的是新疆、海南、河北。综合来看：广东和甘肃的贡献率一直较高，其省份内部各个地级市之间社会发展水平差异较大，2017 年两省社会发展的基尼系数位居全国前 2 名，分别为 0.340 和 0.222，也证明了其内部差异较大；海南的贡献率一直较低，2017 年其社会发展基尼系数为 0.041，表明其内部社会发展的差异较小。

4. 整体差异

根据集中指数的公式得出 2000 年、2006 年、2012 年、2017 年全国地级市社会发展得分的整体差异情况。

分析图 1-3-10 可知：①2000—2017 年间，中国地级市范围内，区域经济发展的集中程度呈现减弱态势，集中指数由 2000 年的 69.88 下降到了 2017 年的 62.29，由不平衡区间降到了平衡区间，下降幅度达到了 10.86%，态势良好。②2000 年、2006 年的集中指数分别是

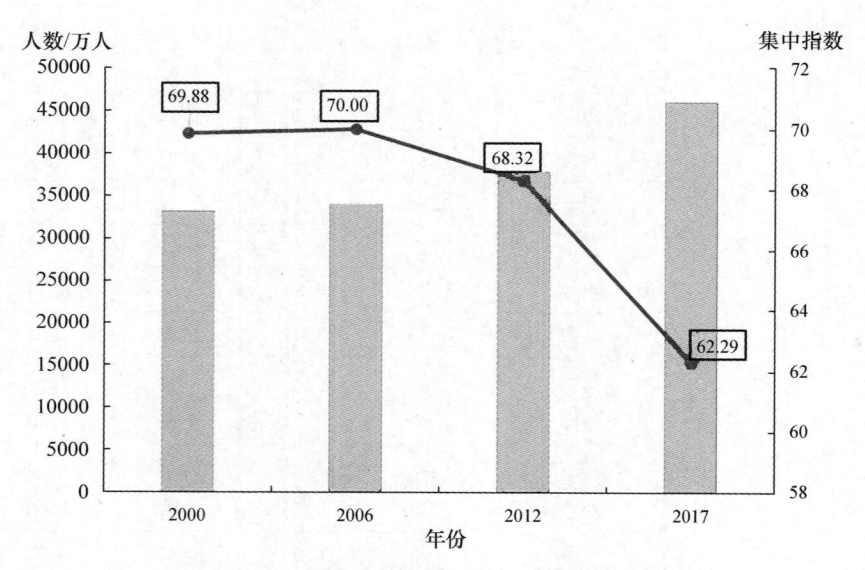

图 1-3-10　中国各地级市社会发展的集中指数

69.88、70，在 50—69 的合理区间之外，这表明在 2000—2006 年左右中国地级市之间的社会发展不平衡性较为严重，在基础建设、产业结构、社会福祉等方面的发展协调性较差。③2012 年、2017 年的集中指数落在 50—69 的良好区间，表示这阶段地级市之间的社会发展平衡性较为合理，到 2017 年集中指数持续降低，降低为 62.29，这意味着中国近年来的区域协调发展政策逐渐奏效，全国各地级市的社会发展水平逐渐平衡，差异慢慢缩小。

第四章 中国区域发展平衡结构的空间特征

一 研究方法

本章用探索性空间数据分析方法（ESDA）来分析中国经济、社会空间格局演变特征。常用空间自相关分析方法研究空间要素的集聚趋势，空间自相关包含全局自相关和局部自相关。

ESDA 方法的使用探究过程中，需要创建一个二元对称空间权重矩阵，能够表示 m 个对象的空间临近关系，具体公式如下：

$$W = \begin{bmatrix} W_{11} & W_{12} & \cdots & W_{1m} \\ W_{21} & W_{22} & \cdots & W_{2m} \\ \cdots & \cdots & & \cdots \\ W_{m1} & W_{m2} & \cdots & W_{mm} \end{bmatrix}$$

式中，i 和 j 分别是研究区域，W_{ij} 就是他们的空间邻近关系。确定空间权重矩阵有多种方法，需根据数据情况和实际条件选择合适的矩阵。

（一）全局空间自相关

本章主要采用的是莫兰指数（Moran's I）统计量，它可以表示研究区域的数值与周边区域的数值所存在的相似程度，其数值范围为 [-1, 1]，数值越小表示集聚趋势越弱，数值越大表明集聚趋势越强，当其数值为 0 时代表无相关性，小于 0 则表示研究区域与周边区域为负相关分散结果，大于 0 则表示为集聚结果。其具体公式为：

$$I = \frac{n \sum_i \sum_j W_{ij}(x_i - \bar{X})(x_j - \bar{X})}{\left(\sum_i \sum_j W_{ij}\right) \sum_i (x_i - \bar{X})^2}$$

式中，i，j 表示研究的不同区域，x_i 和 x_j 表示不同区域的数值，$\bar{X}$ 表示整个研究区域的数值平均值，n 表示研究区域总个数，W_{ij} 表示研究区域的空间权重矩阵。

通常使用标准化的统计量 Z 值检验，检验所有研究的 n 个区域是否存在空间自相关关系，其具体公式为：

$$Z(I) = \frac{I - E(I)}{\sqrt{VAR(I)}}$$

式中，E（I）表示平均值，VAR（I）表示 I 的方差，对零假设 H0 进行检验，通过计算 Z 值的 P 值，与显著性水平 ∝（通常选取 0.05）对比，如果给定的 ∝ 大于 P 值，则拒绝零假设，如果给定的 ∝ 小于 P 值，则接受零假设。

（二）局部空间自相关

局部空间自相关是从局部的相关性出发，探索研究区域与周边区域的相关性程度。当局部莫兰指数数值大于 0 时，则周围相似高值或者相似低值呈现空间集聚；当局部莫兰指数数值小于 0 时，则周围是不相似值集聚，其具体公式为：

$$I_i = \frac{(x_i - \bar{X}) \sum_{j=1}^{n} W_{ij}(x_j - \bar{X})}{\sum_{i=1}^{n} (x_i - \bar{X})^2} \times \frac{n^2}{\sum_i \sum_j W_{ij}} = Z_i \sum_j^n W_{ij} Z_j$$

式中，Z_i 和 Z_j 表示相对于平均值和标准差的标准化变量，W_{ij} 是研究区域的空间权重矩阵，I_i 数值为正数则表示临近区域之间时相似值集聚，I_i 数值为负数则表示临近区域之间时非相似值集聚，I_i 为 0 则表示随机分布。

主要用到莫兰散点图以及 LISA 集聚图，莫兰散点图可以体现局部空间非稳定性，LISA 集聚图可以体现出局部空间联系指标。

二 经济发展平衡性的空间特征探究

(一) 基于省级尺度的研究

1. 全局空间自相关

以中国的省级行政区为研究的基本空间单元,使用 GeoDa 1.8 软件,计算中国省际全局莫兰指数 (Moran's I) 以及 Z 值、P 值检验,所得结果如表 1-4-1 所示。根据表 1-4-1 可知,2000—2017 年间的经济发展数据全部通过了显著性检验,而且莫兰指数全部为正数,这说明中国省际经济发展存在着显著的空间自相关。具体分析可以得出以下结论:

①2000—2017 年全局莫兰指数的数值经历升高又下降的过程,整体上说明不同年份中国省际经济发展的空间关联不稳定,存在比较大的波动性和不确定性,缺乏强大的、持续的空间相关。②2000—2005 年间,全局莫兰指数连年升高,由 0.255 上升到了 0.307,表明中国省际经济空间集聚性持续增强,到了 2005 年达到峰值。③2006—2015 年间,全局莫兰指数开始逐年降低,由 0.307 下降到了 0.223,表明各个地区的经济发展的空间集聚性有了一定程度上的降低,到 2015 年降低到了最低值,代表此时省际空间集聚性最差,各个省份在经济发展方面可能都处于一个比较独立和封闭的状态,但是空间集聚作用降低也代表经济的异化发展得到了一定程度的缓解。④2016—2017 年间,全局莫兰指数先增大后减小,可以看出 2016 年比较特殊,莫兰指数增长幅度较大,年增长率 18.4%,这意味着 2016 年省际空间集聚效应大大增强。到 2017 年有所降低,各省份之间的空间集聚效应略微减弱。

表 1-4-1 2000—2017 年间全国省际全局莫兰指数和显著性检验

年份	莫兰指数	Z 值	P 值	年份	莫兰指数	Z 值	P 值
2000	0.255	2.65	0.003	2002	0.271	2.76	0.002
2001	0.26	2.69	0.003	2003	0.284	2.87	0.001

续表

年份	莫兰指数	Z 值	P 值	年份	莫兰指数	Z 值	P 值
2004	0.292	2.95	0.002	2011	0.273	2.57	0.007
2005	0.307	3.05	0.002	2012	0.267	2.52	0.007
2006	0.297	2.94	0.002	2013	0.247	2.34	0.011
2007	0.289	2.85	0.002	2014	0.227	2.22	0.016
2008	0.284	2.77	0.005	2015	0.223	2.18	0.018
2009	0.284	2.74	0.005	2016	0.264	2.51	0.009
2010	0.284	2.71	0.005	2017	0.236	2.26	0.015

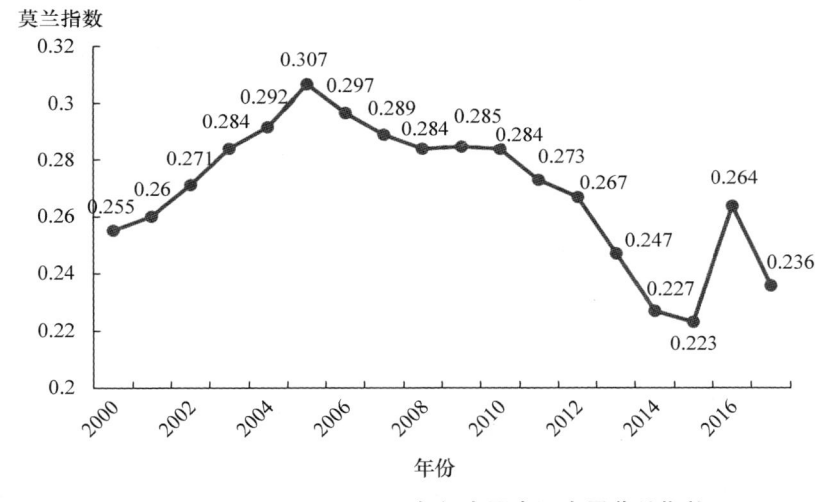

图 1-4-1 2000—2017 年间全国省际全局莫兰指数

2. 局部空间自相关

（1）莫兰散点图

2000—2017 年全部通过显著性检验，因此在选取研究年份时无须另外检验，利用 GeoDa 1.8 软件对 2000 年、2006 年、2012 年、2017 年的经济数据进行分析，得到莫兰散点图。莫兰散点图共有四个象限，落在第一象限的对象属于"高—高"型，落在第二象限的对象属于"低—高"型，落在第三象限的对象属于"低—低"型，落在第四象限的对象属于"高—低"型。

2000年经济指标的局部莫兰散点图1-4-2，落在第一象限的占19.35%，落在第二象限的也占16.13%，落在第三象限的占51.62%，落在第四象限的占12.9%，说明空间上呈现低—低关系的省份数量最多，高—低关系的最少。2006年空间正相关的类型区总共21个，占比67.74%。2012年正相关类型区总共23个，占比74.19%。2017年的莫兰散点图落在第一象限到第四象限的分别是7个、5个、15个、4个，第一象限加上第三象限的正相关类型区域总共21个对象占比67.74%。由此可知：2000—2006年，空间正相关类型占比是下降的，表明2000—2006年中国省际经济空间的集聚性有所减弱，到2012年又上升到了74.19%，这意味着2006—2012年间省际经济空间的集聚性不断加强，到2017年又下降至与2006年相同，表明省份间集聚性又逐渐下降，水平与2006年相当。

（2）LISA集聚

为进一步考量全国省级尺度下经济发展的空间分异格局，本书运用GeoDa 1.8软件计算，借助ArcGIS10.2软件得到2000年、2006年、2012年、2017年全国各省份经济发展的局部LISA集聚结果。

2000年，呈现"高—高"集聚类型的省份是江苏，其经济上的空间集聚性相对比较显著，江苏2000年GDP排名全国第2，作为经济发展的又好又快的省份，与其周围省份构成了比较紧密的经济综合体，经济交流比较密切，其强有力的经济发展拉动了周边区域共同进步；呈现"高—低"类型的省份是广东省，表示其高速发展的经济对周边的辐射作用较差，广东省发展相对独立、封闭；呈现"低—低"类型的是四川省，四川省整体的经济发展不是非常好，并且由于周围有山脉阻挡等多种原因，与周围经济联系较少，集聚能力差。2017年仅剩"高—高"集聚和"高—低"集聚，浙江在江苏的辐射作用下飞速发展，形成了江苏、浙江连片的"高—高"区域，广东省一直保持"高—低"不变。

综合2000—2017年来看，在数量上，"高—高"集聚类型增多，主要是集中在江浙一带和京津经济区附近，其经济辐射作用越来越明显；"低—低"集聚类型减少，主要集中在中国西南地区；"高—低"类型保持不变，这表明广东省自身发展远快于周边地区但辐射作用弱；"低—

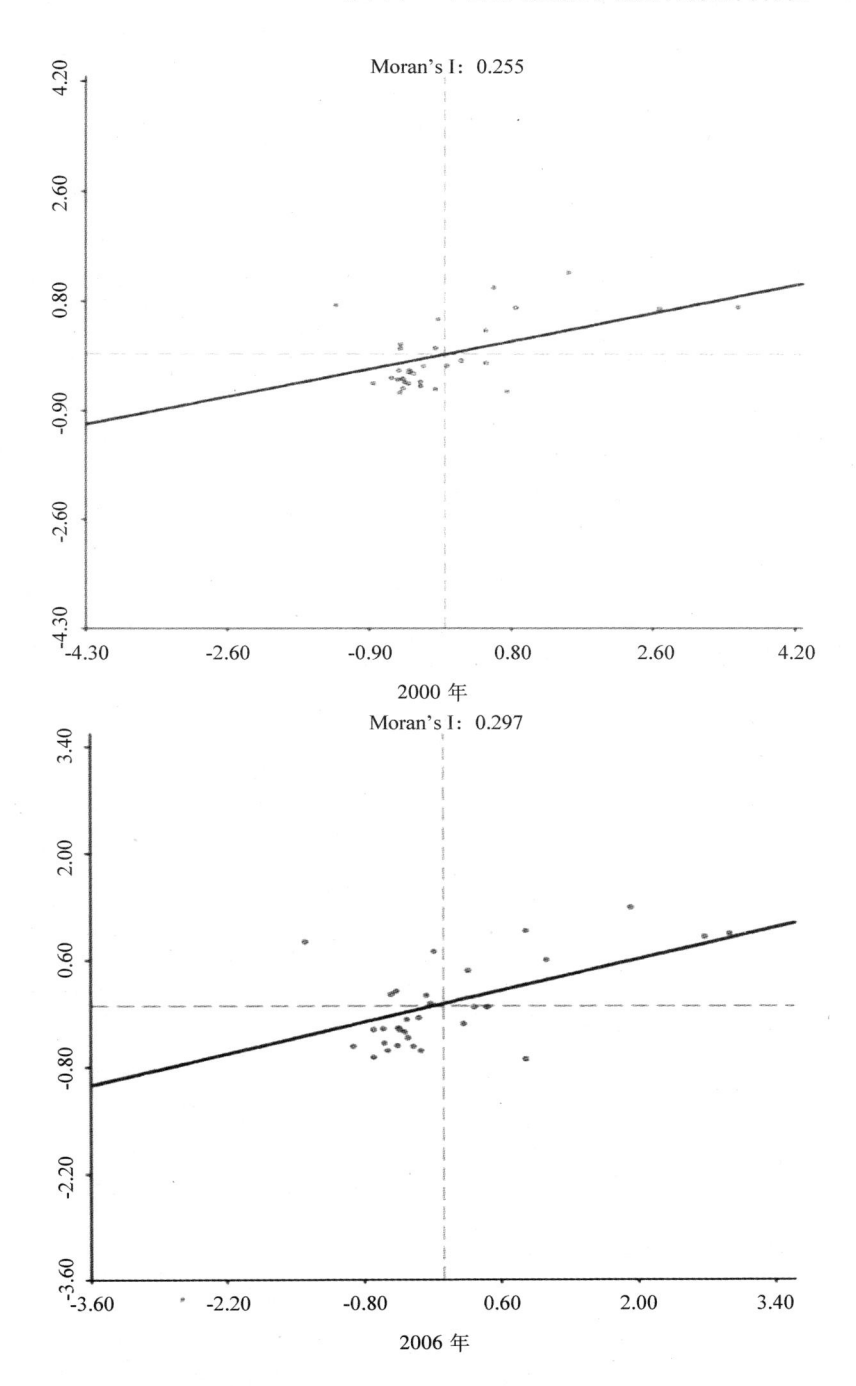

第四章 中国区域发展平衡结构的空间特征

Moran's I: 0.255

2000 年

Moran's I: 0.297

2006 年

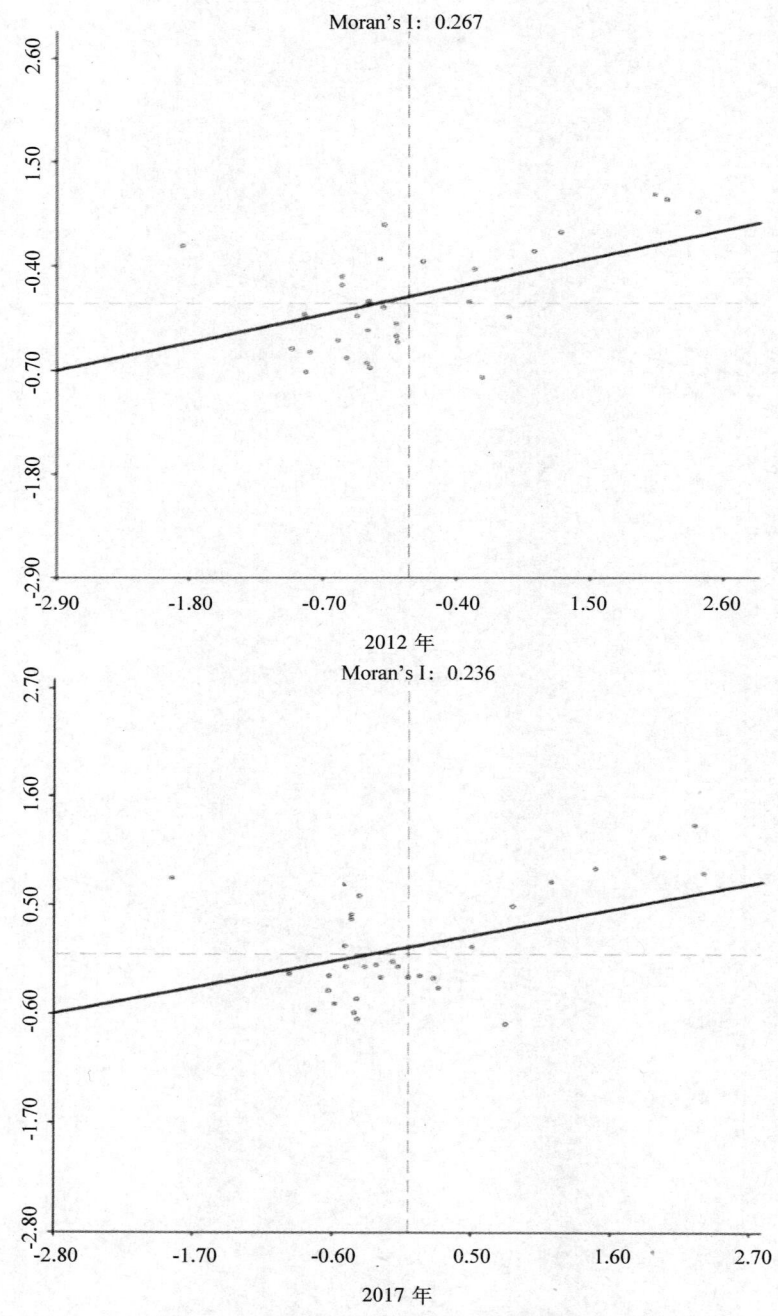

图 1-4-2 中国各省份经济发展莫兰散点图

高"类型作为过程出现,开始和结束时都不存在,主要出现在"高—高"类型附近,由于其自身发展比周围慢造成的。综合分析可知,中国大部分省份对周边地区的经济带动作用都是不显著,各个中心城市以及其周边的网络发育不健全,中心极化效应较弱,值得进一步加强。

(二) 基于地级市尺度的研究

1. 全局空间自相关

以中国 283 个地级市为研究的基本空间单元,使用 GeoDa 1.8 软件计算中国所有地级市之间的全局莫兰指数以及 Z 值、P 值检验,得出如下结果:

表 1-4-2　全国地级市经济发展全局莫兰指数和显著性检验

年份	莫兰指数	Z 值	P 值
2000	0.281	7.88	0.001
2006	0.323	9.27	0.001
2012	0.35	9.79	0.001
2017	0.324	9.28	0.001

根据表 1-4-2 可知,2000、2006、2012、2017 年的经济发展数据全部通过了显著性检验,且莫兰指数均为正数,这表示中国所有地级市之间的经济发展存在着显著的空间正相关。具体分析可以得出以下结论:①2000—2017 年全局莫兰指数的数值由 0.281 上升到 0.35 又下降到 0.324,整体上说明空间关联不稳定,存在一定程度的波动性和不确定性,从 0.281 升高为 0.324,表明 2000—2017 年间各地级市之间的空间相关性呈加强态势。②2000—2012 年间,全局莫兰指数持续升高,表明中国各地级市之间的经济空间集聚性持续增强,到了 2012 年空间集聚性最强。③2012—2017 年间,全局莫兰指数降低,表明各地级市之间的经济发展的空间集聚性有所降低,极化发展得到了缓解,经济发展的不平衡性逐渐改善。

2. 局部空间自相关

（1）莫兰散点图

通过局部空间自相关来测度和观察不同地级市之间的相关性。2000、2006、2012、2017年数据在前文全部通过显著性检验，利用GeoDa 1.8软件对2000年、2006年、2012年、2017年各地级市的经济数据进行分析，得到莫兰散点图1-4-3。

2000年经济指标的局部莫兰散点图，落在第一象限的64个，占22.61%，第二象限36个，占12.72%，第三象限140个，占49.47%，第四象限43个，占15.20%，说明空间上呈现低—低型集聚关系的地级市数量最多，高—低关系的最少，空间正相关类型区共占72.08%。2006年研究对象落在空间正相关的类型区占比72.44%。2012年正相关类型区总共208个，占比73.5%。2017年的莫兰散点图落在第一象限到第四象限的城市数分别占比28.62%、16.25%、40.64%、14.49%，仍然是落在第三象限"低—低"类型的最多，第一象限加上第三象限的正相关类型区域总共占比69.08%。由此可以看出，2000—2017年间全国地级市均是呈现正相关类型的多，空间相关性较强。空间正相关类型的城市占比在研究期内总体呈下降态势，表示在此研究期内中国所有地级市之间经济的空间集聚性有所减弱，但减弱过程波动变化，其中，2000—2012年空间正相关类型所占比例持续增高，这意味着2000—2012年间中国地级市经济空间的集聚性不断加强，直到2012年以后集聚性才有所减弱。

（2）LISA集聚

运用GeoDa 1.8软件计算，借助ArcGIS10.2软件得到2000年、2006年、2012年、2017年全国各省份经济发展的局部LISA集聚结果。

2000年，呈现"高—高"集聚类型的地级市共20个，从分布范围来看，主要分布在渤海湾沿岸区域、东部沿海和东南沿海地区，具有明显的沿海分布特征，这些呈现"高—高"集聚的地级市在经济上的空间集聚性比较显著，与其周围省份构成了比较紧密的经济综合体，其强有力的经济发展拉动了周边区域共同进步；呈现"高—低"类型的地级市共8个，主要分布于中国的西部地区，无明显空间地带规律，主要

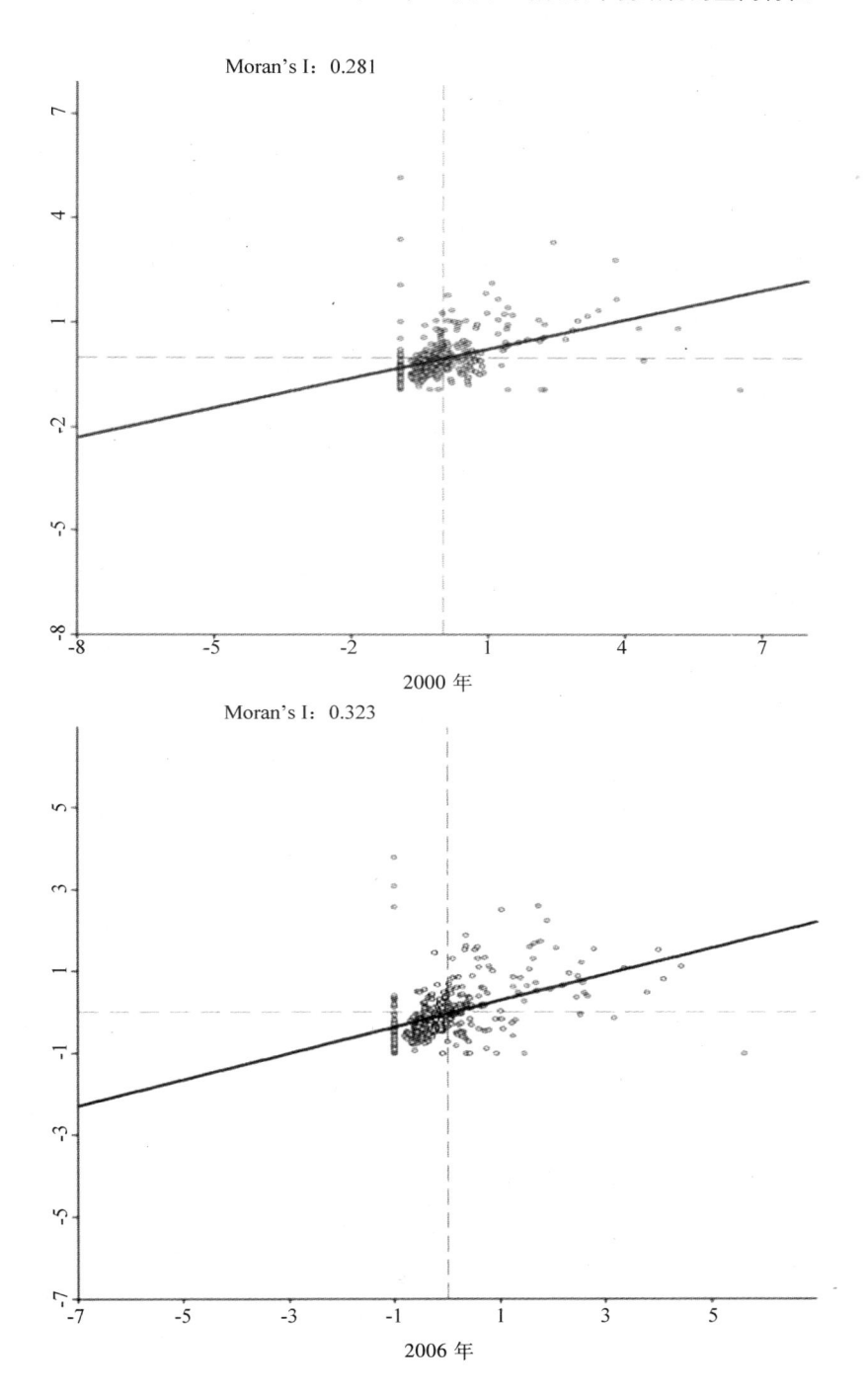

第四章　中国区域发展平衡结构的空间特征　61

Moran's I：0.281

2000 年

Moran's I：0.323

2006 年

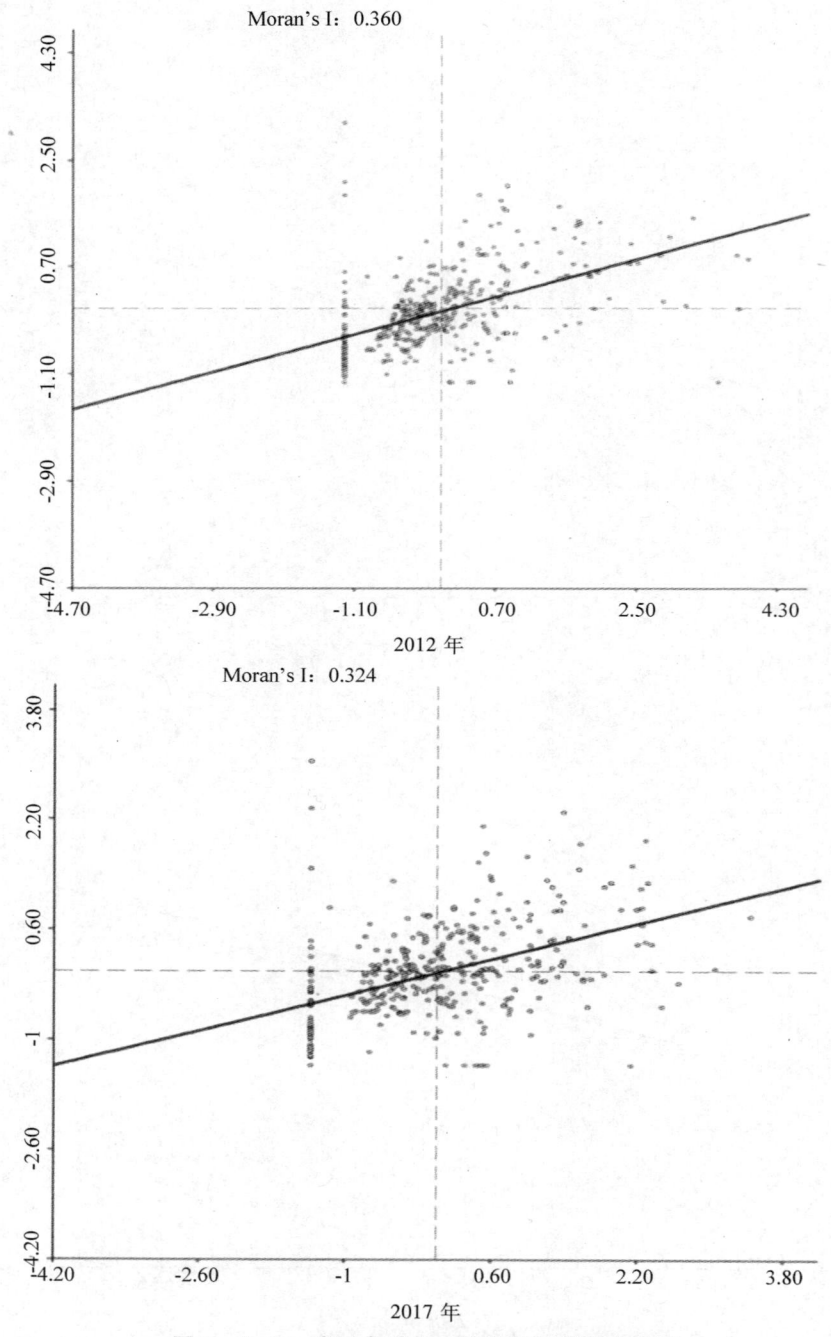

图 1-4-3　全国各地级市经济发展莫兰散点图

有海口市、拉萨市、兰州市、乌鲁木齐市等，这些城市的经济发展远远领先于周边城市，但其对周边的辐射作用较差，在一定范围内发展的相对独立；呈现"低—高"集聚的城市较少，主要分布在经济发达的区域附近，对比之下呈现经济发展落后态势；呈现"低—低"类型的城市共19个，主要分布在中部和西部，相对集中于甘肃、四川、云南省内，这些城市及其周围城市的经济发展相对较为落后，并且由于地理位置等多种原因，区域内经济联系较少，集聚能力差。

2017年呈现"高—高"集聚类型的地级市共38个，与之前相比，总量增多，山东与江苏浙江的"高—高"集聚城市团扩大明显直至相连，成为一个较大的整体，且分布范围较之前年份变大，不仅局限于沿海地区，内陆也有分布，值得关注的是内蒙古中部"高—高"集聚城市团的消失，表明内蒙古巴彦淖尔市等城市2012—2017年间的经济发展较差；呈现"高—低"集聚的地级市共有13个，与2012年相比新增了甘肃省金昌市、云南省曲靖市，其他城市保持不变，从数量上可以看出越来越多的城市经济开始突出发展，但对周边城市的经济辐射作用较弱；呈现"低—高"集聚的地级市数量是4，相比2012年新增宣城市、益阳市、宜春市，主要集中在安徽省和湖北省，同时，忻州市由"低—高"变为不显著；呈现"低—低"集聚类型的地级市共8个，数量大幅度减少，不再呈现中部、西部团状分布，而是转为分散分布。

综合2000—2017年来看，"高—高"集聚类型的地级市由20个变为38个，大幅度增多，"高—低"集聚类型由8个增加到13个，"低—高"集聚数量保持不变，"低—低"集聚城市由19个变为8个，大幅度减少，这表明中国地级市的经济发展态势良好，城市间互相辐射、互相拉动、共赢进步的效果显著，很多城市由经济发展一般转为经济发展优越，进而带动更多城市发展，部分城市从经济落后中脱离，连片大区域的落后区域逐渐消失。

（三）经济发展平衡性空间格局

根据2017年283个地级市的经济情况，可得到各省份内部的基尼系数。根据各省自身经济发展平衡性的情况,将经济发展平衡性水平进行分类,结合 GIS 自然断裂点法和平衡性实际情况,将平衡性水平划分为平衡性极好、平衡性良好、平衡性较好、平衡性一般四类。

2017 年中国经济发展平衡性总体无明显空间规律,四种平衡性水平类型呈现互相交叉、各自分散的空间分布格局。平衡性水平最好的海南、贵州、宁夏、新疆、福建、江苏、浙江,分散在中国中部、西部、南部以及东部沿海地区;平衡性良好的省份所占比重最大,数量最多,在空间分布上可以分为三组,其中甘肃、四川、云南三省相连,在西部地区集中,河南、湖北、河北、湖南、山西五省在中部地区相连成片,吉林、黑龙江两省居于东北地区;广西、江西、内蒙古、山东、青海的经济发展平衡性较好,分布较为分散;平衡性一般的省份有广东、陕西、辽宁、西藏、安徽,其 2017 年省内经济发展的基尼系数较高。

为进一步明确中国经济发展平衡性变化趋势的空间格局,对比 2000 年、2017 年各省份内部的基尼系数并分析其变化幅度。分析表 1-4-3 可知,2000 年、2017 年,中国各省份内部的平衡性情况较好,仅有广东省在 2000 年时基尼系数越过 0.4 的警戒线。2000—2017 年间,大部分省份内部的经济发展平衡性态势良好,基尼系数减小,内部差异缩小,仅有湖南、山西、江西、陕西、安徽、内蒙古的基尼系数增大,呈现不平衡趋势。

表 1-4-3　　　　　2000、2017 年各省基尼系数及其变化

省份	2000 年	2017 年	减小幅度
广东	0.555	0.255	0.300
海南	0.289	0.031	0.258
福建	0.318	0.076	0.242
江苏	0.324	0.150	0.174
贵州	0.186	0.056	0.130
黑龙江	0.345	0.216	0.129
新疆	0.260	0.146	0.114

续表

省份	2000 年	2017 年	减小幅度
云南	0.314	0.209	0.105
甘肃	0.265	0.177	0.088
四川	0.285	0.219	0.066
山东	0.305	0.240	0.065
辽宁	0.324	0.268	0.056
浙江	0.200	0.152	0.048
湖北	0.215	0.170	0.045
宁夏	0.150	0.108	0.042
青海	0.259	0.239	0.020
西藏	0.291	0.272	0.019
河南	0.182	0.165	0.017
河北	0.180	0.175	0.005
广西	0.234	0.229	0.005
吉林	0.194	0.190	0.004
湖南	0.201	0.204	-0.003
山西	0.200	0.206	-0.006
江西	0.217	0.231	-0.014
陕西	0.223	0.262	-0.039
安徽	0.254	0.300	-0.046
内蒙古	0.180	0.232	-0.052

根据各省内部经济发展基尼系数的变化方向和变化幅度，并结合GIS自然断裂点法，将其划分为快速平衡趋向、中速平衡趋向、弱平衡趋向和不平衡趋向四类，各种平衡性趋向类型交叉分布。快速平衡趋向的省份是广东、福建、海南，主要位于中国的南部沿海地区，经济发展平衡性趋势最优；中速平衡趋向的省份是江苏、贵州、黑龙江、新疆、云南，大部分位于中国边境位置，分布较为分散；弱平衡趋向的省份最多，主要分布在西北、东部、东北，这表示大部分省份经济发展的平衡性正在逐步改善，实现协调平衡发展可能需要较长时间；不平衡趋向的省份是湖南、山西、江西、陕西、安徽、内蒙古，2000—2017 年间不

平衡情况加重，省份内部差异拉大，各地市协调平衡较差，这六个省份三三相连，呈团状分布，分布较为集中。

三 社会发展平衡性的空间特征探究

（一）基于省级尺度的研究

1. 全局空间自相关

以中国的省级行政区为基本研究单元，使用 GeoDa 1.8 软件计算中国省际全局莫兰指数以及 Z 值、P 值检验。2000—2017 年间的社会发展得分均通过了显著性检验，且莫兰指数全部为正数，这表明中国各省之间社会发展水平存在着显著的空间自相关。

分析图 1-4-4 可知：①2000—2017 年全局莫兰指数的数值先升高、又下降、再升高、最后保持基本稳定，可以看出 2010 年以前的中国省际社会发展水平的空间关联不稳定，存在比较大的波动性，2011 年之后情况基本稳定。②2000—2001 年间、2004—2006 年间，全局莫兰指数连年升高，分别由 0.248 上升到了 0.278、由 0.216 上升到 0.282，表明在此阶段中国省际社会发展的空间集聚性不断加强，到

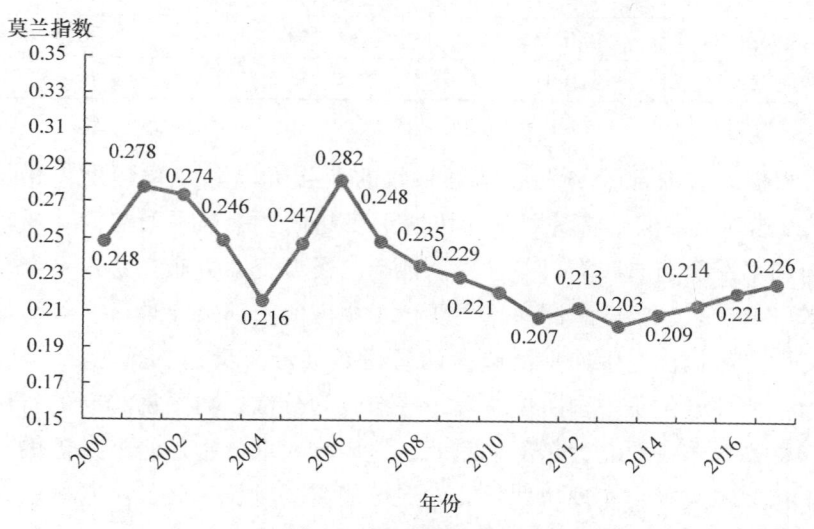

图 1-4-4 2000—2017 年间全国省际全局莫兰指数（Moran's I）

2006年达到最高值。③2002—2004年间、2007—2011年间，全局莫兰指数持续稳定降低，分别由 0.278 降到 0.216、由 0.282 降到 0.207，表明各个地区社会发展水平的空间集聚性有了一定程度上的减弱，社会发展的不平衡和极化效应得到一定程度的缓解。④2012—2017年间，全局莫兰指数基本稳定，有小幅度的浮动，表示此阶段社会发展呈现一定的空间集聚效应并保持稳定。

2. 局部空间自相关

（1）莫兰散点图

2000—2017年全部通过显著性检验，利用 GeoDa 1.8 软件分析得到莫兰散点图。分析可知，2000年基于省级尺度的社会发展的莫兰散点图研究对象落在空间正相关的类型区总共 24 个，占比 77.42%。2006年与 2000 年相比，空间上呈现"高—高"的区域数量变多，呈现"低—低"类型的数量变少。2012 年落在正相关类型区的对象占比 74.2%；2017 年仍然是落在第三象限"低—低"类型的最多，第一象限加上第三象限的正相关类型区域总共 21 个对象，占比 67.74%。综上，中国省际社会发展存在明显的空间正相关关系，空间正相关类型区的占比从 2000 年的 77.42% 下降到 2012 年的 74.2%，2006 年依然是 74.2%，后至 2017 年下降到 67.74%。这表明 17 年间中国省际社会发展的空间集聚性正在逐步减弱，省份间集聚能力下降，这与经济发展的省级尺度的空间特征基本吻合。

（2）LISA 集聚

2000年呈现"高—高"集聚类型的省份是江苏，其空间集聚性显著，江苏 2000 年社会发展得分排名全国第 5，作为发展的又好又快的省份，与其周围省份构成了比较紧密的发展综合体，浙江排名第 6，山东排名第 8，整个区域共同进步；呈现"高—低"类型的省份是广东省，广东自身在基础建设、产业结构、人民生活、社会福祉等方面远远领先于周围地区，但辐射带动作用较差，未对周围省份有明显贡献；呈现"低—低"类型的是四川省、西藏自治区、云南省，这三个省份构成了连片的发展较差区域。2017 年出现了较为多样的变化，呈现"高—高"类型的有江苏、浙江，这代表着江苏连年的发展对周围带动作用非

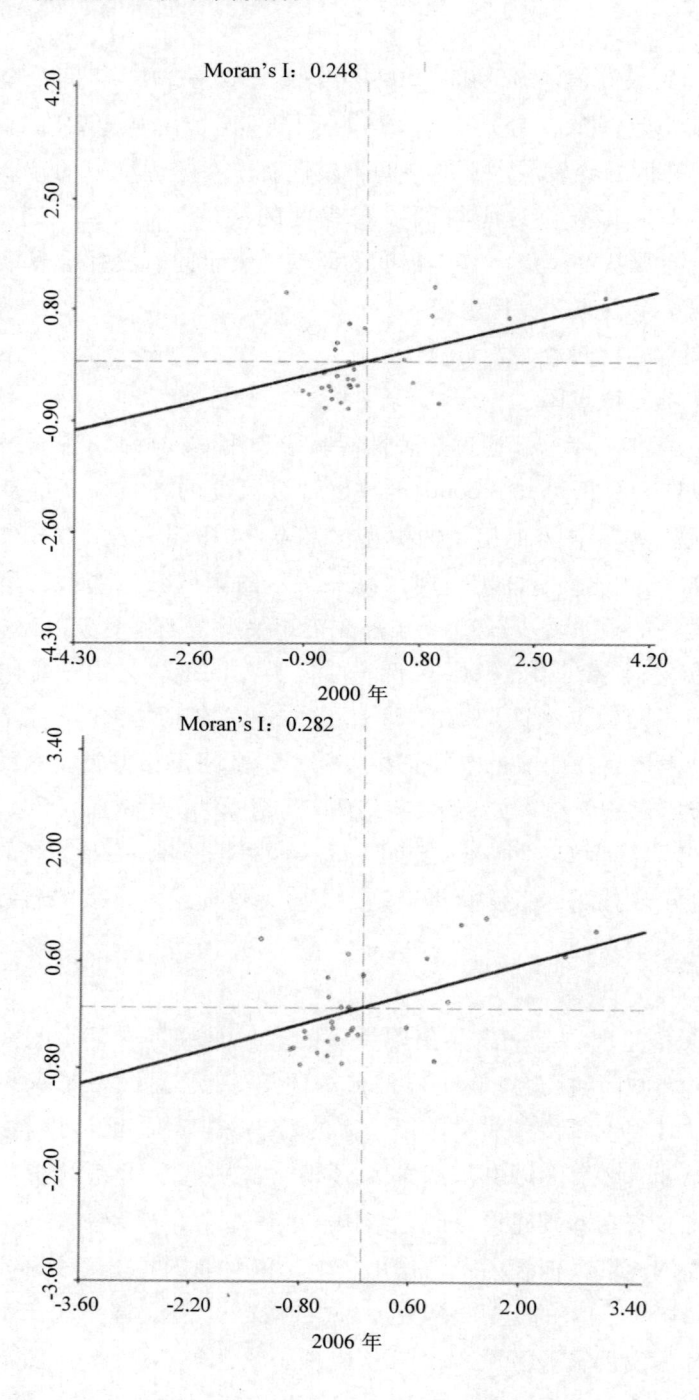

Moran's I: 0.248

2000 年

Moran's I: 0.282

2006 年

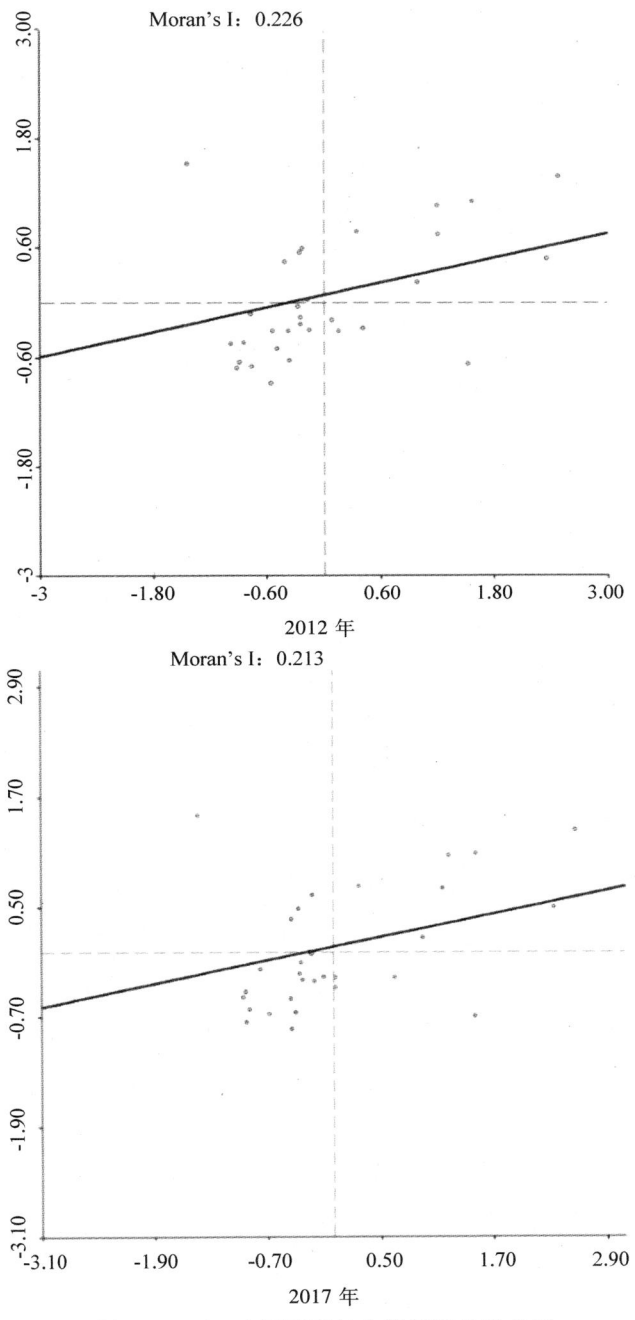

图 1-4-5 中国省际社会发展莫兰散点图

常强，使得浙江周围也均呈现"高—高"集聚，影响力扩大。而"低—低"类型区域又新增了青海，表示四川、西藏、云南等省份形成的发展凹陷区的影响力也在慢慢扩大。

综合2000—2017年集聚变化来看，在数量上，"高—高"集聚类型增多，主要集中在东南沿海地区的江浙一带，其社会发展的辐射作用逐渐明显；"低—低"集聚类型增多，主要集中在中国西部地区，形成了团簇状的连片地带；"高—低"类型保持不变，这表明广东省的发展自始至终都远高于周围区域且其辐射作用弱；"低—高"类型出现在2006年之后，表明河北省低于周围区域越来越多，并随着时间的推移逐渐显现出来。中国大部分省份与周边地区集聚都是不显著，区域内部的中心极化效应较弱。

（二）基于地级市尺度的研究

1. 全局空间自相关

以中国283个地级市为研究的基本空间单元，使用GeoDa 1.8软件计算中国所有地级市在社会发展方面的全局莫兰指数（Moran's I），得出结果如表1-4-4。

分析可知：2000、2006、2012、2017年的社会发展数据均通过了显著性检验，莫兰指数全部为正数，表示283个地级市之间的社会发展存在着显著的空间自相关。2000—2017年全局莫兰指数的数值由0.325上升到了0.387，且是逐阶段稳步升高的，说明不同年份中国地级市之间的社会发展的空间关联发展稳定，且空间相关性呈逐步加强态势，无波动反复，地级市之间的相互联系紧密，到了2017年相关性达到最高，代表此时空间集聚性最强，各地市社会发展的不平衡现象加剧。

表1-4-4 全国地级市社会发展的全局莫兰指数和显著性检验

年份	莫兰指数	Z值	P值
2000	0.325	9.16	0.001

续表

年份	莫兰指数	Z值	P值
2006	0.366	10.41	0.001
2012	0.369	10.37	0.001
2017	0.387	10.95	0.001

2. 局部空间自相关

(1) 莫兰散点图

通过局部空间自相关来测度地级市之间的相关性。2000、2006、2012、2017年地级市数据在前文均通过显著性检验，利用GeoDa 1.8软件对各地级市的社会发展数据进行分析，得到莫兰散点图。

根据图1-4-6可知，2000年落在第一象限的城市共82个，占28.98%，落在第二象限的38个，占13.43%，落在第三象限的123个地级市，占43.46%，落在第四象限的40个，占14.13%，空间上呈现低—低型集聚关系的地级市数量最多，高—低集聚关系的最少。2006年研究对象落在正相关的类型区占比74.2%。2012年正相关类型区总共220个，占比77.74%。2017年的莫兰散点图落在第一象限到第四象限的城市数分别占比33.92%、11.31%、43.82%、10.95%，落在第三象限"低—低"类型的最多，正相关类型区域总共占比77.74%。由此可知，2000、2006、2012、2017年间全国地级市社会发展在空间上均是呈现正相关类型的多，空间正相关类型的城市占比从2000年72.44%上升到了2017年77.74%，这意味着在研究期内中国所有地级市之间空间集聚性不断上升，研究对象与周边地区的社会发展紧密相连。

(2) LISA集聚

根据2000年、2006年、2012年、2017年中国所有地级市之间社会发展的LISA集聚结果可知。

2000年，呈现"高—高"集聚类型的地级市共30个，从分布范围来看与经济发展的空间集聚情况相似，主要分布在渤海湾沿岸区域、东部沿海和东南沿海地区，有明显的沿海呈条带状分布的特征；呈现

Moran's I: 0.325

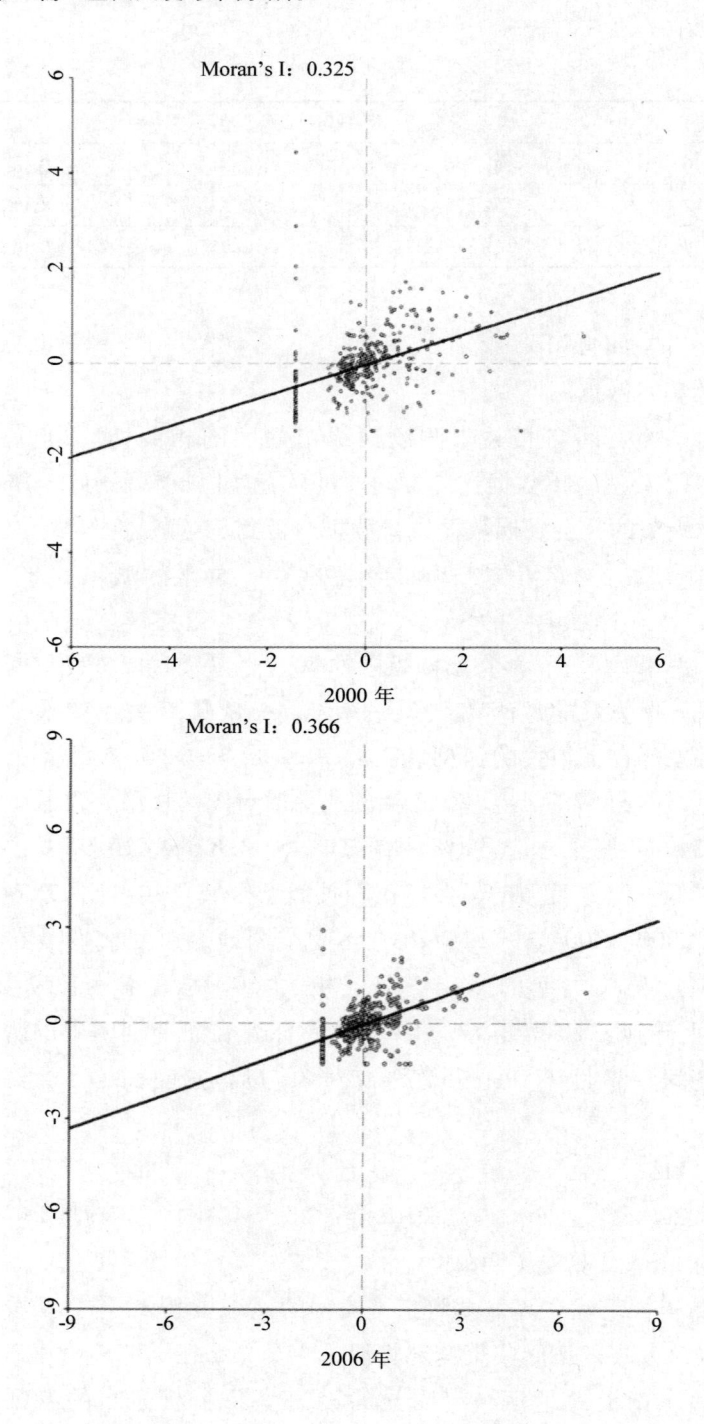

2000 年

Moran's I: 0.366

2006 年

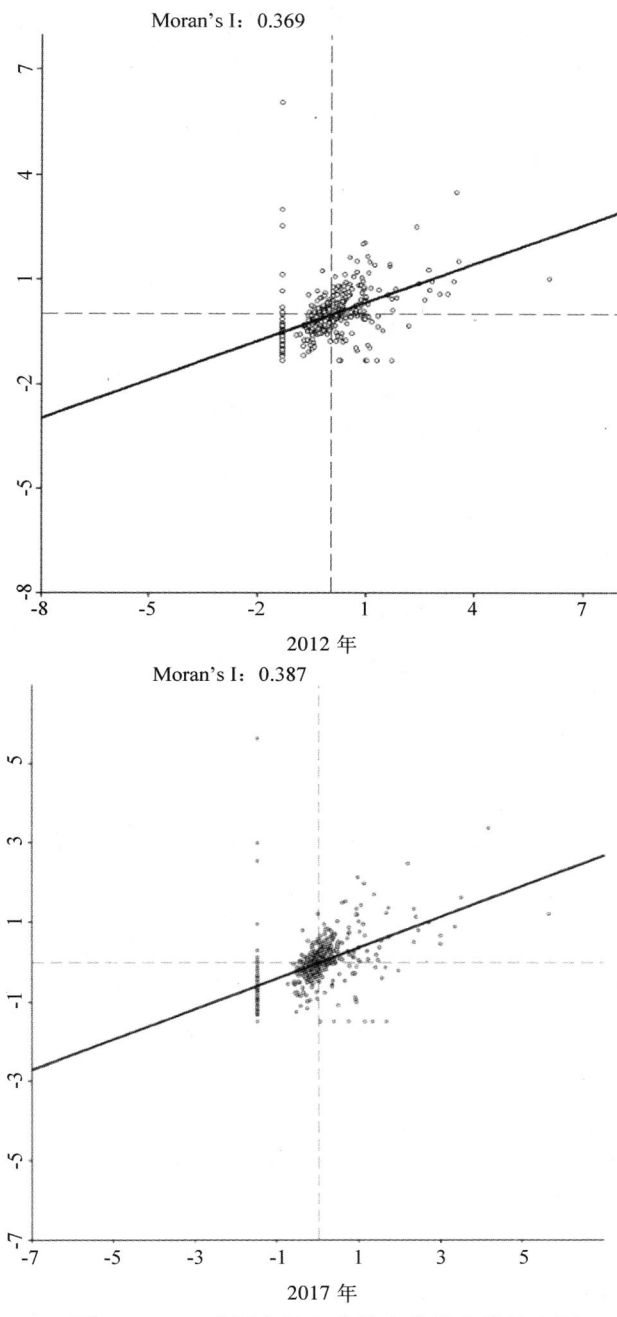

图 1-4-6　全国各地级市社会发展莫兰散点图

"高—低"类型的地级市共 12 个，分布比较分散，无明显空间地带规律，主要有海口市、拉萨市等，这些城市的社会发展水平领先于周边且其对周边的辐射作用较差；呈现"低—高"集聚的城市有 2 个，分别是宣城市、宁德市，这两个城市分别临近浙江、福建发展快速的地级市，而自身发展较慢；呈现"低—低"类型的城市共 13 个，主要分布在中部和西部，主要省份是甘肃、四川、云南等，且呈现出团状分布的特征，分布较为集中。

2017 年呈现"高—高"集聚类型的地级市共 26 个，与之前相比，最大的变化是渤海湾北侧，也就是辽宁省的"高—高"集聚城市全部消失，这意味着 2012—2017 年间东北地区起到拉动作用的城市带头作用减弱，山东与江苏浙江的"高—高"集聚城市略有扩大，与广东省共同成为三个主要集聚区；呈现"高—低"集聚的地级市共 10 个，与 2012 年相比减少了内蒙古呼伦贝尔市、广西壮族自治区南宁市，其中值得关注的是内蒙古呼伦贝尔市，由"高—低"转变为"低—低"，意味着其社会发展带头作用消失并融入发展落后区域，需引起重视；呈现"低—高"集聚的仍然是安徽省宣城市和广东省清远市，表示这两个地级市社会发展稳定低于周边地级市，发展缓慢；呈现"低—低"集聚类型的地级市共 12 个，除内蒙古呼伦贝尔市之外，主要集中分布在中国西南地区。

综合 2000—2017 年分析，从数量上看，"高—高"集聚类型的地级市由 30 个变为 26 个，有所减少，主要由辽宁省社会发展优势城市的消失，东北地区社会发展缓慢导致，其他类型数量基本保持稳定。

（三）社会发展平衡性空间格局

根据 2017 年中国各省份社会发展平衡性的实际情况并结合 GIS 自然断裂点法，可以将各省的社会发展平衡性水平划分为平衡性极好、平衡性良好、平衡性较好、平衡性一般四类，得到 2017 年社会发展平衡性的空间格局现状。

分析可知，2017 年，中国社会发展平衡性大致呈现出东部地区最优，东北地区、南方地区良好，青藏地区较好、西北地区一般的空间分布格局。平衡性最优的山东、河北、山西、河南在东部地区集聚成团，海南、吉林、江西各自分散；安徽、贵州、湖南等省份互相连接，在中国南方地区形成较大连片区域，内蒙古、黑龙江、辽宁等省份居于东北地区，这些省份的社会发展平衡性良好，数量最多；平衡性较好的省份是西藏、青海、福建、江苏，分别位于青藏地区和东部沿海；平衡性一般的省份有新疆、甘肃、广东，需要通过更有力的措施推动省份内部平衡发展。

根据中国283个地级市的社会发展水平，进一步探究各省份内部在2000年到2017年的平衡性变化情况，以明确社会发展平衡性变化的空间格局。

根据表1-4-5分析可知，中国各省份内部社会发展的平衡性态势较好，不存在超越警戒线、差距悬殊的情况，且绝大多数省份的基尼系数呈减小态势，表明省内差距不断缩小。其中，海南、安徽、宁夏、陕西、山东等省份平衡性趋势最好，基尼系数减小幅度较大，而黑龙江、新疆、浙江、广东2017年的基尼系数高于2000年的，这意味着其内部的社会发展水平越来越趋于不平衡。

表1-4-5　　2000、2017年各省社会发展基尼系数及其变化

省份	2000年	2017年	减小幅度
海南	0.160	0.041	0.119
安徽	0.193	0.112	0.081
宁夏	0.202	0.129	0.073
陕西	0.196	0.124	0.073
山东	0.177	0.108	0.068
湖北	0.188	0.120	0.067
云南	0.207	0.143	0.065
广西	0.198	0.141	0.057
江西	0.155	0.101	0.055

续表

省份	2000 年	2017 年	减小幅度
河南	0.145	0.094	0.051
辽宁	0.160	0.118	0.042
山西	0.148	0.111	0.037
江苏	0.227	0.190	0.037
贵州	0.147	0.112	0.035
河北	0.102	0.069	0.033
福建	0.211	0.179	0.031
湖南	0.149	0.119	0.030
四川	0.173	0.144	0.029
西藏	0.192	0.165	0.027
青海	0.201	0.175	0.026
吉林	0.105	0.080	0.025
内蒙古	0.151	0.136	0.016
甘肃	0.236	0.222	0.014
广东	0.339	0.340	-0.001
浙江	0.124	0.135	-0.011
新疆	0.184	0.196	-0.012
黑龙江	0.104	0.130	-0.026

根据2000年、2017年各省社会发展基尼系数的变化方向和变化幅度，并结合自然断裂点法，将平衡性变化趋势划分为快速平衡趋向、中速平衡趋向、弱平衡趋向和不平衡趋向四类。

快速平衡趋向的省份无明显空间特征，主要有海南、安徽、宁夏、陕西，17年来基尼系数下降幅度较大，社会发展平衡性的变化趋势最优；中速平衡趋向主要位于中国东部地区、南部地区、西南地区，有山东、云南、湖北、广西、江西、河南、辽宁、山西、江苏、贵州、河北、福建、湖南，这13个省份逐个相连，在中国东部、南部、西南形成强有力的连片地带；弱平衡趋向的省份主要位于中国的西部和西北地区，覆盖较大面积，有四川、西藏、青海、吉林、内蒙古、甘肃，其省份内部社会发展的平衡性变化趋势良好，但 17 年间基尼系数下降很小，平衡性改善速度较慢；不平衡趋向的省份分布无明显空间格局特征，有广东、浙江、新疆、黑龙江，其省份内部社会发展的差异不断拉大，平衡趋向较差。

第五章 中国区域发展平衡结构的优化

一 影响因素分析

(一) 地理探测器模型

地理探测器是一种应用于影响因素研究的统计学方法,可以揭示地理事物的特征以及其空间差异的原因,首先假设选取的自变量对因变量有着显著影响,那么自变量和因变量在空间上就会呈现相似分布规律的结果,其具体公式为:

$$q = 1 - \frac{\sum_{h=1}^{L} N_h \sigma^2}{N \sigma^2} = 1 - \frac{SSW}{SST}$$

$$SSW = \sum_{h=1}^{L} N_h \sigma_h^2$$

$$SST = N \sigma^2$$

式中,q 代表地理要素空间分异性影响力,h 为分层数或者分类数,N 和 N_h 表示研究单元数量和第 h 层中的个数,σ^2 代表因变量的方差,SSW 和 SST 分别是某一类别内的方差和整个研究区的总方差。q 的范围是 [0,1],当结果通过 p 值检验时,q 值越大表示影响因子的影响力越强,反之影响力越弱。

本章用到的是因子探测器和交互作用探测器:因子探测器可以研究不同的影响因子影响力的强弱,q 值越高,影响力越强;交互作用探测器可以研究不同因子之间的交互影响作用,通过比较单个影响因子 q 值与两个影响因子叠加后的 q 值大小,来判断交互作用的具体类型,类型划分依据如下①：

表 1-5-1　　两个因子交互作用的判断依据及类型

依据	类型
$q(X_1 \cap X_2) < \min(q(X_1), q(X_2))$	非线性减弱
$\min(q(X_1), q(X_2)) < q(X_1 \cap X_2) < \max(q(X_1), q(X_2))$	单因子非线性减弱
$q(X_1 \cap X_2) > \max(q(X_1), q(X_2))$	双因子增强
$q(X_1 \cap X_2) = q(X_1) + q(X_2)$	独立
$q(X_1 \cap X_2) > q(X_1) + q(X_2)$	非线性增强

（二）影响因子选取

选取发展平衡性影响因素时必须要考虑周全，任何因素都不会是单一的影响区域发展，经济发展和社会发展的影响因素大多相互交叉、相互影响、相辅相成，因此本篇不将经济发展的影响因素和社会发展的影响因素进行人为主观归类。结合相关研究及前文的研究结果，从经济和社会两个大方面出发，选取多个因素使这些因素交织相融在一起，发挥合力。被解释变量不是传统的经济发展水平，也不是单纯的社会发展水平，而是综合经济指标、社会指标之后的区域发展水平（Y），解释变量为众多具体的因素（X_1—X_{16}），选择影响因素时要具有合理性、针对性、主导性。

各影响因素的选取原因如下：在中国的社会主义市场经济体制下，政府干预是中国特色社会主义经济的有效保证，人均财政支出可以反映出政府的重视和干预程度；经济发展需要丰富的资本支持，人均固定资产投资可以有效反应生产要素的投入水平；近年来，中国不断加深与世界各国的交流合作，因此进出口总额也是一项重要因素；人口密度、城市化率、建成区占地面积比例、基础设施投入等均可以反映一个区域的基础建设情况，城市的基础设施建设好，可以节省内部发展成本、吸引投资和劳动力等；一个区域的资源有限，通过产业结构和就业结构将资

---

① 王劲峰等：《地理探测器：原理与展望》，《地理学报》2017年第1期。

源进行合理配置至关重要，因此选取二三产业从业人数比重、非农产业发展占比等均可以反映就业结构状况；人民的生活水平是影响社会发展的关键要素之一，人均社会消费品零售额、上网人数所占比重可以有效表征消费水平、文娱水平等；百年大计，教育为本，教育水平可以有效促进区域的稳定发展，为区域发展提供高素质的人才，实现创新，突破难题，因此选取万人在校大学生数作为有效指标；万人卫生技术人员数和城镇基本医疗保险覆盖率可以有效表征区域的基本医疗条件和社会保障，保障发展好则人民生活负担小，可以有效优化灵活就业率、提高消费水平等，促进经济社会的发展；"绿水青山就是金山银山"，生态环境建设至关重要，一个区域的环境优美，则可能带来人民幸福感指数高、空气质量好、吸引人才等结果，进而促进该区域的发展，因此用绿化覆盖率等表征一个区域的环境质量。具体构建影响因素指标体系如下：

表 1-5-2 区域发展水平综合影响因子表

因变量	自变量（影响因子）	单位
区域发展水平（Y）	人均财政支出（X_1）	元
	人均固定资产投资额（X_2）	元
	进出口总额（X_3）	元
	人口密度（X_4）	人/平方千米
	城市化率（X_5）	%
	建成区占地面积比例（X_6）	%
	基础设施投入（X_7）	万元
	二三产业从业人数比重（X_8）	%
	规模以上工业企业 R&D 经费（X_9）	万元
	非农产业发展比重（X_{10}）	%
	人均社会消费品零售额（X_{11}）	万元/人
	互联网上网人数所占比率（X_{12}）	%
	万人在校大学生数（X_{13}）	人/万人
	万人卫生技术人员数（X_{14}）	人/万人
	建成区绿化覆盖率（X_{15}）	%
	城镇基本医疗保险覆盖率（X_{16}）	%

（三）结果分析

选取 2000—2017 年中国各省份共 16 个影响因子的数据，利用地理探测器软件 GeoDetecter 进行运算，得出结果如表 1-5-3。根据表 1-5-3 可知，除人均固定资产投资额、进出口总额、万人卫生技术人员数、建成区绿化覆盖率未通过显著性检验外，其余 12 个因子全部通过 1% 显著性水平检验，这表示此 12 个因子均对区域发展水平有着显著影响。根据 q 值大小可以看出各影响因子对于区域发展的作用强度：人均社会消费品零售额（0.926）＞建成区占地面积比例（0.910）＞二三产业从业人数比重（0.906）＞城市化率（0.857）＞人口密度（0.830）＞非农产业发展比重（0.825）＞互联网上网人数所占比率（0.754）＞城镇基本医疗保险覆盖率（0.704）＞万人在校大学生数（0.522）＞基础设施投入（0.418）＞规模以上工业企业 R&D 经费（0.387）＞人均财政支出（0.249）。

分析可知：人均社会消费品零售额影响最大，这一指标反映社会消费支出，这意味着在现代中国发展中，消费拉动是一个最重要的因素，直接影响了经济社会的进步；建成区占地面积比例、城市化率的 q 值分列第二位、第四位，说明现阶段，推进城市化和城市建设对区域发展一体化进程有重要作用，城市化水平的提高可以刺激消费、刺激技术发展、刺激新兴产业，从而刺激区域的发展；二三产业从业人数比重的影响较大，这表示配第一克拉克定律依然在中国现阶段发展中具有重要作用，劳动力向第二、第三产业转移对中国区域发展的平衡性有较大影响；互联网上网人数所占比率和城镇基本医疗保险覆盖率影响也较大，这表示信息技术的发展和社会保障制度的完善对于区域发展至关重要，进而说明提高人民日常生活水平、提升社会福祉水平在当代的区域发展中有着不能忽视的影响力；其余包括人力资本投入、物质资本投入、研发经费投入以及政府财政干预，虽然影响力不如其他要素，但也从不同程度上影响发展，都是推动区域平衡发展的重要一环。

表1-5-3 各影响因子作用强度值

影响因子	作用强度（q值）	显著性水平（p值）	强度排名
X_{11}	0.926	0.000	1
X_6	0.910	0.000	2
X_8	0.906	0.000	3
X_5	0.857	0.000	4
X_4	0.830	0.000	5
X_{10}	0.825	0.000	6
X_{12}	0.754	0.002	7
X_{16}	0.704	0.004	8
X_{13}	0.522	0.039	9
X_{14}	0.462	0.386	未通过检验
X_3	0.446	0.325	未通过检验
X_7	0.418	0.089	10
X_9	0.387	0.051	11
X_2	0.253	0.400	未通过检验
X_1	0.249	0.085	12
X_{15}	0.168	0.720	未通过检验

继续利用地理探测器进行交互作用研究，挖掘影响因素两两交互后对区域发展平衡性的影响程度。根据表1-5-4可以得出，任意两个影响因子交互作用的影响力均大于单影响因子的影响力，各个因子对于区域发展的影响存在一定内在联系，无独立影响的因子。

通过显著性检验交互作用呈现非线性增强，即影响强度大于两个因素单独作用之和的有：人均财政支出∩基础设施投入、人均财政支出∩规模以上工业企业R&D经费、基础设施投入∩规模以上工业企业R&D经费。可以看出，政府财政干预、基础设施建设的投入以及技术研发投入这三方面要素在彼此两两综合作用时最强，在促进区域发展的平衡性时选择共同作用、同步推进是更好的决策。剩下的99个交互作用的类型均为双因子增强类型，即两个要素的影响力大于某一要素单独作用，但其作用力并未超过两个要素之和。

第五章　中国区域发展平衡结构的优化　83

表1-5-4　各影响因子交互作用强度值

	X_1	X_2	X_3	X_4	X_5	X_6	X_7	X_8	X_9	X_{10}	X_{11}	X_{12}	X_{13}	X_{14}	X_{15}	X_{16}
X_1	0.249															
X_2	0.816	0.253														
X_3	0.791	0.818	0.446													
X_4	0.934	0.981	0.951	0.83												
X_5	0.957	0.933	0.979	0.961	0.857											
X_6	0.968	0.981	0.953	0.924	0.967	0.91										
X_7	0.864	0.965	0.887	0.869	0.975	0.957	0.418									
X_8	0.957	0.956	0.979	0.955	0.932	0.956	0.965	0.906								
X_9	0.968	0.761	0.953	0.891	0.976	0.94	0.94	0.977	0.387							
X_{10}	0.957	0.953	0.967	0.952	0.941	0.949	0.949	0.948	0.987	0.825						
X_{11}	0.976	0.963	0.972	0.975	0.967	0.978	0.989	0.962	0.97	0.971	0.926					
X_{12}	0.9	0.859	0.929	0.97	0.913	0.98	0.971	0.948	0.984	0.875	0.954	0.754				
X_{13}	0.763	0.833	0.963	0.897	0.881	0.942	0.845	0.939	0.832	0.88	0.978	0.883	0.522			
X_{14}	0.812	0.9	0.883	0.933	0.92	0.957	0.879	0.972	0.912	0.904	0.958	0.851	0.694	0.462		
X_{15}	0.916	0.935	0.763	0.944	0.956	0.966	0.809	0.95	0.763	0.918	0.98	0.939	0.835	0.784	0.168	
X_{16}	0.882	0.946	0.891	0.976	0.906	0.978	0.957	0.974	0.979	0.94	0.977	0.923	0.901	0.766	0.798	0.704

二 优化对策

优化中国区域发展的平衡性，是一个长期任务，应当依据变化的发展条件、经济社会发展的内在需要，及时对区域发展的政策重点进行调整。影响区域平衡发展的因素众多，诸多专家进行了研究，这里不再一一赘述。根据前文研究结果，将区域发展不平衡概括为两大重要因素：机会的不平衡和能力的不平衡。因此，政府应当优先采取的优化措施主要有以下两种：①为落后区域提供更多发展机会的；②提高落后区域发展能力的。未来随着发展条件的不断变化，政府调整政策的同时，也需要紧紧围绕"促进机会平衡"和"促进能力平衡"展开。

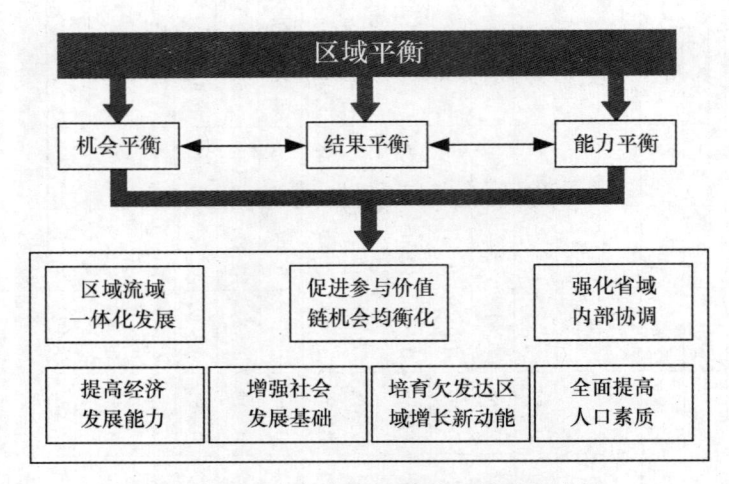

图 1-5-1 促进区域平衡发展的重点政策

（一）机会平衡：加强宏观调控，推动区域流域一体化发展

通过前文研究发现，中国目前各大区域间的经济、社会发展仍然存在较大差异，且大多具有明显的空间分布规律，比如东南沿海表现相似、西部地区表现相似等。由于改革开放以来，中国先后实施了东部地区率先发展战略、振兴东北老工业基地战略等不平衡性政策，这些战略的实施都是针对某一个具体的单独区域实施的，能够解决某个区域的发展困境问题，但是在一定程度上弱化了地区之间的关联，导致地区之间格局固化。比如前文研究得出实施中部崛起战略导致中部地区的经济社会发展速度都远高于东部、西部，但对除中部以外的其他地区影响不大，这种针对某一区域的战略导致中国在实现各大区域协调互动发展方面有一定困难。

想要改善中国区域发展的平衡性，就必须在现有基础上进行更高格局的总体战略的构建和创新，加强宏观调控，打破各行政区间的界限，实现区域流域一体化发展。目前中国基本形成以京津冀、长三角等城市群为"点"，以长江经济带、陇海兰经济带等为"线"的格局，未来优化发展必须要重视"面"的建设，不断打造跨行政区和区域板块的发展区域，创新国内一体的"点—线—面"发展方案。切实贯彻实施主体功能区的规划，强化区域功能定位，明确并实施区域经济社会发展的生态补偿机制，实施统一的全国土地制度，建立全国统一的使用交易市场等，让各区域之间更好地促进资源合理配置，分工合作，提高效率，降低成本，提高区域间资金、技术、人才的合作程度，激活中国内部各区域的内在活力，打破地域界限、政策界限等，促进区域间的平衡性向良好态势发展。实施全国统一的社会保障体系，建立和完善全国统一组织和管理的相关制度和体系，在教育资源、养老保险、医疗保险、土地承包等方面制定通用的相关法律法规、政策文件。例如在黄河流域的保护和协同治理工作中，上下游、干支流、左右岸所覆盖的9个省区必须齐心协力，打破行政界线，形成流域治理和发展的合力，成立国家统一领导的"黄河管理委员会"，共同推进黄河流域高质量发展。

（二）机会平衡：强化省域内部协调，改善区内不平衡

通过研究得出，不论是从经济发展还是从社会发展来看，中国各省份内部的差异都远大于省份之间的差异。因此，想要改善中国区域发展的平衡性还需要从各省份入手，促进省内一体化。

改善地方财政体制，合理利用财政支出，加大固定资产投资比例，加强城市连廊、快速通道以及基础设施和公共服务建设，降低省内资本流动成本，实行省内统一制定的财税体制等。完善市场自由竞争的法治体系，减弱地方政府强力的地方保护手段，形成省内一体的市场竞争，并根据相关法律法规严格管理，推进省内市场一体化发展，省份内部市场广阔，各地市需要充分运用内部市场，找到需求和供给，使资本、产品、人力等要素在各省内部得到充分运转和流通，将所有要素的利用率达到最高。制定符合本省的长期发展的规划，各个地市在省份发展规划的基础上，结合自身地市的特色特征进行战略性选择和调整，各司其职、分工合作，各地市之间需要相互帮助、取长补短、合作发展，省级政府需要在发展过程中明确各地市问题、制定发展方针、统一战略部署等，对各地市的经济、社会发展方向进行定位和指导。中国幅员辽阔，地级市行政区数量庞大，盲目地追求283个地级市平衡协调发展，在现阶段来看是比较困难的，因此必须以体制机制创新为核心，以交通一体化为引导，以市场自由竞争为重点，优先促进省内各地市经济发展、社会发展一体化，只有这样才能开展好全国区域平衡协调发展的重要工作。

（三）机会平衡：拓宽全球价值链，保障参与价值链机会的均衡化

改革开放以来，中国在全球价值链的分工中，持续提高自身参与度，从而较快地适应和融入了全球经济发展，经济发展飞速。但是，中国在全球价值链分工中，参与的内容仍比较简单，属于低端环节，获得核心利益的能力较差。从区域发展平衡性的角度来看，国内能够直接参与全球价值链的，主要还是东部沿海发达地区，而中部、西部、北方地区仅仅通过能源供应等方式，间接参与或者几乎不参与，逐渐形成了"点少—线短—面窄"的全球价值链参与格局，目前急需拓宽全球价值链的国内部分，通过延伸拓展，促进各区域参与价值链机会的均衡化发展，从而优化中国区域发展的平衡性。

2013年由习近平总书记提出的"一带一路"伟大倡议，不仅为中国沿边地区的经济、社会发展提供了更多的机会，更为整个中国主动参与全球价值链创造了全新局面。在"一带一路"的倡议下，全球价值链在中国国内的部分不断拓展，全球价值链逐渐重塑，由此可以不断推进中国产业向全球价值链的中端、高端迈进，深化和改革目前国内价值链分工。就某一区域的发展而言，不应该仅关注其自身的直接拉动，更应该关注其他区域对其的间接拉动作用，因此，要不断延伸发达区域的影响力，让欠发达区域干事有平台、发展有空间。扶持大量有能力引领价值链分工的、跨区域的大企业，通过政府、社会的共同推进，使价值链延伸到中西部、东北地区等，让落后地区更加深入地参与到国内价值链、全球价值链中，不断使各个区域参与价值链的机会均衡化。

（四）能力平衡：推动落后地区消费升级、产业结构优化，提高经济发展能力

就目前而言，消费是对区域发展的最大拉动要素，是区域进步的关键指标，消费的升级同时可以进一步推动产业结构的优化，通过前文影响因素研究结果得出，社会消费品零售总额是区域发展平衡性的最大影响因素、二三产业从业人数也是重要因素之一，因此必须下更大力气，推动落后地区社会消费升级和产业结构优化。

首先，可以进一步出台刺激消费的政策，及时清除各类限制消费的不当措施。比如根据实际情况制定释放个人汽车消费潜力的政策，降低购买一套房的准入标准，对于电子产品等可以实施以旧换新等促进更迭的措施，在部分产业一定程度上减少征税，扩大农产品流通等促进人民消费升级。其次，消费升级离不开基础公共设施的均等化建设，只有落实区域基础设施，消费才可能畅通。加快推进落后区域的城乡建设，进行供水、供电、交通、邮政通讯、网络改造等基础设施建设，完善区域的功能，使基础设施逐步实现均等化建设，为消费升级打好坚实基础。最后，加快社会信用体系的规范和完善，不断挖掘消费信贷的潜在动力。目前消费信贷发展尚不成熟，存在诸多不规范问题，这些问题阻碍落后地区居民消费的全面升级，必须采取一系列措施解放信贷。比如专门针对居民不熟悉的程序问题开展宣传普及、着力扶持正规的贷款机构、广泛设点进居民区等，通过规范方式有效促进储蓄向消费升级。消费升级促进产业结构升级，但同时需要采取更直接的措施推动产业结构优化。比如提高落后地区的制造能力和制造规模，提高配套产业水平，增强企业的责任意识培养，加大对自主创新能力的培养等，全面加强对落后区域产业结构升级的重视,着力发展第三产业。只有消费结构和产业结构达到较好状态,区域发展才可能不断向着平衡化推进。

(五)能力平衡:推进城市化和城乡一体化,增强社会发展基础

根据前文的影响因素研究结果可知,建成区占地面积比例、人口密度对于整个中国区域发展平衡性的影响很大,这意味着城市化是推动区域发展一体化进程的重要因素。国家的发展必定离不开建设城市,比如东部沿海核心地区都市圈发展,山东半岛城市群、珠三角城市群、长三角城市群以及国家重点发展的特区、高新区等,但是想要全面突破,就必须同时重视乡村的发展,只有不断推动城市化进程、着力推动城乡一体化建设,使乡村发展凹陷区域尽快消失,中国区域平衡协调发展才有可能实现,必须通过有力措施,不断推动城市和乡村建设。

城市化进程中需要做到大、中、小城市有所选择,想要推动区域协调平衡发展,缩小区域差距,就必须重点发展中小城市。中等城市在经济、社会等方面已经具备一定基础,容易发展,小城市分布于全国各地,大部分距离乡村较近,在发展的同时可以推动城乡一体化,中小城市扩大城市人口、扩展建成区面积,将会对中国区域发展的平衡性起到至关重要的正向影响。目前城市化进程中主要存在生态环境条件恶化、各类资源短缺、生产管理模式不科学、基础设施差等问题,加快推进城市化的同时不能忘记可持续发展,城市化的推进需要通过清洁生产、注重质量、合理容量等多种方式实现。根据不同城市自身实际情况,制定城市化发展水平和发展战略,不断协调局部利益与整体利益。城乡一体化需要城市和乡村"相互配合",在一定区域内相互依存、融合共生、协调平衡。首先,需要大力促进体制一体化,使城乡之间不因体制的分离而对立,不断通过政策弱化要素分割体制,包括建立统一的要素市场、打破户籍制度限制,解决城乡人口流动差的问题。同时,加大对位于乡村和城市过渡地带的城镇的建设,加快推进已有的小城镇的城市化进程,通过扩大规模、集聚发展服务业、开发新市场、强化生态环境统一保护等方式不断建设城镇,从而推动城市化和城乡一体化。

（六）能力平衡：加大教育投入力度，全面提高人口素质

根据前文研究结果可知，教育水平的平衡发展对于中国经济社会的平衡发展也是至关重要的一环，必须加大对教育事业的资金投入，从而实现全国范围内人口素质的提高，缩小区域之间的差距。目前中国教育经费的投入水平较差，需要通过有效措施来改善这种现状。

首先，中央可以适当提高规划纲要中对于教育经费的投入目标比例，同时落实到详细计划中，确保实际的教育投入达到规定目标比例；中央应当持续加强对地方政府的关注，建立官方规范的财政支付制度机制，进一步完善和规范专款专项通道。其次，加强监督和激励制度的建设，通过合理的激励，充分调动地方各级对教育事业的积极性，调整财政支出在教育上的结构，同时严格执行监督考核，将教育事业的发展作为重要考核指标。再次，不断寻求挖掘教育经费的新来源，比如制定地方性教育专项费用、呼吁彩票公益事业等对教育的支持等。最后，制定相关政策，调动全社会参与教育事业的热情和积极性，对于捐赠教育经费的企业单位，应该给予税收政策上一定的倾斜或是加强宣传肯定，同时要加大对民办教育事业的扶持，尽快规范各类民办教育的制度，扫除不利于民办教育发展的不合理规定，适当放宽对民办学校的严苛限制，推动全国教育事业的平衡化发展。同时，还需要其他一系列措施共同来提高人口素质。应该明确基础教育、职业教育培训、高等教育等不同层次的教育目标，建立多层次的人才素质提高体系，使得各类人才在各自专业领域全面提高，完善人力资源结构，满足市场对各类人才的需求，精准化、科学化提高人口素质。为了实现全国人口素质的齐头并进式发展，不能忽视对农民的教育，这不仅对于国家经济社会发展的平衡性有重要作用，对于农业现代化更是至关重要，因此应当为农民创造便利条件，不断提高农民素质，推动全民素质提高。

（七）能力平衡：加大企业研发投入力度，培育欠发达地区的增长新动能

通过工业企业 R&D 经费对平衡性的影响结果可知，欠发达地区必须积极探索转变发展方式，加大供给侧结构性改革力度，加大对各类工业企业研发的投入，使高新技术产业和高技术制造业成为强力支撑，加快推进新旧动能转换。

创新是新时代引领区域发展的第一动力，要大力培育欠发达地区的自主创新能力，重点项目集中研发，政府财政要对企业研发加大资金扶持，科学规划，加强监督。首先，加强对核心竞争力的培育，着力推进重要的创新工程和科技课题，政府牵头，扶持科研机构、大学、工业企业等创新潜力单位钻研核心技术，逐步使得欠发达地区自己把握经济、社会发展的主动权。政府出台一系列政策，刺激欠发达地区工业企业加大研发投入力度，积极改革创新，从参与世界、国家、地区的关键项目中获取经验，不断提高自身能力。其次，重点建设欠发达地区的科技创新平台，以发展需求为中心，有针对性地引进具有实力的创新机构，在条件相同的情况下，重大科技创新项目向欠发达地区倾斜，逐渐培养欠发达地区发展的核心竞争力，鼓励东南沿海等地区将前沿仪器、前沿资讯对欠发达地区开放共享。再次，由政府牵头，搭建银行、企业合作支持系统，构建规范融资平台，按照合理的方式获得多渠道的支持资金。同时，在推进新旧动能转换时，必须充分发挥政府主管部门的牵头作用，各级部门协调配合，构建长效工作机制。设立新旧动能转换相关科学指标，加强运行的监督检测，强化重大项目的支撑作用，对于符合新动能要求的、带动作用强的重点项目给予资金、土地、人才等方面的支持。通过供给侧环境、供给侧机制的逐步完善，不断深化"质量型"的发展，改革旧动能，为新动能的快速发展提供肥沃土壤。继续加大力度防止过剩的产能复苏，通过规范收费、降低成本、开展售电侧改革试点、扩大电力直接交易、减少审批环节、降低制度性交易成本等方式，为新旧动能转换的发展助力。加大欠发达地区的科研投入、着力培养发展新动能，对于区域发展平衡性有重要的积极作用。

第 二 篇

省域尺度与城市结构

第一章　研究背景与理论基础

一　研究背景

（一）经济全球化背景下城市群成为区域发展的重要增长极

在经济快速发展与科学技术尤其是信息技术的不断推动下，世界各国经济分工协作与互补依赖的程度进一步强化，区域贸易壁垒逐渐减弱，跨国公司不断发展，经济全球化、区域经济一体化成为不可阻挡的大趋势。在此背景下，各个国家与地区之间的经济联系与相互依赖度不断增强，尤其是交通网络的完善与信息技术的发展推动了城市间物质流、资金流、劳动力流、技术流和信息流的互补流动[1]，促进了区域空间结构的变化与重组。城市之间的竞争也不再是单个城市的竞争，而是发展为核心城市引领下的城市群或城市集团的竞争[2]，城市群日益成为国家或区域经济发展、技术创新和对外交流的核心[3]。基于城市群在区域发展中的重要地位，各级政府部门关于城市群的规划建设工作也逐步展开：早在国家"十一五"规划中就明确提出"要把城市群作为推进城镇化的主体形态"；2014年颁布的《国家新型城镇化规划（2014—2020年）》中提出"以城市群为主体形态，推动大

---

[1] 王婷：《中国城市群空间结构的特征、影响因素与经济绩效研究》，硕士学位论文，华东师范大学，2016年，第1页。

[2] 梅琳等：《长江中游城市群城市职结构演变及其动力因子研究》，《长江流域资源与环境》2017年第4期。

[3] 方创琳：《中国城市群研究取得的重要进展与未来发展方向》，《地理学报》2014年第8期。

中小城市和小城镇协调发展"；国家"十三五"规划中提出"加快城市群建设发展"，并对京津冀、长三角、珠三角、山东半岛等19个城市群的建设发展进行了规划；十九大报告再次提出"要以城市群为主体构建大中小城市和小城镇协调发展的城镇格局"。2017年，珠三角、长三角、京津冀、长江中游、成渝五大城市群以11%的国土面积，聚集了全国40%的人口，创造了55%的GDP总量。城市群作为新型城镇化的主体形态，已经成为中国区域发展的主导力量与增长极[①]。

（二）新型城镇化推进过程中城市群空间结构的变化与调整

改革开放以来，中国城镇化发展迅速。1978年至2017年，中国城市数量由193个增加到657个，城镇常住人口数量由1.7亿增长到8.1亿，城镇化率由17.9%提高到58.5%，城镇化在快速成长阶段的基础上即将进入后期成熟阶段，正由低质量发展提升为高质量发展[②③]。城市群作为城市发展到成熟阶段的最高空间组织形式，也处于不断的动态发展中。在此过程中，由于经济发展空间上的差异，导致城市群在空间分布上也存在不均衡性，京津冀、长三角、珠三角作为中国发展最为成熟的三大城市群，在多年的发展过程中城市数量不断增多，城市规模不断扩大，区域一体化程度不断加强。同时伴随着城市之间突破行政区划与自然要素的限制向城市空间联系的网络发展，各城市基于自身基础条件与资源禀赋，承担着城市群不同职能，优势互补，协作共赢[④]。在城市群空间结构演变过程中，城市群内部的规模、结构、形态、空间布局等也在不断发生变化，空间结构的有序发展是城市群

---

① 姚作林等：《成渝经济区城市群空间结构要素特征分析》，《经济地理》2017年第1期。

② 方创琳：《改革开放40年来中国城镇化与城市群取得的重要进展与展望》，《经济地理》2018年第9期。

③ 方创琳：《中国新型城镇化高质量发展的规律性与重点方向》，《地理研究》2019年第1期。

④ 权泉等：《四川省城市群综合承载力、驱动因子与空间演化》，《中国农业资源与区划》2018年第8期。

协调发展的重要标志[1],科学把握城市群空间结构演变特征及规律,对于城市群功能发挥与国家竞争力提升具有重要意义[2]。

(三)山东半岛城市群发展稳健但空间结构亟须优化调整

山东半岛城市群地理位置优越,是黄河经济带、环渤海经济区与日韩等发达国家经济交流的桥头堡之一,是丝绸之路经济带与海上丝绸之路的重要交汇区[3],是推进黄河流域生态保护与高质量发展的重要地带。山东半岛城市群自改革开放以来经济发展迅速,国民生产总值不断攀升,增长率持续高于全国同期水平。但长期高速增长后,近年来其GDP增长率有所放缓,逐渐从高速增长的态势转变为中高速增长的新常态(图2-1-1)。在当前中高速增长的态势下,山东半岛城市群经济增长更趋平稳,作为新旧动能转换综合试验区,增长动力更为多元,发展依然稳健。

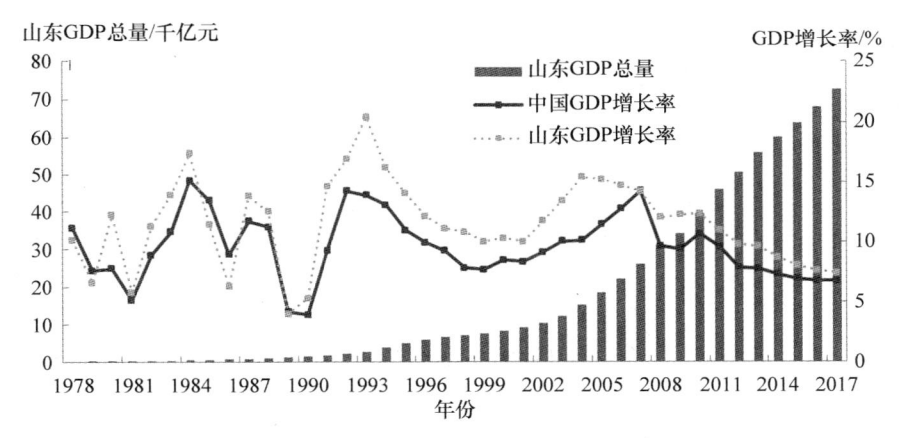

图2-1-1 改革开放以来山东半岛城市群GDP总量及其增长率

---

[1] 邬丽萍:《城市群空间演进与产业联动——以广西北部湾城市群为例》,《经济问题探索》2013年第3期。

[2] 王德利等:《中国城市群规模结构的合理性诊断及演变特征》,《中国人口·资源与环境》2018年第9期。

[3] 董锁成等:《山东半岛城市群人居环境质量综合评价》,《中国人口·资源与环境》2017年第3期。

2017年2月,《山东半岛城市群发展规划(2016—2030年)》正式颁布,《规划》明确了山东半岛城市群的"四大定位",提出"两圈四区、网络发展"的空间结构发展模式,是指导山东半岛城市群规划与发展的重要文件。但相对于京津冀、长三角、珠三角等发展成熟的城市群而言,山东半岛城市群在经济发展、城乡一体化进程、基础设施建设等方面存在明显差距,核心城市首位度明显不高,且城市群内缺乏超大城市、特大城市的引领,不合理的空间结构严重阻碍了山东半岛城市群的发展进程。针对山东半岛城市群空间结构演变及优化展开研究,清晰把握城市群空间结构各个方面的演变特征及存在的问题,提出有针对性的战略对策,对山东半岛城市群未来发展战略与空间规划的制定具有重要意义。

二 理论基础

(一)相关概念

1. 城市群

国外学者对于城市群概念的定义最早源于1898年霍华德(E. Howard)提出的"田园城市",随后格迪斯(P. Geddes)提出的"集合城市"一词,是对城市群类似概念的最早定义。1957年,戈特曼(J. Gottman)以"Megalopolis"定义了美国东北海岸的城市密集区,提出"大都市带"的概念。随后诸如城市化地区、城市体系等概念被提出,丰富完善了城市群的概念,也为国内城市群的研究奠定了有利基础。国内学者于洪俊、宁越敏于1983年在《城市地理概论》一书中将戈特曼大都市带的思想引入国内,随后周一星提出都市连绵区的概念。姚士谋于1992年在《中国的城市群》一书中率先将"城市群"明确定义为:在特定的地域范围内具有相当数量的不同性质、类型和等级规模的城市,依托一定的自然环境条件,以一个或两个超大或特大城市作为地区经济的核心,借助于现代化交通工具和综合运输网的通达性,以及高度发达的信息网络,发生与发展着城市个体之间的内在联系,共同构成一个相对完整的城市"集合体"①。其后诸多学者的定义基本沿用了姚士谋的概念模式，顾朝林、吴传清、苗长虹等先后对城市群提出了各自的定义②③④。在前人研究的基础上，本书将城市群的基本概念定义为：一定区域范围内，由一个或几个城市为核心，具有不同职能、等级规模的城市构成，城市之间依托自然条件、交通条件等实现人流、物流、资金流等的相互流动从而形成紧密联系的区域空间形态，是推动城镇化进程的重要动力。

2. 城市群空间结构

城市群空间结构概念的形成是一个动态发展的过程，是在空间结构、区域空间结构、城市空间结构等概念的基础上发展而来。杜能（V. Thunen）的农业区位论、韦伯（A. Weber）的工业区位论、克里斯泰勒（W. Christaller）的中心地理论等区位论，发展形成空间结构理论。而城市空间结构理论主要包括伯吉斯（E. W. Burgess）提出的城市同心圆模式、霍伊特（H. Hoyt）提出的城市扇形模式、哈里斯（D. Harris）与乌尔曼（E. L. Ulman）提出的城市多核心结构模式三大经典模式，以及三地带模式、区域城市结构模式和大都市模式三大现代模式。国内关于区域空间结构的研究源于陆大道"点—轴系统"的提出，而最早正式对城市群空间结构的研究则是姚士谋，后又有学者对于城市群空间结构的概念进行了不同方面的拓展⑤。本书认为，城市群空间结构是城市群内各种物质要素如人口、产业等在空间上进行布局和配置，彼此间相互关联、相互作用形成的空间组合形态，具有系统性、区域差异性、动态稳定性的特点，主要包括等级规模结构、城市职能结构、城市空间联系等三个方面，本篇也将从这三个方面对山东半岛城市群空间结构的演变与优化展开研究。

3. 多元数据

多元数据，即多种类型的数据，因数据功能、来源不同，在城市地

---

① 姚士谋等：《中国的城市群》，中国科学技术大学出版社1992年版，第2页。
② 顾朝林等：《中国区域开发模式的选择》，《地理研究》1995年第4期。
③ 吴传清等：《关于中国城市群发展问题的探讨》，《经济前沿》2003年第Z1期。
④ 苗长虹等：《中国城市群发展态势分析》，《城市发展研究》2005年第4期。
⑤ 吴建楠等：《中国城市群空间结构研究进展》，《现代城市研究》2013年第12期。

理研究中对研究对象的反映也各有侧重。本篇在保证数据来源真实可靠的基础上，从城市群空间结构的各个方面选取恰当数据，以真实反映研究区的客观实际。

（1）统计数据

统计数据来源于统计年鉴、统计公报以及相关部门提供的纸质资料，主要用于衡量宏观经济发展与人口状况。其中地级市及以上数据主要来源于《山东统计年鉴》《中国城市统计年鉴》《中国城市建设统计年鉴》及统计公报等，县级地区数据主要来源于《山东省城市建设统计年报》纸质资料。

（2）夜间灯光数据

DMSP/OLS 夜间灯光数据可综合表征人类活动的广度与强度，又与各类城市规模评估指标存在显著相关关系[1]，可高效评估城市规模并分析城市体系[2]，以此来表征城市规模与城镇体系是可行可信的。在利用 ArcGIS10.2 软件对夜间灯光数据进行影像重投影、重采样与裁剪及校正后分析研究区等级规模结构演变。

（3）百度指数

百度指数是以百度海量网民行为数据为基础的分析平台，包括搜索指数、媒体指数两种类型。前者是网民 PC 端与移动端在百度搜索关键词频次的加权和，分为 PC 搜索指数和移动搜索指数；后者统计的则是各个互联网媒体报道中的关键词数量。在获取百度指数基础数据后，对其进行相关处理与计算进行社会空间联系演变分析。

（4）其他网站开源数据

本篇根据研究内容需要即时、快速获取相关网站开源数据，交通发展概况来源于相关地市的港口与机场官方网站，两两城市之间的最短旅行距离来源于中国铁路 12306 官网，空气质量指数及污染物数据来源于 $PM_{2.5}$ 历史数据网。

---

[1] 吴健生等：《中国城市体系等级结构及其空间格局——基于 DMSP/OLS 夜间灯光数据的实证》，《地理学报》2014 年第 6 期。

[2] 钟洋等：《基于 DMSP-OLS 夜间灯光数据的长江经济带城镇体系空间格局演变（1992—2013）》，《长江流域资源与环境》2018 年第 10 期。

（二）理论基础

1. 区域空间结构理论

（1）中心地理论

德国经济地理学家克里斯泰勒在农业区位论与工业区位论的基础上，通过对德国南部的调查研究，将地理学与经济学理论加以融合，于 1933 年在《德国南部的中心地》（Central Place in Southern Germany）一书中正式提出了中心地理论。他认为德国南部的聚落地域呈三角形分布，而市场地域呈六边形分布，基于"理想地表"的假设条件，形成了城市数量、规模以及分布的中心地体系，并以六边形图对其进行描述。此外，他还指出中心地体系受到市场、交通、行政三个原则的影响。在不同的原则支配下，中心地呈现出不同的结构，而且中心地与市场区按照 K 值在大小、等级上有着严格规定。后来德国学者廖什（A. Losch）在中心地理论的基础上提出了市场区位论，并指出中心地体系的理想辐射范围是正六边形，验证了克里斯泰勒的中心地理论。中心地理论提出了理想的城市空间结构模式，目前中国诸多都市圈的界定，也基本采用了中心地理论，如济南都市圈的"6 + 1"模式。

（2）增长极理论

法国经济学家佩鲁从经济学的角度提出增长极的概念，他认为区域中经济要素的布局并不均衡，不同地区经济增长不可能同时进行，经济增长首先出现于区域中的某个增长极，增长极在发展过程中不断向外辐射与扩散，从而带动整个区域发展。增长极一般出现于经济增长强劲、规模较大、与其他地区联系紧密的地区。1966 年，法国经济学家布德维尔（J. B. Boudeville）将佩鲁的增长极理论应用到地域空间上，提出区域增长中心的概念，从而使得增长极理论有了空间意义。一般而言，增长极的形成途径主要有两种：一种是政府通过经济计划或重点投资主动建设，另一种是市场自发调节引导企业在发达地区或城市集聚形成。在一个城市群发展过程中，每个城市都是区域的中心，也就是增长极。但是从城市群整体来看，作为核心城市非常重要，基本代表了城市群的发展水平。因此核心城市作为城市群的增长极，其集聚和辐射功能的强弱及其变化，代表了城市群的发展水平和发展阶段。

（3）核心—边缘理论

核心—边缘理论是美国地理学家弗里德曼在对拉美国家研究基础上形成的，弗里德曼认为在一个完善的空间系统中，可以划分为核心区域与边缘区域。核心区域使得区域中经济要素得以集聚，具有较强的竞争力与发展潜力，而边缘区域则要依附于核心区域的发展。核心区域在集聚经济要素的基础上，又能带动周边区域发展，核心区域与边缘区域的关系决定了核心区域边缘发展的可能性，二者会随着经济发展发生改变。由此弗里德曼结合佩鲁的增长极理论与罗斯托（W. W. Rostow）的经济成长阶段理论，将区域经济增长划分为前工业化阶段、工业化初期阶段、工业化成熟阶段、后工业化阶段四个阶段。同样对于城市群而言，也有核心区域和边缘区域。其大小和范围的变化形成了不同的城市群空间结构，也具有了不同的功能。

（4）点—轴结构理论

1984年，中国地理学家陆大道在国外的中心地理论与增长极理论的基础上，并结合中国的发展现状与东部沿海和长江经济带的工业布局，提出"点—轴"渐进式扩散模式。其中"点"指的是在区域发展过程中占据重要地位的中心城市，即区域中的增长极；"轴"又称为发展轴，指的是联结各个点的线状基础设施，主要包括交通设施、能源供应线路、信息网络等。陆大道将点轴—网络开发过程划分为三个阶段：点开发、点轴开发、网络开发，这一发展模式较好地处理了不平衡发展与平衡发展之间的关系，是城市群空间结构研究的重要基础理论，对于指导中国区域空间布局与国土开发具有重要意义。点—轴结构理论阐述了城市群空间结构的发展历程和发展重点，这也是姚士谋先生提出的城市群概念与内涵中的主要要素。

2. 城市空间结构理论

20世纪以来，国外学者基于单一城市层面的空间布局与土地利用研究的基础，先后形成了传统城市空间结构理论与现代城市空间结构理论，传统理论以同心圆理论、扇形理论、多核心理论为代表，现代理论则主要包括三地带模式、区域城市结构模式和大都市模式。

（1）传统理论

伯吉斯在对芝加哥研究的基础上从生态学角度提出了城市同心圆模式，他将城市土地利用结构由内向外划分了中心商业区、过渡区、低收入住宅区、高收入住宅区、通勤区五种类型，五种用地类型以中心区为圆心，分别形成五个同心圆。但同心圆模式过于理想化，并未考虑到道路交通、自然条件等对城市空间结构的影响。

霍伊特在收集了美国房租资料的基础上从经济学视角于1939年提出城市扇形模式，他认为租金作为住房质量的外在表现，趋向于从中心沿交通线路和自然障碍最少的方向以扇形形式向郊区发展。该理论的进步之处在于较同心圆模式有了更为广泛的适用性，但缺陷在于仅仅考虑到租金对城市空间结构的影响而忽略了其他因素，仍未摆脱圈层结构的限制，仅仅是对同心圆模式的发展与延伸。

哈里斯与乌尔曼提出的城市多核心模式不再局限于之前同心圆模式与扇形模式的单核心城市设想，而是考虑到城市发展过程中可能会出现多个核心，各个核心分别为独立的用地结构中心，如商业中心、工业中心等。该理论突破了城市单核心的限制，但并未考虑到核心之间的等级结构与空间联系，仍存在较为显著的局限性。

（2）现代理论

迪肯森（R. E. Dickinson）在同心圆模式的基础上于1947年提出三地带模式，他将城市分为中央地带、中间地带和外缘地带三大部分。在此基础上，塔弗（E. J. Taaffe）于1963年提出了由中心商务区、中心边缘区、中间带、外援带和放射近郊区五个部分组成的理想城市模式。1975年，洛斯乌姆（L. H. Russwurm）提出了由城市核心区、城市边缘区、城市影响区和乡村腹地构成的区域城市结构。1981年，穆勒（Mulire）在多核心模式的基础上，提出了大都市模式，其主要由衰落的中心区、内郊区、外郊区和城市边缘区四部分组成。

3. 空间相互作用理论

城市与城市之间并不是孤立存在的，而是存在各种人流、物流、信息流等的交换，而这种交换就是空间相互作用[①]。美国地理学家乌尔曼于 1957 年提出了空间相互作用理论，他认为空间相互作用产生的条件是两地之间的互补性、中介机会与可运输性。海格特（H. Haggett）在 1972 年运用物理学知识将空间相互作用的形式划分为传导、对流和辐射三种类型。空间相互作用测度模型源于牛顿（I. Newton）提出的万有引力定律，其公式表达为：$F = Gm_1 m_2 / r^2$。随后万有引力定律被引入各个学科，不同领域内的空间相互作用模型也应运而生，其中应用最为广泛的当属引力模型与潜力模型。空间相互作用理论在区域科学、地理学中应用广泛，对于指导城市群空间结构研究具有重要意义，是本篇第四章城市空间联系演变研究的重要理论基础。

4. 可持续发展理论

可持续发展是指既满足当代人的需要，又不对后代人满足其需要的能力构成危害的发展，其理论渊源可追溯到美国作家蕾切尔·卡逊（Rachel Carson）的著作《寂静的春天》（Silent Spring）、宇宙飞船理论等。在 1972 年举行的联合国人类环境研讨会上，关于自然、经济、社会三个方面的可持续发展被正式讨论。中国自可持续发展理论提出后就一直在不断践行，不仅将保护环境确定为基本国策，还将可持续发展理论上升为国家战略。在中国经济取得飞速增长的同时，生态破坏、环境污染等问题日益突出，尤其是随着城镇化进程的加快，人地矛盾凸显，如何处理好经济发展与生态环境保护的关系事关国家发展大计，可持续发展理论为实现绿色发展提供了科学依据与指导，也是城市群持续健康发展的重要理论基础。

三　山东半岛城市群空间范围与发展概况

（一）空间范围

山东半岛城市群地处中国东部沿海、环渤海南侧，是中国北方地区和华东地区重要的城市密集区之一。山东半岛城市群总面积 15.79 万平

[①] 许学强等：《城市地理学》，高等教育出版社 2009 年版，第 191 页。

方千米，截止到 2017 年末，包含济南市、青岛市、淄博市、枣庄市、东营市、烟台市、潍坊市、济宁市、泰安市、威海市、日照市、莱芜市、临沂市、德州市、聊城市、滨州市、菏泽市 17 个地级市，137 个县级行政单位，其中包括 55 个市辖区、26 个县级市、56 个县。

自山东半岛城市群设立以来，其空间范围经历过三次大的变化。2007 年 7 月，《山东半岛城市群总体规划（2006—2020 年）》对外颁布，确定了包括济南、青岛、威海、烟台、淄博、潍坊、东营、日照 8 个地市组成的城市群地域空间，明确了四条发展轴线、四类空间布局、四个战略定位的发展方向。2014 年 10 月，山东省政府颁布《山东省新型城镇化规划（2014—2020 年）》，在原来 8 个地市的基础上，将泰安、莱芜、聊城、德州、滨州 5 个地市纳入到山东半岛城市群内，城市群范围扩大到 13 个地市。2017 年 2 月，《山东半岛城市群发展规划（2016—2030 年）》正式颁布，将山东省 17 地市全部纳入山东半岛城市城市群范围内，并提出构建"两圈四区、网络发展"的总体格局。2019 年 1 月，经国务院批复同意，撤销莱芜市，将其管辖区域划归济南市管辖，设立济南市莱芜区、钢城区。综合考虑山东半岛城市群空间范围的演变过程以及数据的可获得性等因素，本篇以《山东半岛城市群发展规划（2016—2030 年）》中划定的 17 地市作为研究区进行相关研究。

（二）发展概况

1. 人口发展概况

山东半岛城市群作为全国的人口密集区之一，2000—2017 年人口稳步增长（图 2-1-2），占全国总人口比例呈现先下降后上升的趋势：2000—2003 年，山东半岛城市群人口占全国比例呈下降趋势，此时人口增长速度落后于全国；2003—2017 年，占比呈上升趋势，由 7.06%上升到 7.20%。从城乡人口来看，城镇人口数量持续上升，农村人口数量不断下降，2011 年城镇人口首次超过农村人口，城镇化进程不断加快。截止到 2017 年，山东半岛城市群常住人口为 10005.83 万人，占全国人口的 7.20%，其中城镇人口 6061.53 万人，城镇化率为 60.58%，

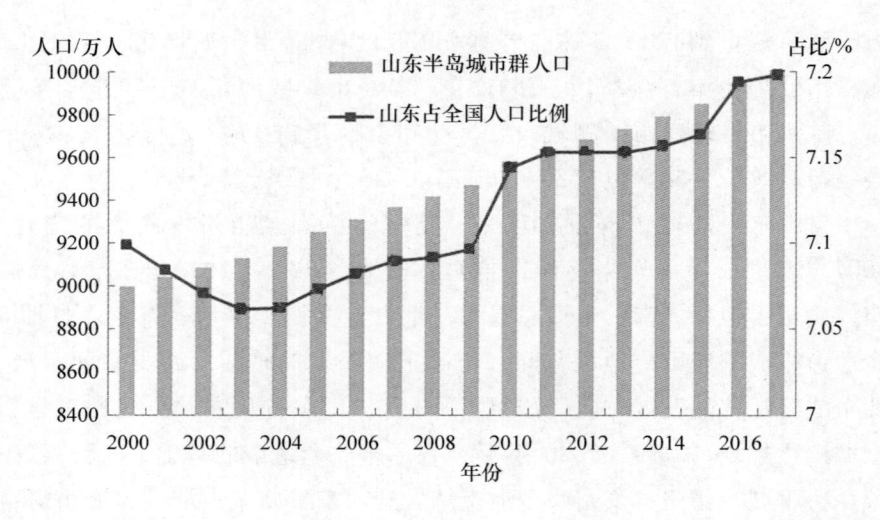

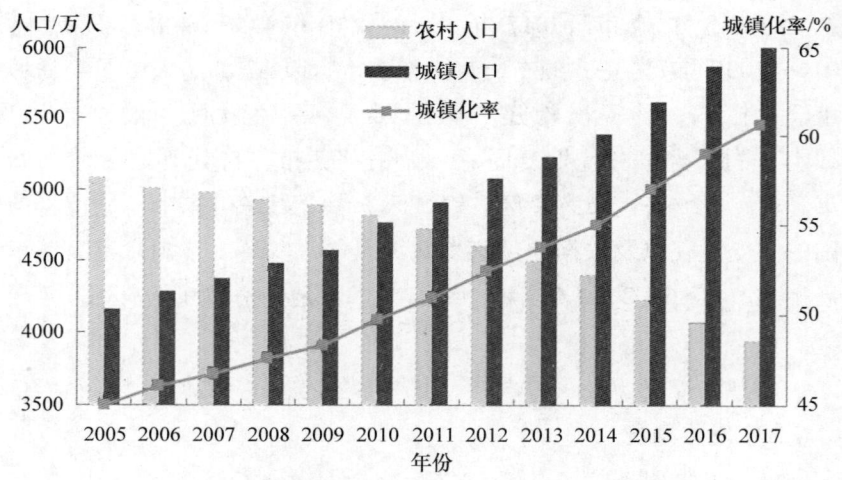

图 2-1-2　2000—2017 年山东半岛城市群人口发展统计图

高于全国平均水平 2 个百分点。

2. 经济发展概况

2000 年山东半岛城市群地区生产总值为 8337.47 亿元，2017 年达到 72634.15 亿元（图 2-1-3），年均增长率为 11.34%。2017 年山东半岛城市群地区生产总值占全国的 8.78%，是中国北方重要的经济增长极。研究期内山东半岛城市群三大产业产值不断上升，第二产业占比

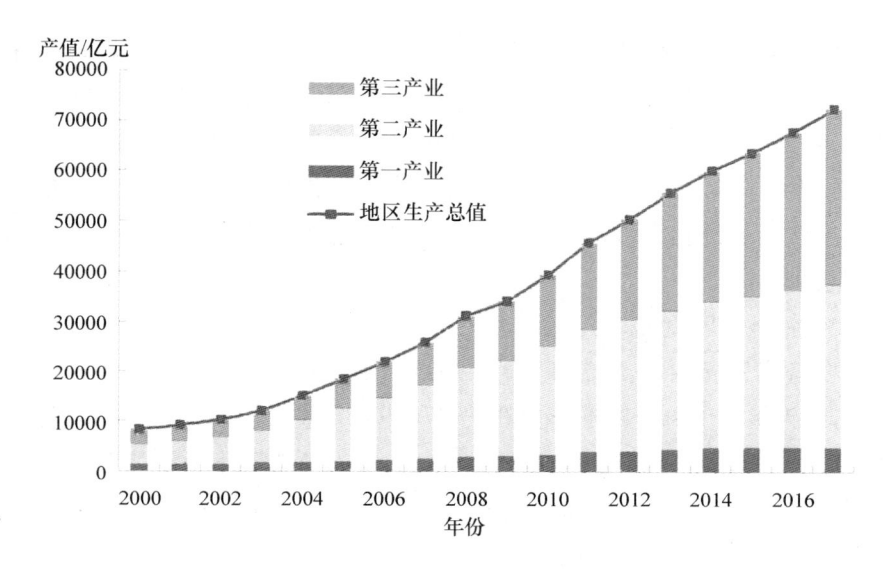

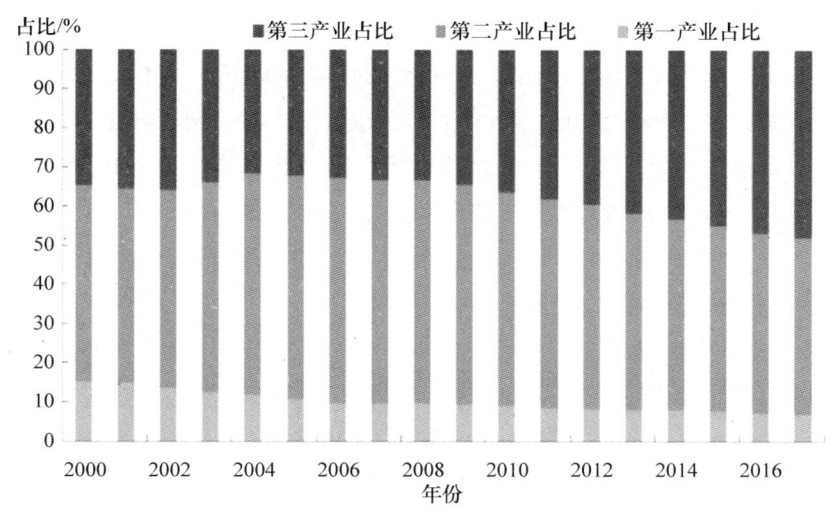

图 2-1-3 山东半岛城市群产业发展情况

一直处于优势地位,直到 2016 年第三产业占比首次超过第二产业,形成"三二一"的产业结构布局。从第一产业来看,2000 年产值为 1268.57 亿元,占比为 15.20%,2017 年产值为 4832.71 亿元,占比为 6.65%。研究期内第一产业产值增加了 3564.14 亿元,但在地区生产总值中的占比呈下降趋势。第二产业产值由 2000 年的 4164.45 亿元增加到2017年的32942.84亿元，2000—2015年第二产业占比一直处于城市群领先地位，2016年被第三产业超过。第三产业产值由2000年的2094.45亿元增加到2017年的34858.60亿元，其占比由34.80%增加到47.99%。从山东半岛城市群三大产业的变化情况来看，新旧动能转换与产业结构优化升级卓有成效，一二三产业产值稳定增长，产业结构趋于合理。

3. 交通发展概况

在经济发展的有力支撑下，山东半岛城市群交通基础设施日益完善。2017年城市群公路通车里程为270590千米，其中高速公路总里程达5821千米，济青高速、济聊高速、潍莱高速等高速线路均为区域内重要线路，已形成"五纵四横一环"的高速公路路网体系。铁路通车里程达到5434千米，其中高速铁路1111千米，济南、青岛、淄博、枣庄、潍坊、烟台、威海、德州、泰安、济宁10个地市已拥有高铁车站27座，拥有青岛流亭国际机场、济南遥墙国际机场、烟台蓬莱国际机场、威海大水泊国际机场、临沂沭埠岭机场、潍坊南苑机场、济宁曲阜机场、日照山字河机场、东营胜利机场9座民航机场。此外山东半岛城市群还拥有青岛港、日照港、烟台港、威海港、潍坊港、东营港、滨州港等多座大中型沿海港口，2017年城市群沿海港口完成货物吞吐量15.2亿吨，居全国第二位。

4. 城市发展概况

就山东半岛城市群各城市发展而言（表2-1-1），青岛2017年GDP为11024.11亿元，占整个城市群GDP总值的15.18%，位列第一位，城镇化率高达72.57%，三产占比为55.4%；濒临渤黄、靠近日韩的区位优势助推青岛经济飞速发展，商贸服务、纺织服装、机械装备等传统支柱产业稳步发展，金融业、服务业、房地产业等新兴支柱产业快速推进，并有海尔、海信、澳柯玛、青岛啤酒等大型企业。烟台2017年GDP为7343.53亿元，位列城市群第二位。济南市作为山东省省会城市、济南都市圈核心城市，是山东半岛城市群的政治中心、文化中心，2017年GDP为7151亿元，常住人口为732.12万人。"鸢都"潍坊2017年GDP为5854.93亿元，其纺织服装、机械装备、新兴材料等产业部门在全省占有重要地位。依靠资源发展起来的东营、枣庄、淄博、济宁等市，积极优化升级产业结构，推动新旧动能转换，经济发展取得了新的突破。地处鲁西地区的德州、聊城、菏泽等市经济发展与鲁东地区相比较为落后。

表2-1-1　　2017年山东半岛城市群城市发展主要指标

	年末总人口（万人）	GDP（亿元）	三产占比（%）	城镇化率（%）
济南	732.12	7151.63	60.3	70.53
青岛	929.05	11024.11	55.4	72.57
淄博	470.84	4771.36	44.9	70.26
枣庄	392.03	2303.67	41.6	57.32
东营	215.46	3814.35	33.7	67.75
烟台	708.94	7343.53	43.4	63.66
潍坊	936.3	5854.93	46	59.95
济宁	837.59	4636.77	44	57.12
泰安	564.51	3578.39	46.8	60.63
威海	282.56	3512.91	47.3	66.46
日照	291.65	2008.88	44.2	58.65
莱芜	137.6	894.97	38	62.58
临沂	1056.34	4330.11	48.4	57.40
德州	579.58	3141.66	42.3	55.57
聊城	606.43	3013.55	39.8	50.34
滨州	391.23	2601.14	44.2	58.63
菏泽	873.6	2825.81	38.3	49.05

第二章 山东半岛城市群等级规模结构演变分析

城市群作为区域一体化进程中重要的载体，由各个大小不同的城市组成，而组成城市群的城市必然会有一定的层次性。城市群的等级规模结构是指城市体系内层次不同、大小不等的城市在质和量方面的组合形式，它是城市群的主要结构之一[①]。一般而言，功能完整的城市群包含特大城市、大城市、中等城市以及小城市和乡镇等规模不同的城市组合形式。本章利用传统统计数据、DMSP/OLS 夜间灯光数据等多种类型的数据，基于城市首位律和位序—规模法则等方法，实现多元数据的相互补充与验证，对山东半岛城市群等级规模结构演变进行多角度、全方位的分析。

一 基于统计数据的等级规模结构分析

传统统计数据主要包括统计年鉴、统计公报、调查问卷等，因其具有客观真实、简单有效、准确性高的数据特点，成为学者们进行定量研究的常用数据。本节数据主要来源于相关年份的《山东统计年鉴》《中国城市统计年鉴》《中国城市建设统计年鉴》《山东省城市建设统计年报》等统计数据。

[①] 汤放华等：《基于分形理论的长株潭城市群等级规模结构研究及对策》，《人文地理》2008 年第 5 期。

（一）模型选取

1. 城市首位度

城市首位度最早由美国地理学家马克·杰斐逊（Mark Jefferson）于1939年提出，指一个国家或区域首位城市与第二城市的人口规模之比，其计算公式为：

$$S_2 = \frac{P_1}{P_2}$$

式中，S_2为二城市指数，即杰斐逊提出的首位度；P_1、P_2分别为首位城市、第二位城市的人口规模。一般认为，二城市指数的理想值为2，小于2说明城市群等级规模结构较为分散，大于2则说明城市群等级规模结构存在过度集中的问题。

在二城市指数的基础上，四城市指数与十一城市指数随后也被提出，其公式分别为：

$$S_4 = \frac{P_1}{P_2 + P_3 + P_4}$$

$$S_{11} = \frac{P_1}{P_2 + P_3 + \cdots P_{11}}$$

基于前人研究，以杰斐逊的城市首位度计算二城市指数、四城市指数、十一城市指数，从人口规模的视角探究山东半岛城市群的人口规模结构演变；以各地市经济规模占整个城市群的比重，即经济集中度来探究经济规模结构的演变。本节的人口数据主要来源于《山东省城市建设统计年报》，由于统计口径的问题，2006年之前并没有"城区人口"的统计指标，只有"非农业人口"，参照前人关于非农业人口为城区人口的1.2倍的共识[①]，同时考虑到2000—2005年6年数据统计指标为"非农业人口"，2006—2017年12年数据统计指标为"城区人口"，故以2000—2005年的非农业人口来估算此时期的城区人口。

---

① 刘耀彬等：《环鄱阳湖城市群城市规模结构演变特征》，《经济地理》2013年第4期。

2. 位序—规模法则

一个城市的规模与其在国家或区域内按照规模指标（人口、经济等）的位序存在一定的规律，称为位序—规模法则，其公式为：

$$P_i = P_1 \times R^{-q}$$

式中，P_i 为第 i 位城市的规模，P_1 为第一位城市的规模，R 为城市规模的次序。q 为常数，称为帕累托指数，根据其大小可以判断城市规模分布的均衡程度。对两边取对数公式变换为：

$$\ln P_i = \ln P_1 - q\ln R$$

分维值 $D = 1/q$，即二者是互为倒数的关系。当 q = 1，D = 1 时，为哲夫（Zipf）认为的自然状态下城市规模的最优分布，称为哲夫法则；当 q < 1，D > 1 时，表明城市规模分布比较分散，中间位序的城市发育较多，首位城市的人口优势并不突出；当 q > 1，D < 1 时，表明城市规模结构分布较集中，人口大都分布在大城市中，首位城市的垄断性较强。

（二）城镇规模体系演变

1. 行政等级体系演变

自 2000 年国务院批复设立地级滨州市与地级菏泽市后，山东半岛城市群地级市数量一直保持为 17 个（表 2-2-1），而市辖区、县级市、县的数量有了一定调整：市辖区由 2000 年的 47 个调整为 2017 年的 55 个，县级市由 2000 年的 31 个调整为 2017 年的 26 个，县由 2000 年的 61 个调整为 2017 年的 56 个，由此可见随着山东半岛城市群县（市）自身实力不断增强，部分县（市）逐渐演变为市辖区，有力推动城镇化发展。街道办事处、乡、镇的数量变化较大：街道办事处的数量不断增加，由 2000 年的 311 个上升为 2017 年的 660 个；乡、镇的数量呈逐年减小的趋势，乡由 2000 年的 627 个减少到 2017 年的 70 个，镇由 2000 年的 1351 个减少到 1094 个。由街道办事处、乡、镇的数量变化可以发现，在经济发展推动下，乡镇在不断合并，城市群实力不断增强。

表2-2-1　　2000—2017年山东半岛城市群行政等级体系演变　　单位：个

	地级市	市辖区	县级市	县	街道办事处	乡	镇
2000	17	47	31	61	311	627	1351
2001	17	48	31	60	356	329	1225
2002	17	48	31	60	372	294	1253
2003	17	48	31	60	395	296	1237
2004	17	49	31	60	423	295	1223
2005	17	49	31	60	460	277	1194
2006	17	49	31	60	466	276	1190
2007	17	49	31	60	481	270	1118
2008	17	49	31	60	487	270	1111
2009	17	49	31	60	487	270	1111
2010	17	49	31	60	600	156	1118
2011	17	49	31	60	611	128	1118
2012	17	48	30	60	617	113	1094
2013	17	48	29	60	628	91	1107
2014	17	51	28	58	631	81	1114
2015	17	51	28	58	636	75	1115
2016	17	54	27	56	647	73	1106
2017	17	55	26	56	660	70	1094

除乡镇合并外，山东半岛城市群自2000年至2017年，先后撤销10个县（市）设立市辖区（表2-2-2），由2001年的138个县级行政单位，47个市辖区、31个县级市、61个县调整为2017年的137个县级行政单位，55个市辖区、26个县级市、56个县，城市建成区面积由2000年的1540.79平方千米扩张到2017年的4971.47平方千米，城区人口由2407.59万人增加到3055.98万人，城镇化进程不断加快。

表2-2-2　　2001—2017年山东半岛城市群各市撤县（市）设区时间

时间	具体内容
2001年6月	济南市撤销县级长清县，设立济南市长清区

续表

时间	具体内容
2012年12月	青岛市撤销黄岛区与县级胶南市，设立新的黄岛区
2013年10月	济宁市撤销县级兖州市，设立济宁市兖州区
2014年1月	威海市撤销县级文登市，设立威海市文登区
2014年9月	滨州市撤销县级沾化县，设立滨州市沾化区
2014年10月	德州市撤销县级陵县，设立德州市陵城区
2016年4月	菏泽市撤销县级定陶县，设立菏泽市定陶区
2016年8月	东营市撤销县级垦利县，设立东营市垦利区
2016年12月	济南市撤销县级章丘市，设立济南市章丘区
2017年10月	青岛市撤销县级即墨市，设立青岛市即墨区

2. 人口规模等级体系演变

根据2014年颁布的《国务院关于调整城市规模划分标准的通知》，以《山东省城市建设统计年报》中的相关人口数据为基础，得到2000—2017年山东半岛城市群城市规模变化表（表2-2-3）。按照城区常住人口划分，2017年山东半岛城市群已形成小城市（81个）、中等城市（11个）、大城市（7个）三级规模等级，缺少特大城市、超大城市两级规模等级。就各级城市所占比例而言，2017年小城市占比81.82%，中等城市占比11.11%，大城市占比7.07%，由各规模等级城市占比可以看出当前山东半岛城市群小城市发育较好，但大城市及更大规模的城市发育不完善，大城市对于城市群的带动能力不足，小城市向中等城市晋级发展之路仍要加快。

2000年，山东半岛城市群没有城市人口规模超过300万的城市，至2016年出现了2个Ⅰ型大城市济南、青岛，城市人口规模分别达到329.24万、352.84万，共占整个城市群人口的17.13%。2000年，小城市数量为104个，2017年减少为81个；中等城市由2000年的3个增加为2017年的11个，比例由2.75%增加到11.11%；大城市由2000年的2个增加为2016年的7个，比例由1.83%增加到7.07%。小城市数量的减少，以及中等城市与大城市数量的增多说明在城市发展过程中，大城市比小城市有着更加优越的发展条件，吸引着众多人口在此集聚，从而完成城市的发展与扩张。

表2-2-3　　2000—2017年山东半岛城市群城市规模变化　　单位：座

年份	Ⅱ型小城市	Ⅰ型小城市	中等城市	Ⅱ型大城市	Ⅰ型大城市	特大城市	超大城市
2000	94	10	3	2	0	0	0
2001	90	11	4	3	0	0	0
2002	89	11	5	3	0	0	0
2003	87	13	5	3	0	0	0
2004	88	12	5	3	0	0	0
2005	87	13	4	4	0	0	0
2006	69	25	9	5	0	0	0
2007	63	31	8	6	0	0	0
2008	63	31	8	6	0	0	0
2009	62	31	9	6	0	0	0
2010	62	31	9	6	0	0	0
2011	59	33	10	6	0	0	0
2012	57	34	10	5	1	0	0
2013	56	34	9	6	1	0	0
2014	52	33	11	6	1	0	0
2015	50	34	12	5	2	0	0
2016	47	33	12	5	2	0	0
2017	46	35	11	5	2	0	0

（三）按人口规模划分的城市等级规模结构演变

以山东半岛城市17地市城区常住人口为数据基础，从人口规模层面分析其结构演变。

1. 人口首位度演变

按照城区常住人口，计算了2000—2017年山东半岛城市群的二城市指数、四城市指数与十一城市指数（图2-2-1），探寻山东半岛城市群人口首位度的演变特征。济南与青岛是山东半岛城市群城市人口规模最大的两个城市，其中 2000—2011 年济南城市人口规模最大，2012—2017 年青岛城市人口规模最大，2017 年济南城市人口规模为 336.32 万，青岛城市人口规模为 380.46 万。就二城市指数变化而言，2000—2005 年呈上升趋势，主要原因在于此时作为山东半岛城市群首位城市的济南人口上升速度较快，城区人口由 2000 年的 140.71 万人上升到 2005 年的 227 万人，年均增长率达 10.04%；而青岛城区人口由 2000 年的 139.53 万上升到 2005 年的 159.35 万，年均增长率仅为 2.70%。由于 2006 年统计口径的变化，故 2005—2006 年二城市指数呈现较为明显的减小趋势，在此不做具体分析。随后 2006—2017 年二城市指数变化甚微，即使 2012 年城市人口规模首位城市由济南变为青岛。这说明山东半岛城市群城市人口规模最大的两个城市济南与青岛人口基本持平，首位城市并未对第二位城市展现出压倒性的优势，事实上济南与青岛作为研究区的两大核心城市，在各自的辐射范围内都有其较强的人口吸引能力。

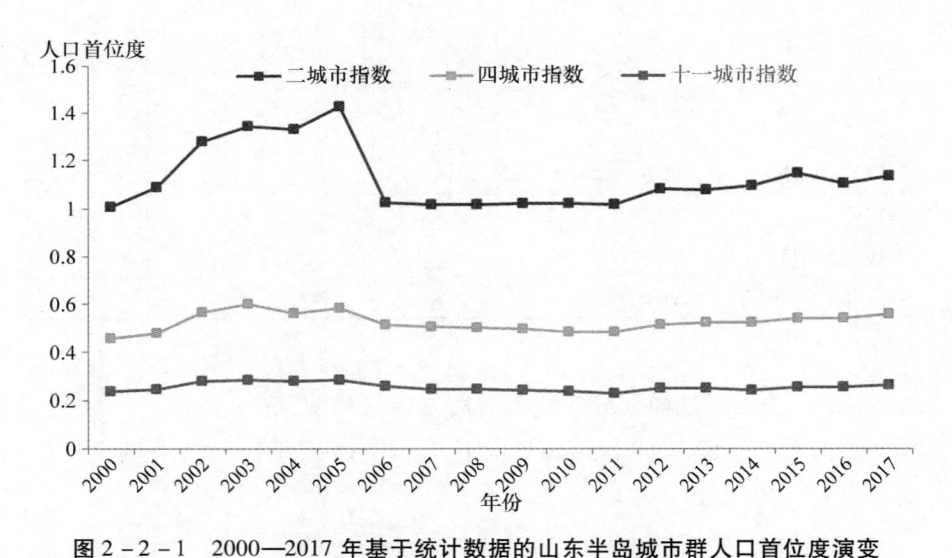

图 2-2-1 2000—2017 年基于统计数据的山东半岛城市群人口首位度演变

就四城市指数变化而言，2000—2017 年变化稳定，维持在 [0.46，0.60] 之间，低于四城市指数的理想值 1，其中 2001—2003 年略有上升趋势，主要原因在于此阶段济南城市人口规模上升速度较快；十一城市指数的变化也较稳定，维持在［0.23，0.29］之间，也低于其理想值1。二城市指数、四城市指数、十一城市指数均低于各自的理想值，说明山东半岛城市群首位城市人口规模较小，城市人口分布较为分散，中小城市发育较好，城市人口首位分布并不明显。综合来看，虽然存在统计口径的变化，但山东半岛城市群的二城市指数、四城市指数、十一城市指数变化都较为稳定，数值分别在1.0、0.4、0.2左右，与山东半岛城市群两个核心城市发展相当，城市首位度较低的事实相符。

2. 位序—规模演变（基于城区常住人口）

在上述研究的基础上，利用山东半岛城市群城区人口规模做位序—规模回归，结果如图2-2-2、表2-2-4。2000—2017年R^2一直在0.90以上，回归结果较好，相关性较强，说明山东半岛城市群的城市规模分布具有分形特征，符合位序—规模结构。整体而言，分维值D一直大于1，q值小于1，说明山东半岛城市群在研究时段内人口分布较为分散，首位城市并不突出，中间位序的城市数量较多。

就变化趋势而言，2000—2006年，q值呈下降趋势，分维值D逐渐上升，说明这一时期在中小城市快速发育的基础上，城市人口由集中分布趋于均匀分布，首位城市突出性下降。首位城市济南城区人口规模占比由9.77%下降到8.82%，23个Ⅱ型小城市扩展成为Ⅰ型小城市，其中人口增长规模最大的是临清（35.03万）；东营、潍坊、济宁、泰安、日照、德州等地市人口规模快速增长，在没有撤县设区的情况下由Ⅰ型小城市扩展成为中等城市；临沂由Ⅰ型小城市扩展成为Ⅱ型大城市，人口增长规模达101.69万；滨州由Ⅱ型小城市扩展成为中等城市，人口增长规模达44.47万。2006—2011年，q值与分维值D一直较为稳定，说明这一阶段人口分布变化较为均衡，城市数量一直保持为108。2013—2017年，q值呈下降趋势，分维值D逐渐上升，说明山东半岛城市群人口分布越发分散，中小城市发育较快。这一阶段大城市数量并无变化，中小城市规模继续增大：新泰、威海、日照由Ⅰ型小城市扩展成为中等城市，东平、莒县、临沭、夏津、邹平、郓城由Ⅱ型小城市扩展成为Ⅰ型小城市。

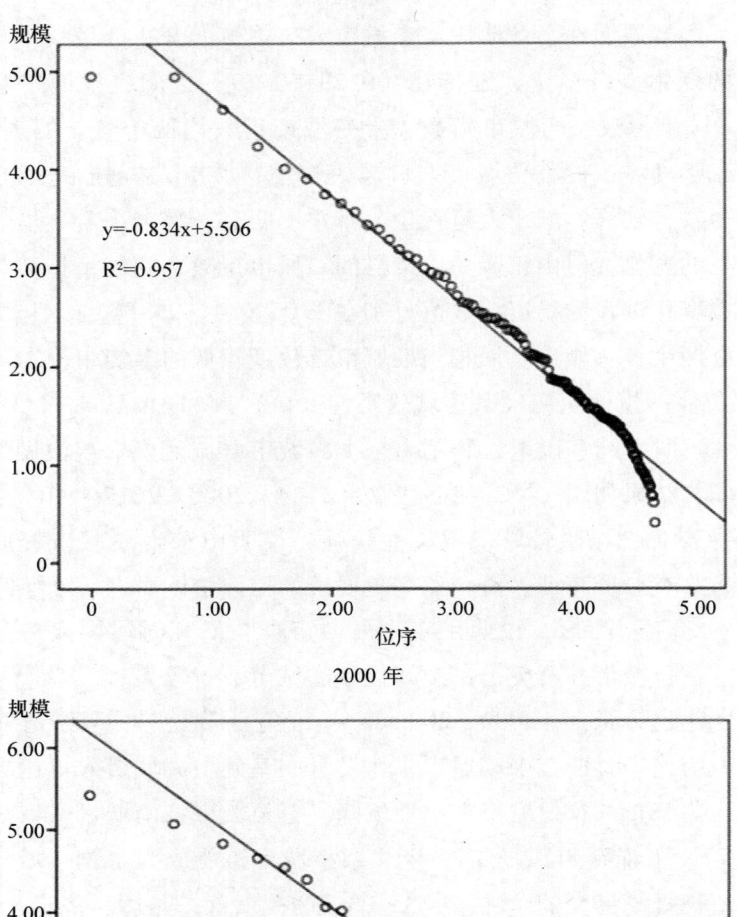

规模

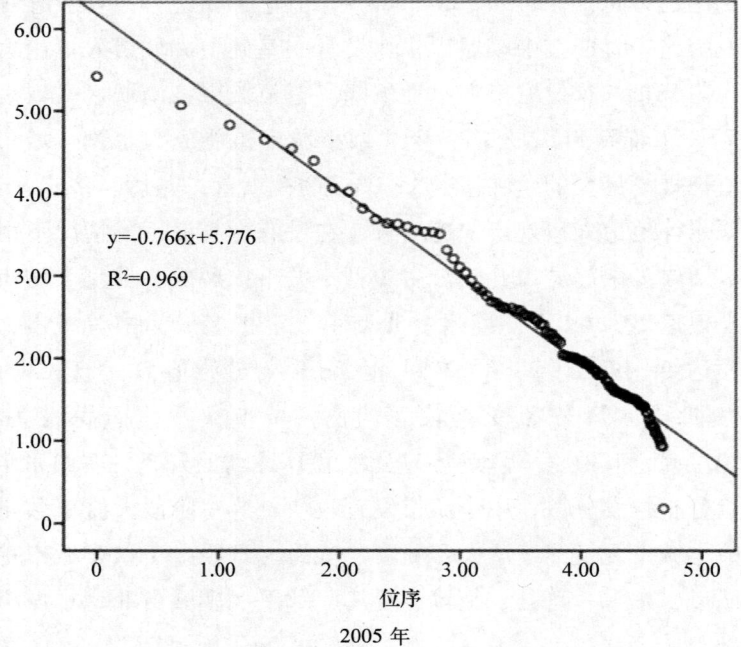

$y=-0.834x+5.506$
$R^2=0.957$

位序

2000 年

规模

$y=-0.766x+5.776$
$R^2=0.969$

位序

2005 年

第二章　山东半岛城市群等级规模结构演变分析　117

2010 年

$y=-0.716x+5.880$
$R^2=0.946$

2017 年

$y=-0.647x+5.997$
$R^2=0.958$

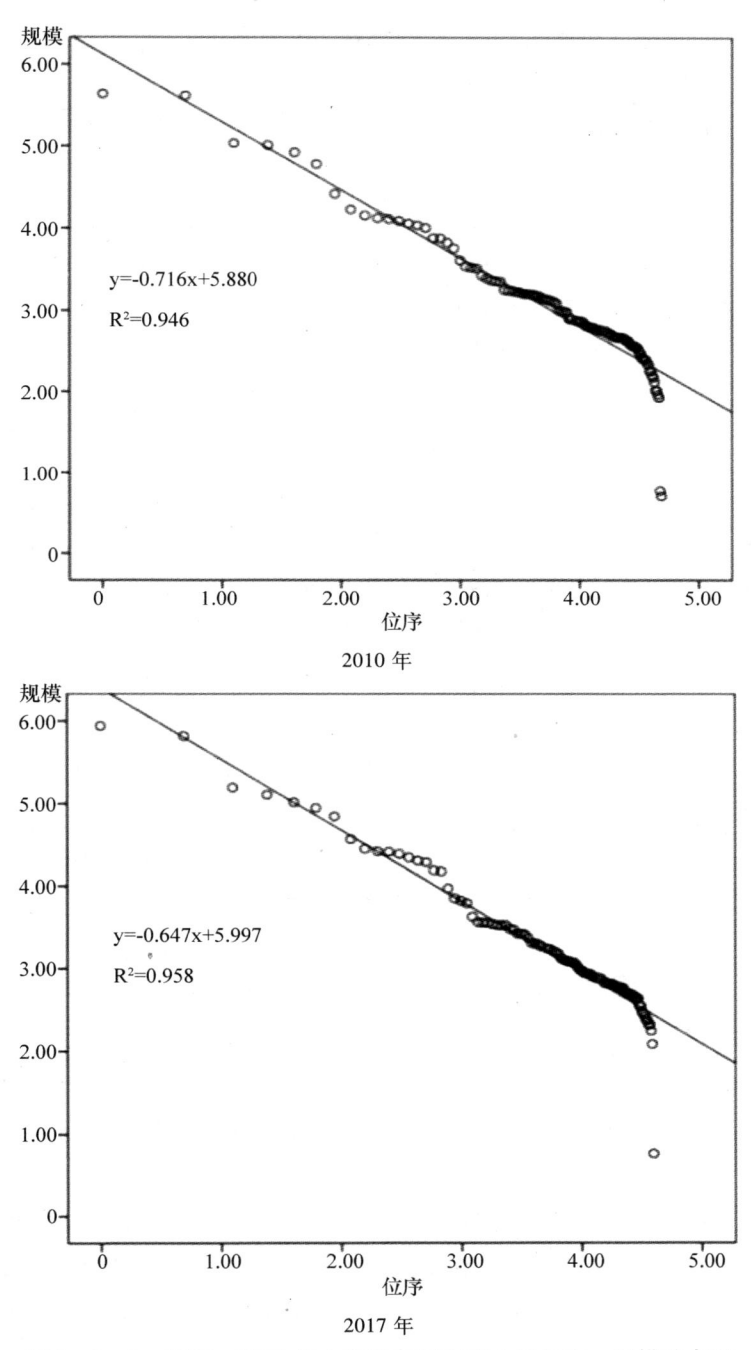

图 2-2-2　2000—2017 年山东半岛城市群人口位序—规模散点图

表 2-2-4　　2000—2017 年基于人口规模的山东半岛城市群位序—规模回归结果

年份	位序—规模表达式	R^2	q	D
2000	y = -0.834x + 5.506	0.957	0.834	1.199
2001	y = -0.796x + 5.527	0.942	0.796	1.256
2002	y = -0.822x + 5.657	0.947	0.822	1.217
2003	y = -0.765x + 5.633	0.965	0.765	1.307
2004	y = -0.762x + 5.699	0.968	0.762	1.312
2005	y = -0.766x + 5.776	0.969	0.766	1.305
2006	y = -0.711x + 5.791	0.945	0.711	1.406
2007	y = -0.725x + 5.858	0.931	0.725	1.379
2008	y = -0.723x + 5.861	0.935	0.723	1.383
2009	y = -0.713x + 5.861	0.945	0.713	1.403
2010	y = -0.716x + 5.880	0.946	0.716	1.397
2011	y = -0.713x + 5.897	0.954	0.713	1.403
2012	y = -0.738x + 5.974	0.964	0.738	1.355
2013	y = -0.787x + 6.060	0.908	0.787	1.271
2014	y = -0.688x + 5.969	0.965	0.688	1.453
2015	y = -0.657x + 5.935	0.959	0.657	1.522
2016	y = -0.651x + 6.029	0.919	0.651	1.536
2017	y = -0.647x + 5.997	0.958	0.647	1.546

（四）按经济规模划分的城市等级规模结构演变

1. 经济集中度演变

以各市经济规模在整个城市群经济规模的占比为测度，通过计算得到 2000—2017 年山东半岛城市群各市经济集中度的演变情况（表 2-2-5）。将经济集中度按照 >15%、9%—15%、5%—9%、<5% 的标准划分为四个层级，可以发现青岛作为城市群的经济核心城市，2000—2017 年其经济集中度一直位列第一位，且呈上升趋势，2017 年成为城市群内经济集中度超过 15% 的唯一城市；烟台作为自 2005 年以来城市群内经济规模第二位城市，其经济集中度一直在 10% 以上，且较为稳

定；济南经济规模于2005年被烟台赶超后，其经济集中度一直在10%以下，但近年来济南与烟台经济集中度的差距越来越小，大有赶超之势。淄博、东营、潍坊、济宁、临沂五市经济集中度一直在5%—10%之间，属城市群经济发展的第二梯队，是城市群经济发展的中坚力量，但五市的经济集中度均呈现不同程度的下降趋势。第三梯队中，枣庄、威海、日照、莱芜、德州、聊城、滨州、菏泽的经济集中度一直在5%以下，其中枣庄、聊城、滨州、菏泽的经济集中度稳步上升。整体而言，山东半岛城市群经济等级结构逐渐由"3+5+9"转变为"1+2+5+9"，经济首位城市青岛的经济聚集效应慢慢显现。

表2-2-5　　2000—2017年山东半岛城市群经济集中度演变

城市	2000年	2005年	2010年	2017年
济南	11.09	9.82	9.73	9.82
青岛	13.40	14.10	14.10	15.14
淄博	7.48	7.49	7.13	6.55
枣庄	2.90	3.31	3.39	3.16
东营	5.42	6.10	5.87	5.24
烟台	10.25	10.53	10.85	10.09
潍坊	8.33	7.70	7.69	8.04
济宁	6.74	6.62	6.33	6.37
泰安	4.62	4.48	5.11	4.91
威海	6.54	6.12	4.84	4.82
日照	2.44	2.23	2.55	2.76
莱芜	1.29	1.34	1.36	1.23
临沂	6.46	6.34	5.97	5.95
德州	4.20	4.35	4.13	4.32
聊城	3.27	3.63	4.04	4.14
滨州	3.15	3.49	3.86	3.57
菏泽	2.43	2.36	3.05	3.88

2. 位序—规模演变（基于经济规模）

以各市的经济规模为基础，做2000—2017年城市群城市经济规模的位序—规模回归（表2-2-6），可以发现拟合优度 R^2 一直大于 0.76，回归效果较好。分维值 D 一直大于 1，q 值一直小于 1，说明城市群经济规模结构较为分散，经济发展相对均衡。从演变趋势上看，2000—2002 年 q 值由 0.719 上升至 0.727，说明此时经济等级规模有所集中，经济规模较大的城市对城市群的影响增大，首位城市青岛经济集中度由 13.40% 上升到 13.98%，第一梯队的青岛、烟台、济南经济集中度由 34.74% 上升至 35.31%；2002—2014 年，q 值呈减小趋势，D 值呈增大趋势，城市群经济规模趋于分散，此外城市群的双核心模式可能对回归结果有一定的影响；2014—2015 年，q 值呈增大趋势，经济等级规模略有集中。整体来看，研究期内山东半岛城市群的 q 值呈减小趋势，经济等级规模趋于分散。结合人口等级规模结构来看，城市群人口分布相对均衡，济南、青岛城市人口规模并不突出。从人口与经济的帕累托指数变化来看，可以发现二者演变趋势保持了较高的一致性，均呈现减小趋势，帕累托指数的最大值均小于 1，这说明在山东半岛城市群发展成熟的过程中，城市人口与经济分布愈加分散，集中度不高，济青二市的核心地位需要进一步提高。

表2-2-6　　2000—2017年基于经济规模的山东半岛城市群
位序—规模回归结果

年份	位序—规模表达式	R^2	q	D
2000	y = -0.719x + 7.468	0.808	0.719	1.391
2001	y = -0.722x + 7.588	0.816	0.722	1.385
2002	y = -0.727x + 7.717	0.821	0.727	1.376
2003	y = -0.715x + 7.872	0.818	0.715	1.399
2004	y = -0.707x + 8.051	0.819	0.707	1.414
2005	y = -0.696x + 8.235	0.803	0.696	1.437
2006	y = -0.691x + 8.395	0.792	0.691	1.447
2007	y = -0.672x + 8.541	0.806	0.672	1.488
2008	y = -0.661x + 8.686	0.832	0.661	1.513
2009	y = -0.660x + 8.773	0.820	0.660	1.515

续表

年份	位序—规模表达式	R^2	q	D
2010	y = -0.657x + 8.919	0.837	0.657	1.522
2011	y = -0.647x + 9.041	0.819	0.647	1.546
2012	y = -0.645x + 9.135	0.797	0.645	1.550
2013	y = -0.643x + 9.217	0.779	0.643	1.555
2014	y = -0.649x + 9.301	0.778	0.649	1.541
2015	y = -0.665x + 9.378	0.764	0.665	1.504
2016	y = -0.672x + 9.467	0.769	0.672	1.488
2017	y = -0.658x + 9.511	0.810	0.658	1.520

二 基于灯光数据的等级规模结构分析

(一) DMSP/OLS 数据介绍

当前已有诸多传感器能够夜间对地表灯光进行探测，其中包括美国军事气象卫星 DMSP（Defense Meteorological Satellite Program）搭载的业务型线扫描传感器（Operational Linescan System，OLS），Suomi NPP（Suomi National Polar-Orbiting Partnership）卫星搭载的 VIIRS（Visible Infrared Imaging Radiometer Suite）传感器，以及中国的"吉林一号"卫星与"珞珈一号"卫星等。其中 DMSP 卫星搭载的 OLS 传感器提供的 1992—2013 年夜间灯光对地观测数据，是目前时间序列最长的此类数据，具有历史存档丰富、空间覆盖范围广等优势[1]。

DMSP 卫星工作时间为 1976—2014 年，在此期间共有 6 颗卫星参与工作，美国国家海洋和大气管理局于 1992 年开始整理、收集、校正与合成 1992—2013 年以年为跨度的 34 幅全球稳定夜间灯光数据，如表 2-2-7 所示。DMSP/OLS 稳定夜间灯光数据获取的是城市、乡镇以及其他区域的光源，并且剔除了受云覆盖、突发事件等"噪声"的影响，是表征人类活动的重要数据，空间分辨率为 1 千米。

---

[1] 李德仁等：《论夜光遥感数据挖掘》，《测绘学报》2015 年第 6 期。

表 2－2－7　　　　　　　　DMSP/OLS 卫星数据对照

卫星 年份	F10	F12	F14	F15	F16	F18
1992	F101992					
1993	F101993					
1994	F101994	F121994				
1995		F121995				
1996		F121996				
1997		F121997	F141997			
1998		F121998	F141998			
1999		F121999	F141999			
2000			F142000	F152000		
2001			F142001	F152001		
2002			F142002	F152002		
2003			F142003	F152003		
2004				F152004	F162004	
2005				F152005	F162005	
2006				F152006	F162006	
2007				F152007	F162007	
2008					F162008	
2009					F162009	
2010						F182010
2011						F182011
2012						F182012
2013						F182013

（二）DMSP/OLS 数据预处理

1. 影像重投影、重采样与裁剪

DMSP/OLS 夜间灯光影像数据来源于美国国家地理信息中心网站（https：//ngdc. noaa. gov/eog/download. html），利用 ArcGIS10.2 软件将下载好的 1992—2013 年共 34 期的全球夜间灯光影像数据重投影转换为 WGS-84 投影坐标系，同时为使数据更加精确，避免影像网格形变带来的影响及便于计算影像中亮值像元的面积，将影像数据转换为适合中国地图地形的兰伯特等角锥投影，其中重采样方法采用 NEAREST 临近法处理，空间分辨率为 1 千米。最后利用行政区矢量数据裁剪得出山东半岛城市群 1992—2013 年的 DMSP/OLS 夜间灯光影像数据。

2. 夜间灯光影像数据的校正

（1）不同传感器重合年份之间的相互校正

DMSP/OLS 夜间灯光数据目前有 1992—2013 年共 22 年 34 期的影像数据，所有数据由 F10、F12、F14、F15、F16、F18 六代传感器获取的数据构成。由于各个传感器随时间推移，其辐射探测能力也逐渐衰退，所以出现 1994 年、1997—2007 年同一年份有两个传感器在同时工作的现象，加之 OLS 传感器未对不同的影像数据进行星上标定和相互校正，从而导致不同年份不同传感器之间获取的长时间序列数据缺乏可比性。

为了解决这一问题，必须对长时间序列的灯光数据进行校正。选用一直处于发展状态但发展较为缓慢的黑龙江省鸡西市作为伪不变区域，同时发现 F16 传感器累计的 DN 值最高且相对稳定，因而选用 F16 传感器作为标准传感器，以其获取的 2004—2009 年的数据作为参考数据，对其他传感器进行校正。具体操作步骤如下：

第一，使用 F16 传感器的数据校正 F15 的数据。由于两个传感器之间的重合年份是 2004—2007 年，因此将 F16 传感器获取的 2004—2007 年 DN 值作为参考数据集，建立其同 F15 传感器 2004—2007 年 DN 值的一元二次回归模型，具体公式为：

$$DN_{16} = a\, DN_{15}^2 + b\, DN_{15} + c$$

式中，DN_{16} 为 F16 传感器 2004—2007 年数据集的 DN 值，DN_{15} 为 F15 传感器 2004—2007 年数据集的 DN 值，a、b、c 均为参数。

第二，根据一元二次回归模型确定的 a、b、c 参数来校正 F15 传感器 2000—2007 年的数据，其公式为：

$$DN' = a\, DN_0^2 + b\, DN_0 + c$$

式中，DN' 为校正后的 F15 传感器数据集，DN_0 为校正前的数据集，a、b、c 则是根据 F16 与 F15 一元二次回归模型确定的参数。

第三，按照上述思路首先利用校正完成的 F15 数据集校正 F14 数据集，其次利用校正完成的 F14 数据集校正 F12 数据集，最后利用校正完成的 F12 数据集校正 F10 数据集，从而完成 F15、F14、F12、F10 各个传感器数据集的校正。而 F16 与 F18 传感器之间没有重合年份，因此选择利用 F16 传感器 2009 年的数据集和 F18 传感器 2010 年的数据集建设二元一次回归模型，完成对 F18 传感器数据集的校正。各个传感器校正确定的参数如表 2-2-8 所示。

表 2-2-8　　　　各个传感器相互校正回归模型参数

数据集	a	b	c	R^2
F16→F15	-0.001468	1.089	0.913	0.9309
F15→F14	-0.003202	1.093	1.758	0.8646
F14→F12	0.003987	0.619	2.717	0.9564
F12→F10	0.001906	0.832	0.886	0.9171
F16→F18	0.004262	0.673	0.766	0.8955

（2）同一年份不同传感器之间的相互校正

由于 1994 年、1997—2007 年存在同一年份两颗传感器同时工作的现象，两颗传感器之间数据存在差异，所以要对校正后的不同传感器的数据集进行同年份的校正，以保证数据的可用性与可持续性，具体公式如下：

$$DN'_i = (DN_i^a + DN_i^b)/2$$

式中，DN'_i 为 i 年校正后的数据集，DN_i^a、DN_i^b 分别为 i 年校正前的 a、b 两颗传感器获取的数据集。按照上述思路，完成对 1994 年、1997—2007 年各个年份的传感器的相互校正，获得每一年份传感器数据的唯一值。

（3）不同传感器不同年份之间的相互校正

按照经济发展规律与夜间灯光影像的自身特点，后一年夜间灯光像元上的 DN 值不小于前一年的 DN 值，基于此对不同传感器重合年份相互校正后与同一年份不同传感器相互校正后的数据集再次进行校正，以使其符合经济发展的规律。在具体操作时,使用相对稳定的 F16 传感器获取的 2009 年数据集对之前年份与之后年份进行校正,具体公式为:

$$DN_n = \begin{cases} DN_{n-1} & DN_{n-1} > DN_n \\ DN_n & 其他 \end{cases}$$

式中,DN_n 为后一年的 DN 值数据集,DN_{n-1} 为前一年的 DN 值数据集。

按照上述一系列的校正处理,即可得到 2000—2013 年山东半岛城市群预处理后的 DMSP/OLS 夜间灯光影像数据。

(三) 城市体系等级规模演变

1. 首位度演变分析

以山东半岛城市群 17 地市及下辖的县级市与县为研究单元,基于 DMSP/OLS 夜间灯光影像数据,计算各市的夜间灯光总值。可以发现地级市的夜间灯光总值大部分都超过县级市及县,两大核心城市青岛、济南分列第一、二位,地级市中只有德州市、威海市、聊城市与滨州市夜间灯光总值低于县级行政单元,县级市中寿光市夜间灯光总值达 41245.12,排名第 10,是夜间灯光总值最大的县级行政单元。就区域分异而言,鲁东地区夜间灯光总值最大,鲁西北地区夜间灯光总值最小。

以 2000—2013 年山东半岛城市群各市夜间灯光总值为数据基础,计算二城市指数、四城市指数与十一城市指数(图 2-2-3),探究山东半岛城市群城市首位度演变。从演变趋势来看,二城市指数演变大致呈"稳定—缓慢下降—稳定"的趋势,其中 2000—2003 年二城市指数超过 1.2,变化趋势较为稳定;2003—2010 年呈缓慢下降趋势,二城市指数由 2003 年的 1.22 缓慢下降为 2010 年的 1.01;2010—2013 年变化趋势再次趋于稳定,二城市指数基本接近于 1。四城市指数变化较为稳定,一直位于 [0.445,0.493] 的范围内,且略有下降趋势。十一城市指数变化亦较稳定,一直位于 [0.202,0.249] 的范围内,亦略有下降趋势。综合来看二城市指数、四城市指数与十一城市指数的变化趋势,可以发现 2000—2013 二城市指数、四城市指数与十一城市指数均小于理想值，整体趋势略有下降，证明山东半岛城市群城市规模结构较为正常，中小城市发育较好，但存在城市首位度不高的问题。从各市夜间灯光总值排序来看，青岛市一直位列山东半岛城市群夜间灯光亮度的首位，济南位列第二位，这与青岛与济南作为山东半岛城市群的两大核心城市的事实一致。淄博市、东营市、临沂市分别位列第三、四、五位，排名也较为稳定，县级市中的平度市、寿光市与滕州市排名都较为靠前，是研究区内经济发展水平较高的县级行政单元。

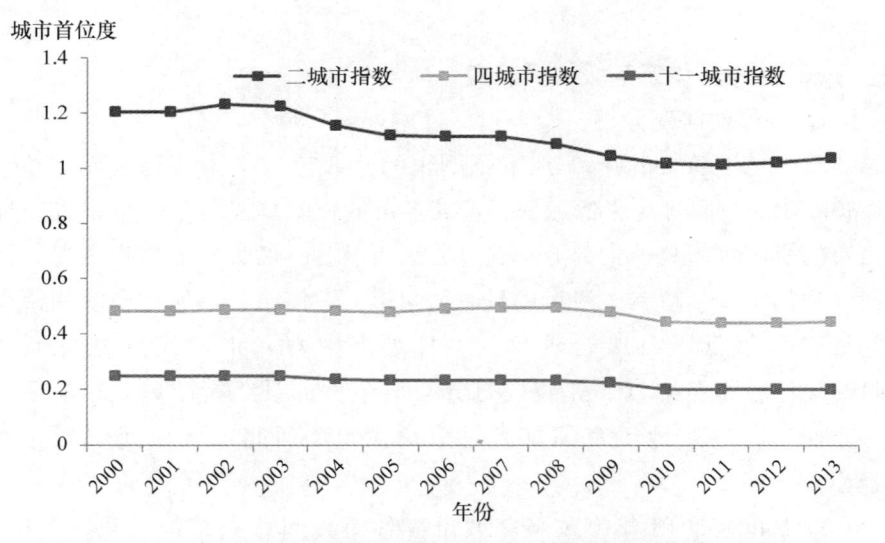

图 2-2-3　2000—2013 年基于夜间灯光的山东半岛城市群城市首位度演变

2. 位序—规模演变分析

基于 DMSP/OLS 夜间灯光数据的山东半岛城市群位序—规模回归结果如表 2-2-9，从拟合度 R^2 来看，虽数值小于基于统计数据的拟合度，但 2000—2013 年的拟合度 R^2 都大于 0.70，拟合效果仍然较好。整体来看，2000—2013 年 D 值一直大于 1，说明山东半岛城市群城市首位度不明显，人口分布比较均匀，中位城市发育良好，城市群等级规模发育成熟。D 值变化趋势大致可以分为两个阶段：第一个阶段为 2000—2005 年，此时 D 值变化比较稳定，维持在 1.30 左右；第二个阶段为

2006—2013 年，此时 q 值下降，D 值由 2006 年的 1.44 上升为 2013 年的 1.62，说明此时中小城市城市发育良好，人口从集中趋于均匀分布。整体而言，2000—2013 年 q 值呈下降趋势，D 值呈上升趋势，与统计数据的回归结果保持了一致性。

表 2-2-9　2000—2013 年基于夜间灯光数据的山东半岛城市群位序—规模回归结果

年份	位序—规模表达式	R^2	q	D
2000	y = -0.748x + 11.412	0.765	0.748	1.337
2001	y = -0.757x + 11.490	0.768	0.757	1.321
2002	y = -0.769x + 11.558	0.775	0.769	1.300
2003	y = -0.775x + 11.592	0.777	0.775	1.290
2004	y = -0.760x + 11.743	0.787	0.76	1.316
2005	y = -0.761x + 11.776	0.788	0.761	1.314
2006	y = -0.693x + 11.686	0.774	0.693	1.443
2007	y = -0.674x + 11.660	0.778	0.674	1.484
2008	y = -0.663x + 11.670	0.797	0.663	1.508
2009	y = -0.646x + 11.717	0.780	0.646	1.548
2010	y = -0.627x + 11.995	0.799	0.627	1.595
2011	y = -0.625x + 12.008	0.808	0.625	1.600
2012	y = -0.622x + 12.101	0.818	0.622	1.608
2013	y = -0.619x + 12.031	0.816	0.619	1.616

（四）城市体系空间演变

在对山东半岛城市群城市首位度、位序—规模演变分析的基础上，对城市群城市体系的重心移动与空间上的相关性进行分析。利用 ArcGIS10.2 软件计算山东半岛城市群 2000 年、2005 年、2010 年、2013 年四个时间截面的夜间灯光重心，得到城市群夜间灯光的重心移动情况（表 2-2-10），可以发现研究期内夜间灯光重心一直位于城市群陆地重心的东北方向，这说明相较于鲁西南地区的地市，鲁东地区的青岛、烟台、威海等市夜间灯光值所占比重更大，经济发达程度更高，对于城市群经济发展的带动能力更强。从夜间灯光重心移动情况来看，重心在2005—2010年移动距离最大，达12.02千米。从整体来看，重心有向西南方向移动的趋势，说明鲁西南地区与鲁东地区的夜间灯光总值差距变小，城市群东西部经济发展差距缩小，区域发展更加均衡。

表2-2-10　　2000—2013年山东半岛城市群夜间灯光重心移动情况

	重心坐标	方向	距离（千米）
几何重心	36.35200°E，118.15092°N	—	—
2000年	36.45047°N，118.34716°E	—	—
2005年	36.41530°N，118.34615°E	东南	3.92
2010年	36.35722°N，118.21499°E	西南	12.02
2013年	36.36791°N，118.22669°E	西南	1.59

为了进一步探究山东半岛城市群夜间灯光空间相关性，利用GeoDa1.8软件进行空间自相关分析，可以发现低—低集聚主要分布在鲁西北与鲁西南地区，低—高集聚主要分布在鲁东的部分县市，高—低集聚主要分布在城市群西部的市辖区，高—高集聚主要分布在青岛、日照及济南的周边地区。

三　小结

基于不同数据的二城市指数演变均呈现出趋向于1的特征。从统计数据与夜间灯光数据的二城市指数来看（图2-2-4），基于统计数据的二城市指数变化呈现"逐步上升—快速下降—趋于稳定且接近于1"的趋势，反映了人口分布"集中—分散—稳定"的演变特点。2006—2013年二城市指数较为稳定且接近于1，说明随着城市群的发展成熟，济南与青岛的人口规模较为接近且稳定，首位城市并未对第二位城市形成压倒性优势，城市群"双核心"的发展模式凸显。基于夜间灯光数据的二城市指数变化趋势呈现"稳定—缓慢下降—稳定"的特点，

2000—2004年二城市指数稳定且接近于1.2，2004—2011年二城市指数逐渐由1.2下降为1.0，2011—2013年二城市指数稳定保持为1。综合比较两种数据源的二城市指数，可以发现虽然二者在前期变化中略有不同，但后期逐渐趋向于1，表现出了一致性，与城市群"双核心"发展模式的事实相符。

基于不同数据的帕累托指数均小于理想值1。从统计数据的人口、经济与DMSP/OLS夜间灯光数据得到的帕累托指数来看（图2-2-4），三者虽然演变趋势各有特点，但均小于理想值1。人口规模下的帕累托指数2000—2006年呈逐渐下降趋势，2006—2011年较为稳定，2011—2013年略有上升；经济规模下的帕累托指数2000—2002年略有上升，2002—2013年逐渐下降；夜间灯光下的帕累托指数2000—2005年略有上升，2005—2013年逐渐下降。综合比较三种方法，可以发现帕累托指数均低于理想值1，且均呈现整体减小的变化趋势，说明山东半岛城市群的人口、经济分布更加均衡，城市群发展成熟，同时夜间灯光重心逐渐由东北向西南偏移也证实了区域发展趋于均衡的特点。

基于不同数据的城市规模结构演变呈现基本相同的态势，多元数据能够为城市群规模结构的演变研究提供相互验证。分别基于统计数据、夜间灯光遥感影像数据两种数据类型，分析山东半岛城市群等级规模结构的演变特征，虽然二者由于数据本身存在的差异，在反映山东半岛城市群等级规模结构的方面各有侧重，但仍能够从中发现城市群等级规模结构演变的特征与规律。即利用经济规模和夜间灯光数据，也能够反映一个区域的城市规模结构的变化态势。综合而言，在研究时段内山东半岛城市群乡镇不断合并，撤县设区稳步进行，城市建设规模不断扩大，城市人口规模不断提升，截止到2017年，已经形成大城市、中等城市、小城市三级规模等级。无论从统计数据还是夜间灯光遥感影像数据来看，山东半岛城市群二城市指数、四城市指数、十一城市指数演变趋势稳定，中小城市发育良好；分维值D一直大于1，帕累托指数q小于1，人口分布趋于均衡，济南、青岛核心城市的首位度不高；从经济集中度来看，青岛作为城市群的经济中心，其经济集中度一直位列首位，济南与烟台之间经济集中度的差距逐步缩小，"3+5+9"的经济等级结构逐渐转变为"1+2+5+9"。

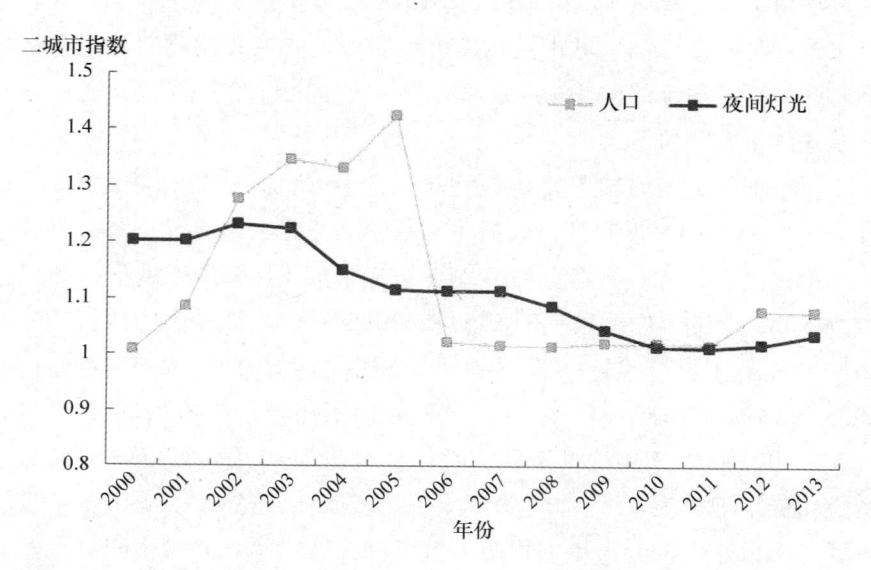

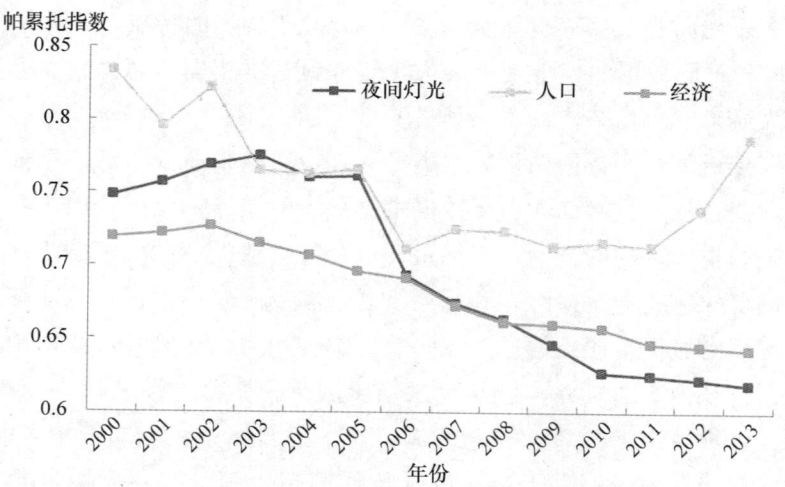

图 2-2-4 多元数据对比下的二城市指数与帕累托指数

第三章 山东半岛城市群城市职能结构演变分析

城市职能指的是某城市在国家或区域中所起的作用和所承担的分工[1]，是城市群空间结构中重要的结构体系，各个城市在城市群中承担不同的职能分工才能保证城市群的稳定健康发展。在当今社会经济发展方式积极转变与新型城镇化快速推进的背景下，中国城市职能结构进入转型发展新时期[2]。本章基于区位熵分析方法，将城市职能划分为基本职能与非基本职能，在此基础上，依据周一星等[3]提出的城市职能三要素理念，从专业化部门、职能规模和职能强度三方面分析山东半岛城市群城市职能结构的动态演变特征。

一 数据预处理与模型选取

（一）产业部门合并

本章数据来源于国家统计局官方网站、《中国城市建设统计年鉴》，以及相关年份的《中国统计年鉴》《山东统计年鉴》等关于各部门就业人员数据。参考前人研究[4]，并结合具体实际情况，将原始的19个产业

---

[1] 许学强等：《城市地理学》，高等教育出版社2009年版，第144页。
[2] 王成新等：《结构解读与发展转型：中国城市化综合思辨》，人民出版社2017年版，第121页。
[3] 周一星等：《中国城市（包括辖县）的工业职能分类——理论、方法和结果》，《地理学报》1988年第4期。
[4] 李强：《中国城市职能结构演化与区域分异研究》，硕士学位论文，山东师范大学，2014年，第7页。

部门进行剔除与合并。因城市职能具有非农特征，所以去除原始数据中的"农林牧渔业"，其余产业部门根据之间的同一性进行合并，具体归并结果如表2-3-1。

表2-3-1　　　　　　　　　产业合并情况

合并前	合并后
采矿业	能源生产采掘业
电力、燃气及水的生产和供应业	
制造业	制造业
建筑业	建筑业
交通运输、仓储和邮政业	交通仓储邮政业
住宿和餐饮业	商业
批发和零售业	
租赁和商业服务业	
金融业	金融房地产业
房地产业	
信息传输、软件和信息技术服务业	社会服务业
水利、环境和公共设施管理业	
居民服务、修理和其他服务业	
科学研究和技术服务业	科教文卫服务业
教育	
文化、体育和娱乐业	
卫生和社会工作	
公共管理、社会保障和社会组织	机关团体服务业

（二）模型选取

1. 基本职能识别

结合城市经济活动的基本与非基本活动，将城市职能划分为基本职能与非基本职能，其中基本职能主要服务于城市以外区域，是城市发展的主要动力[①]。区位熵在城市职能研究中被广泛应用。所谓熵，就是比

[①] 许学强等：《城市地理学》，高等教育出版社2009年版，第133页。

率的比率。虽然其存在很多不足之处，但在计算城市基本职能与非基本职能中简单有效。计算公式为：

$$L_i = \frac{q_i / q_j}{Q_i / Q_j}$$

式中，L_i 为 i 部门区位熵，q_i 为某城市 i 部门职工人数；q_j 为该城市的职工总人数；Q_i 为全国 i 部门职工总人数，Q_j 为全国职工总人数。若区位熵 L_i 大于 1，则说明该城市 i 产业的集中程度高于全国平均水平，是该城市的基本职能部门；若区位熵 L_i 小于或等于 1，则说明 i 产业是城市内部的普通服务部门，不是该城市的基本职能部门。

2. 专业化部门判定

使用纳尔逊城市职能统计分析方法判断专业化部门，计算公式为：

$$N_{ij} = \frac{X_{ij} - \bar{X}_j}{S_d}$$

式中，N_{ij} 为 i 城市 j 职能部门的纳尔逊指数，X_{ij} 为 i 城市 j 职能部门的从业人员比重，$\bar{X}_j$ 为全国所有城市 j 职能部门的平均从业人员比重，S_d 为全国所有城市该职能部门从业人员比重标准差，将 $N_{ij} \geq 1$ 的纳尔逊指数确定为城市的专业化部门。

3. 职能规模判定与职能强度判定

利用城市行业就业人数来表征城市职能规模[1]。在王振波等[2]研究的基础上，利用职能部门与全国平均水平的差值来表征职能强度的大小，并利用自然断裂点法将职能强度分为弱化职能、一般职能与优势职能三等，以此探究山东半岛城市群城市职能强度演变特征。部门的职能强度计算公式如下：

$$I_{ij} = \frac{e_{ij}}{e_i} - \bar{E}_j$$

式中，I_{ij} 为 i 城市 j 部门的职能强度，e_{ij} 为 i 城市 j 部门的就业人数，

---

[1] 梅琳等：《长江中游城市群城市职能结构演变及其动力因子研究》，《长江流域资源与环境》2017 年第 4 期。
[2] 王振波等：《2000 年以来长江经济带城市职能结构演变特征及战略思考》，《地理科学进展》2015 年第 11 期。

e_i 为山东半岛城市群 i 部门的就业人数，$\bar{E}_j$ 为全国 i 部门的就业人数比例。

二 城市职能结构测度

（一）基本职能判定

就山东半岛城市群整体而言，相比全国，能源生产采掘业与制造业区位熵大于 1，是其基本职能部门，说明山东半岛城市群的能源生产采掘业与制造业在全国占据重要地位；建筑业、交通仓储邮政业、商业、金融房地产业、社会服务业、科教文卫服务业与机关团体服务业区位熵小于 1，是其非基本职能部门。从基本职能与非基本职能部门数量来看，其发展并不协调，基本职能部门仅有能源生产采掘业与制造业 2 个，而非基本职能部门有 7 个。从区位熵变化来看（表 2-3-2），基本职能区位熵有升有降，能源生产采掘业区位熵由 2007 年的 1.25 上升为 2017 年的 1.36，制造业区位熵由 2007 年的 1.31 下降为 2017 年的 1.21；非基本职能区位熵除机关团体服务业外均呈上升趋势。基本职能中的制造业区位熵下降 0.10，这与该区制造业就业人数的增长幅度（17.70%）低于全国的增长幅度（47.83%）有关，也说明了其制造业优势的降低；非基本职能中金融房地产业区位熵上升幅度最大，达 0.28，交通仓储邮政业、商业、社会服务业与科教文卫服务业分别上升 0.19、0.01、0.19 与 0.08；建筑业区位熵呈上升趋势，由 2007 年的 0.85 上升为 2017 年的 0.88；机关团体服务业区位熵略有下降，由 2007 年的 0.99 下降为 2017 年的 0.98。

表 2-3-2　2007—2017 山东半岛城市群城市职能部门区位熵

年份	基本职能		非基本职能						
	能源	制造	建筑	交通	商业	金融	社会	科教	机关
2007	1.25	1.31	0.85	0.63	0.79	0.65	0.60	0.86	0.99
2017	1.36	1.21	0.88	0.82	0.80	0.93	0.79	0.94	0.98

续表

年份	基本职能		非基本职能						
	能源	制造	建筑	交通	商业	金融	社会	科教	机关
差值	0.11	-0.10	0.03	0.19	0.01	0.28	0.19	0.08	-0.01

（二）城市专业化部门演变

就城市专业化部门而言（表2-3-3），山东半岛城市群基本职能中的能源生产采掘业专业化城市数量由2007年的4个下降到2017年的2个，表明山东半岛城市群产业结构的优化升级，诸多能源生产采掘业在产业升级的背景下完成转型；制造业专业化城市数量并无变化，2007年、2017年均为2个专业化城市。非基本职能中，建筑业和交通仓储邮政业作为新型城镇化的支撑部门，专业化城市数量均上升1个；与其配套的社会服务业、科教文卫服务业与机关团体服务业专业化城市数量均呈下降趋势，专业化城市分别下降2个、2个、1个，表明这三个服务业职能部门并没有为城镇化发展提供应有的服务职能；金融房地产职能部门专业化城市数量下降1个，表明其滞后于该区城镇化的发展；商业的专业化城市数量并无变化，2007年、2017年专业化城市均为2个。以上演变特征反映了山东半岛城市群近十年城镇化发展过程中城市职能结构的发展与完善，但仍存在服务职能落后等问题。

表2-3-3 2007—2017年山东半岛城市群专业化部门城市数量演变

单位：个

基本职能		非基本职能						
能源	制造	建筑	交通	商业	金融	社会	科教	机关
4/2	2/2	1/2	2/3	2/2	3/2	3/1	4/2	4/3

（三）城市职能规模演变

从城市人口规模来看，城市人口规模与职能规模存在正向相关关系，一般而言，城市人口规模越大，对周围城市就业人口的吸引力就越强，相应地城市职能规模增幅也越大。从山东半岛城市群城市职能规模演变来看，济南、青岛作为城市群中的两座Ⅰ型大城市，城市职能规模分别增长 36.4 万、21 万人，增幅位列城市群第二、四位。临沂市作为城市群内人口规模第三位的中等城市，城市职能规模增幅最大，达 36.8 万人；淄博作为城市群人口规模第四位的中等城市，城市职能规模增幅达 23.7 万人，位列第四位。相应地，莱芜作为 17 地市中城市人口规模最小的城市，城市职能规模增幅也较小，为 2.9 万人，增幅位列第 16 位。

就城市职能部门规模而言，2007—2017 年，山东半岛城市群九大职能部门的职能规模稳步增长。制造业职能规模依旧为全省第一，科教文卫服务业次之，建筑业职能规模由 67.6 万人上升到 159.9 万人，上升幅度最大，排名上升到机关团体服务业与能源生产采掘业之前，位居第三。从上升幅度来看，交通仓储邮政业职能比重上升 0.63%，商业职能比重上升 1.05%，金融房地产职能比重上升 2.95%，社会服务业职能比重上升 1.28%，均高于全国平均水平，但能源生产采掘业、制造业、科教文卫服务业与机关团体服务业职能比重下降，与全国平均水平变化趋势一致（表 2-3-4）。

表 2-3-4　　山东半岛城市群与全国职能部门就业人口比例变化比较　　单位：%

区域	年份	基本职能			非基本职能						
		能源	制造	建筑	交通	商业	金融	社会	科教	机关
山东	2007	9.05	39.27	7.73	3.37	6.39	3.11	2.08	17.94	11.05
	2017	6.50	32.16	13.42	4.00	7.44	6.06	3.37	17.31	9.75
	差值	-2.55	-7.11	5.69	0.63	1.05	2.95	1.29	-0.63	-1.30
全国	2007	7.23	29.88	9.06	5.37	8.10	4.80	3.46	20.97	11.13
	2017	4.79	29.88	9.06	5.37	8.10	4.80	3.46	20.97	11.13
	差值	-2.44	-3.22	6.14	-0.52	1.28	1.72	0.81	-2.56	-1.21

（四）城市职能强度演变

1. 基本职能

能源生产采掘业的优势职能城市主要分布于鲁中南地区，整体职能强度呈下降趋势，资源型城市转型发展亟须统一引导。2007年，能源生产采掘业在济宁、枣庄、泰安、东营与烟台均为优势职能，济南、淄博、临沂、潍坊与青岛为一般职能，其他地市为弱化职能，优势职能与一般职能城市分布范围较广。2017年，能源生产采掘业优势职能城市呈现"中空"态势，济南、淄博、临沂、潍坊与青岛均由一般职能下降为弱化职能，原本为优势职能的枣庄、泰安、东营与烟台均下降为一般职能。能源生产采掘业作为依托矿产资源发展起来的产业，随着各市资源储量的下降及产业结构的优化升级而降低职能强度。

整体而言，制造业职能强度空间分布呈现"东强西弱"的局面，尤其是鲁西北地区整体制造业职能强度除滨州外普遍不高。2007年，鲁中南地区的枣庄、济宁、临沂、泰安与莱芜以及鲁西北地区的菏泽、聊城、德州与东营均为弱化职能，仅鲁东地区的青岛为优势职能，烟台与威海为一般职能；2017年，临沂由弱化职能上升为一般职能，烟台由一般职能上升为优势职能。

2. 非基本职能

在新型城镇化推动下，城镇空间与规模迅速扩张，促进了建筑业的发展。2007年，建筑业职能强度空间分布上鲁中南地区的南部与鲁西北部地区城市职能强度普遍较弱，枣庄、济宁、菏泽、聊城、德州、滨州与东营均为弱化职能，仅有济南为优势职能，泰安、淄博、临沂、潍坊、青岛与烟台为一般职能；2017年鲁西北地区南部城市职能强度明显增强，济宁与枣庄由弱化职能上升为一般职能，而鲁西北地区除菏泽由弱化职能上升为一般职能外，其他城市仍为弱化职能，淄博由一般职能上升为优势职能，烟台由一般职能下降为弱化职能。

交通基础设施的完善是城镇化进程的有力保障，而城镇化在发展过程中又伴随着交通的发展，二者相互促进。2007年，交通仓储邮政业仅有青岛城市职能强度为优势职能，济南与烟台为一般职能，其他地市均为弱化职能，这一时期山东半岛城市群职能强度并不高。2017年，交通仓储邮政业整体职能强度有了大幅提高，尤其是鲁中南与鲁西北的大部分城市潍坊、淄博、临沂、泰安、济宁、菏泽、聊城、德州与滨州由弱化职能上升为一般职能，济南、聊城与烟台由一般职能上升为优势职能。总体来看，山东半岛城市群各地级市都能借助于城镇化的巨大推力实现各自交通仓储邮政业的发展。

商业、金融房地产业的职能强度呈现"双核多中心"的发展态势，其中"双核"指的是济南、青岛两个核心城市，二者一直为商业、金融房地产业的优势职能城市。商业优势职能城市仅有济南、青岛，一般职能城市一直维持在5个，弱化职能城市主要集中在鲁西北地区；2017年，泰安、东营由弱化职能上升为一般职能，淄博、济宁由一般职能下降为弱化职能。城市群金融房地产业职能强度较高且变化较小，除济南、青岛、烟台为优势职能强度外，2007年还有9个城市为一般职能，2017年烟台由优势职能下降为一般职能。

社会服务业职能强度有所下降、科教文卫、机关团体服务业职能强度较为稳定。2007年，社会服务业职能强度保持在较高水平，济南、青岛与东营为优势职能，其他地市普遍为一般职能，只有滨州、莱芜与日照为弱化职能。2017年，社会服务业整体职能强度下降较大，仅有济南保持其优势职能，菏泽、聊城、德州、济宁、枣庄、泰安与威海均由一般职能下降为弱化职能，青岛由优势职能下降为一般职能，东营由优势职能下降为弱化职能。科教文卫服务业与机关团体服务业从业人员多属于政府行政人员，就业人数与就业岗位变化不大，故其职能强度也变化甚微。科教文卫服务业整体职能强度较高，2007年，济南、青岛、潍坊、烟台、临沂、济宁、菏泽均为优势职能，聊城、德州、泰安、淄博、枣庄为一般职能，只有滨州、东营、日照与威海为弱化职能，至2017年，略有下降趋势，菏泽、济宁由优势职能下降为一般职能。机关团体服务业整体空间布局与科教文卫服务业大致相似，表现出两种服务职能在部门上的紧密联系性，整体职能强度也较高，2007年，济南、青岛、潍坊、烟台、临沂、济宁、菏泽、德州为优势职能，淄博、泰安、枣庄、聊城、滨州为一般职能，莱芜、日照、东营、威海为弱化职能；至2017年，各城市职能强度并未变化，仍与2007年职能强度保持一致。

三 小结

　　能源生产采掘业区位熵略有上升，专业化城市数量减少，就业人口比例与职能强度都呈下降趋势，呈现"中空"态势，这与各市的能源生产采掘业正在寻求产业结构优化升级与产业转型有密切关系。山东半岛城市群境内的枣庄煤矿、胜利油田、泰山矿石均在全国占有重要地位。但随着其矿产资源的枯竭，各大矿业企业也在寻求新的发展道路，以期能够完成产业优化与升级的转型。制造业的区位熵略有下降，专业化城市并无变化，但就业人口比例下降幅度较大，职能强度有向鲁东地区收缩的趋势。这说明该区制造业也正处于优化转型阶段，淘汰落后产业，发展新兴产业。山东作为全国的制造业大省，区内的海尔、海信、浪潮等品牌已享誉全国，山东半岛城市群要想获得强劲发展动力，走好新旧动能转换的道路，必须抓好制造业这条"动脉"。

　　建筑业的区位熵虽无明显上升，但专业化城市数量与就业人口比例上升幅度较大，职能强度也明显上升，尤以鲁中南地区表现最为明显。交通仓储邮政业区位熵与专业化城市数量均有明显上升，就业人口比例也有上升，这与城镇化的推动有密切联系，职能强度的提高主要表现在鲁中南地区。商业的区位熵虽有上升，但幅度不大；专业化城市数量并无变化，就业人口比例上升幅度较大；职能强度水平较高，但有向中部收缩的趋势。金融房地产业区位熵与就业人口比例上升幅度较大，但其专业化城市数量减少1个；职能强度水平较高。社会服务业、科教文卫服务业与机关团体服务业三大服务业职能部门作为城镇化过程中的辅助性行业，虽职能强度略有提升，但总体滞后于该区城镇化发展水平，需要加快发展步伐，稳步支持城镇化发展。

第四章　山东半岛城市群城市空间联系演变分析

发展成熟的城市群除了具备较为完善的城市等级结构体系与较为合理的城市职能结构外，城市之间还应有合理有序的空间联系，城市空间联系主要表现为两两城市之间联系强度的差异性与整体联系强度的等级性。本章利用改进的引力模型、社会网络分析、空间自相关等研究方法，基于城市之间的经济联系、社会联系、生态联系三个方面，根据各个联系的不同特点分别以统计数据、百度指数、网站获取的空气质量数据为基础，对山东半岛城市群城市空间联系演变进行系统分析。

一　经济空间联系演变分析

在经济全球化与区域经济一体化的背景下，城市之间的经济联系愈加频繁。区域经济联系是指不同地域间或某一地域内部在原材料、工农业产品等方面的交换活动以及技术经济联系。本节利用修正后的引力模型测度城市之间的经济联系，分析城市经济联系强度演变特征；并在此基础上利用社会网络分析法从网络密度、中心性、凝聚子群三个方面探究城市群经济联系空间网络结构演变特征。

（一）模型选取

1. 引力模型

引力模型最早由英国学者莱温斯坦（E. G. Raverstein）提出，他认为在人口迁移过程中，人口迁移量与城市人口数量成正比，与城市距离成反比。后经不同的学者进行修订，最终形成了目前经典的引力模型公式：

$$T_{ij} = \frac{\sqrt{P_i G_i \times P_j G_j}}{d_{ij}^b} (i \neq j)$$

式中，T_{ij} 为 i、j 两城市之间的经济联系强度，P_i、P_j 分别为两城市的人口数量，G_i、G_j 分别为两城市的 GDP，d_{ij} 为两城市间的距离，考虑到研究区城市之间主要通过高速公路或高等级公路进行联系，故在此以两城市之间陆路交通的最短旅行距离来表征城市之间的距离。b 为摩擦系数，在此取值为 2。

2. 社会网络分析法

社会网络分析是研究城市联系空间结构的重要方法[1]。在利用引力模型得到城市经济联系矩阵的基础上，利用 Ucient6.0 软件从网络密度、中心性、凝聚子群三个方面对山东半岛城市群经济空间联系网络结构演变进行分析。网络密度反映的是城市群节点城市之间联系的强弱，其数值越大说明城市之间的联系越密切。中心性则反映的是网络中节点的中心性程度，即对节点"权力"的具体量化，具体表现为城市在区域或城市群中的集聚与扩散能力。凝聚子群是网络中各个具有相对较强、直接、紧密、经常或积极关系的子集合[2][3]。

（二）经济联系强度测度

1. 经济联系强度演变

通过改进的引力模型计算得到山东半岛城市群 2000—2017 年城市经济联系强度。整体而言，山东半岛城市群城市经济联系强度不断增强，城市之间联系日益密切。2000 年济南与其周边的淄博、泰安、莱芜、德州、聊城联系较为紧密，经济联系强度分别为 32.14、41.33、11.63、19.00、17.94，沿海地区的青岛与周边的烟台、潍坊、日照也

---

[1] 于谨凯等：《山东半岛城市群经济联系空间格局演变研究》，《地理科学》2018 年第 11 期。
[2] 邹琳等：《长江经济带的经济联系网络空间特征分析》，《经济地理》2015 年第 6 期。
[3] 刘军：《整体网分析讲义：UCINET 软件实用指南》，上海人民出版社 2009 年版，第 110 页。

有较为密切的联系。作为济南与青岛联结线上的节点城市淄博与潍坊保持了较高的经济联系，此外北部的滨州、东营分别与淄博与潍坊经济联系紧密，且滨州与东营也存在较强的联系。而威海由于地理位置的限制，与广大的内陆城市联系并不紧密，但地理位置的邻近性使其与烟台联系紧密，二者经济联系强度达到了50.40。

随着各市经济的迅速发展以及在政府各项规划的积极推动下，2005年山东半岛城市群经济联系强度有所增强。济南与其周边的淄博（72.15）、泰安（89.24）、莱芜（26.21）、德州（42.54）、聊城（41.42）、滨州（19.18）等城市经济联系强度有了较大幅度增长，沿海地区的青岛、烟台、威海、日照保持了较高的经济联系，烟台与威海的经济联系仍然较高（116.37）。南部的济宁、枣庄、泰安、临沂也建立了较为密切的经济联系。滨州、东营在保持经济联系的基础上，与淄博、潍坊的经济联系也有了提高，而且滨州凭借地理位置优势增强了与济南的经济联系。

2007年贯穿济南、莱芜、淄博、临沂、潍坊、青岛等市9个区县的青兰高速（济青高速南线）建成通车，极大地加强了沿线城市之间的经济联系。2008年胶济铁路客运专线正式通车，连接济南、淄博、潍坊、青岛四市，城市群内的交通"大动脉"将两大核心城市紧密联系在一起，客货分离的实现，使人口流动更加频繁，经济联系更加密切。在交通基础设施的不断完善下，京沪线、胶济线等重要交通干线对于城市群经济空间联系格局的影响愈加显著。

2011年伴随京沪高铁山东境内的德州东站、济南西站、泰安站、曲阜东站、滕州东站、枣庄站等站点的开通运营，胶济铁路上的济南站、淄博站、潍坊站、青岛站等站点在原有基础上实现高铁通车，标志着山东"高铁时代"的到来。2014年烟台境内的桃村北站、莱阳站、海阳北站、烟台站、烟台南站、牟平站以及威海境内的威海站、威海北站、文登东站、荣成站等多处高铁站点运营通车，加强了城市群内部城市的经济联系。2016年，青荣城际铁路全线运营通车，青岛、烟台、威海一体化进程加快，地域临近城市在整体经济联系不断增强的趋势下基本形成"抱团式"发展格局。在交通基础设施不断完善的同时，《山东半岛蓝色经济区发展规划》《山东省新型城镇化规划（2014—2020

年)》《山东半岛城市群规划（2016—2030年)》等对山东半岛城市群"一群一带双核六区"空间结构布局的规划，推动了城市群高速铁路、高速公路路网建设，完善了城市交通网络，城市之间的通达度更强，经济联系愈加密切。

得到各城市之间经济联系强度后，参考相关研究对城市经济联系强度的分类①②，并根据研究区实际情况，将山东半岛城市群城市之间的经济联系划分为10—50、50—150、150—300、300以上四个等级，并对2000年、2005年、2010年、2017年的山东半岛城市群城市经济联系强度进行分析。

2000年山东半岛城市群各城市之间的连接线较少，以两两城市之间的联系为主，并未形成网络结构，除了济南与周边城市之间的连接线外，沿胶济线形成济南—淄博—潍坊—青岛一线、沿海地区形成日照—青岛—烟台—威海一线，鲁南地区形成菏泽—济宁—临沂一线，胶济线上的淄博、潍坊与其临近的滨州、东营形成四边形结构，此时城市之间的经济联系较弱，这主要与各城市经济发展水平较低，基础设施不完善导致城市之间的人口、资金等要素流动性差有关。2005年城市连接线增多，城市经济联系的空间网络结构初现端倪，济南—淄博—潍坊—青岛一线的经济联系强度有了较大增长，济南及其周边地区基本形成以济南为中心的网络联系结构，青岛及其周边地区也已形成青岛—潍坊—烟台—威海的"四边形"网络联系结构，鲁南地区的临沂及其周边城市的经济联系强度也增长较快，但城市群南部的菏泽、枣庄及沿海地区的威海与其他城市的经济联系强度仍需加强。2010年山东半岛城市群网络联系结构日渐成形，尤其是随着京沪高铁山东段的建成通车，更加强了沿线德州、济南、泰安、济宁和枣庄等市之间的经济联系，城市间经济联系连接线数目大规模增长，城市间的联系强度更加紧密，此时济南及其周边与青岛及其周边都已形成了较为成熟的网络联系结构，两个城

---

① 赵东霞等：《东北地区城市经济联系的空间格局及其演化》，《地理科学》2016年第6期。

② 李琳等：《中三角城市群城市经济联系的时空演变特征》，《城市问题》2015年第7期。

市的核心作用开始显现。2017年随着公路、铁路基础设施的发展,尤其是青荣城际铁路全线通车运行以及济(南)东(营)高速的建城通车,城市群网络联系结构更加完善,已经形成了较为密集的城市群空间网络结构,区域一体化进程不断加快。

2. 经济联系空间结构演变

整体网络密度演变分析。借助Ucient6.0软件计算山东半岛城市群2000年、2005年、2010年、2017年整体网络密度分别为0.16、0.33、0.60、0.79,处于不断上升趋势。在此基础上,利用Netdraw软件将网络结构可视化(图2-4-1),可以发现网络结构复杂化程度稳步上升。

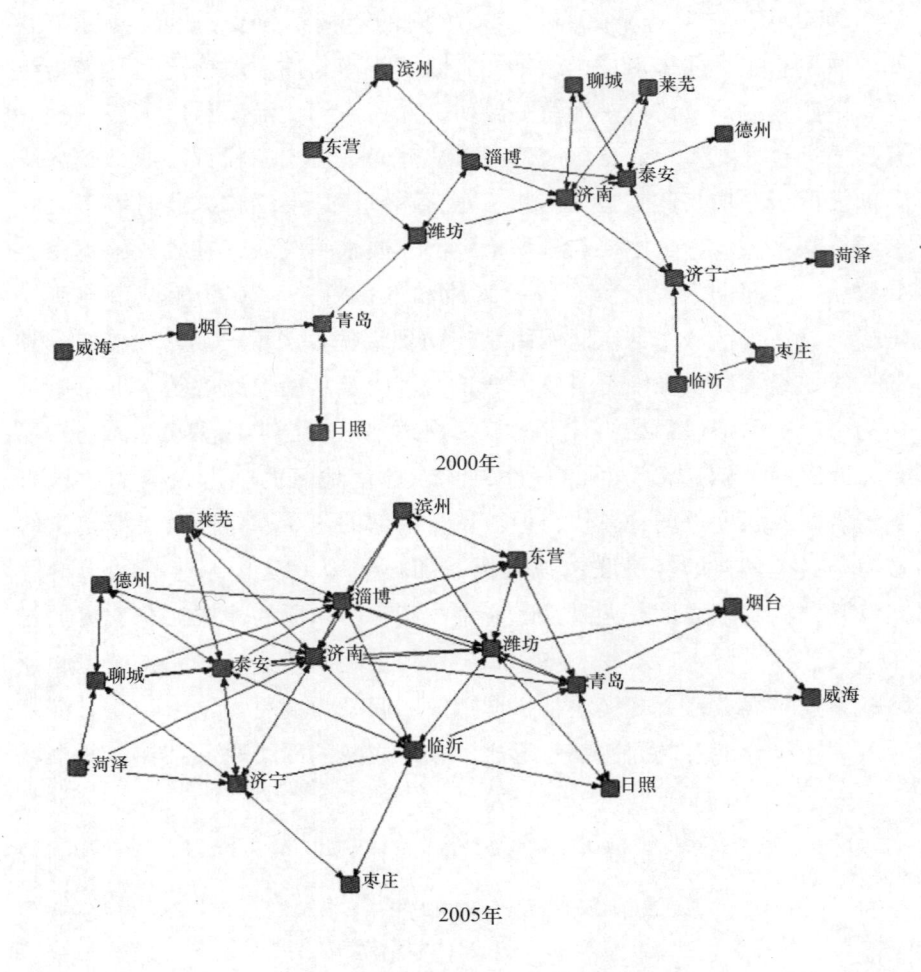

2000年

2005年

2010年

2017年

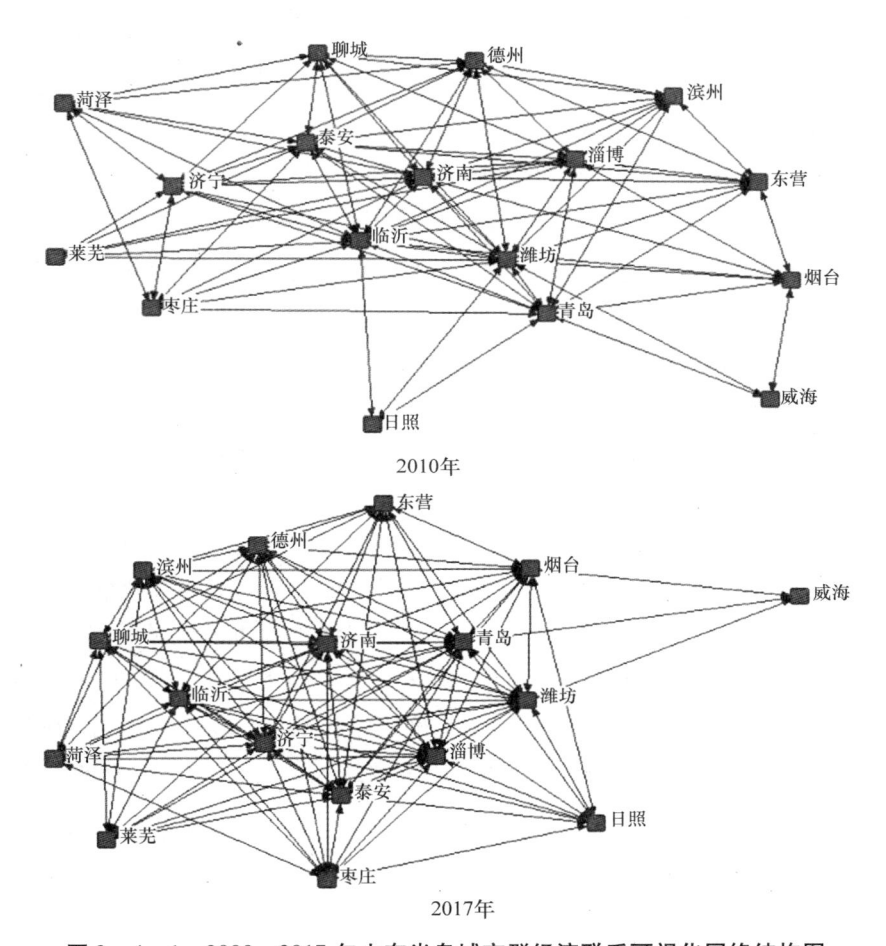

图 2-4-1　2000—2017 年山东半岛城市群经济联系可视化网络结构图

济南、青岛、淄博、潍坊、泰安等市一直处于网络结构中的核心位置，这些城市的中心性分析结果也一直处于城市群的前列，是城市群内部经济网络结构的重要节点城市，在串联城市经济联系、提升区域联系密度等方面起着重要作用，而威海、菏泽、枣庄、莱芜、日照等城市一直处于边缘位置，对其他城市的辐射带动作用有限，接受其他城市的辐射带动也较少。

中心性演变分析。利用 Ucient6.0 软件计算出各个城市的点度中心度，以此来反映各个节点城市在城市群经济网络结构中的重要性。点度中心度分为点出度与点入度，由于本次研究默认两两城市之间的经济联系相同，城市之间的联系为无向联系，所以各个城市的点出度中心势与点入度中心势相等，故利用点出度与点入度数值来反映各个城市的中心性水平。由表2-4-1可知，2000—2017年，济南的中心性水平一直稳居城市群第一位，增长幅度达54.28%，充分反映了省会城市对于资源禀赋的引领作用。淄博、潍坊、泰安、青岛的中心性水平一直位居城市群前五位，其增长幅度分别为73.20%、92.18%、74.31%、146.38%，有较强的资源要素集聚与扩散功能；青岛作为城市群经济发展的龙头城市，其中心性水平虽不及济南，但仍表现出了较快的增长速度。需要注意的是，各城市的中心性水平是在山东半岛城市群这一闭合空间展开研究的，若在更大尺度下，如东北亚或者全球，则青岛的中心性水平排名有很大可能更加靠前。泰安中心性水平排名靠前的主要原因在于其与中心性水平最高的济南地理位置上的邻近性及旅游业的快速发展提高了资源的集聚与扩散能力。而地处网络结构边缘地带的菏泽、枣庄、莱芜、日照中心性水平较低，资源的集聚与扩散能力较弱。德州、日照、菏泽、临沂虽然不处于城市群网络结构的中心地带，但凭借其优越的交通区位优势，成为中心性增长幅度最大的四座城市（286.04%、278.42%、260.55%、242.93%）。

表2-4-1　2000—2017年山东半岛城市群城市中心性演变

	2000年	2005年	2010年	2017年
济南	18.60	21.83	26.33	28.70
青岛	7.33	11.54	15.19	18.07
淄博	12.98	18.10	21.26	22.48
枣庄	4.51	4.61	7.23	8.41
东营	4.38	7.18	9.43	9.81
烟台	8.15	9.46	11.41	12.85
潍坊	12.08	16.50	21.27	23.22
济宁	9.07	9.93	13.83	16.03
泰安	12.36	14.50	20.23	21.55

续表

	2000 年	2005 年	2010 年	2017 年
威海	6.25	6.97	7.31	7.40
日照	1.57	3.16	3.85	5.95
莱芜	3.71	4.64	6.55	7.35
临沂	4.48	10.52	14.36	15.35
德州	2.36	4.67	7.71	9.10
聊城	3.55	7.02	9.89	11.98
滨州	5.49	8.07	11.75	12.75
菏泽	2.37	3.52	6.19	8.55

凝聚子群演变分析。利用 Ucient6.0 软件的 Concor 算法，对山东半岛城市群城市联系矩阵进行聚类分析，结果如图 2-4-2 所示。2000—2017 年山东半岛城市群凝聚子群三级层面分为 7 个子群，各子群城市构成数目变化较小。济南及其周围的德州、聊城、莱芜、泰安构成第一凝聚子群，且城市构成一直没有变化；烟台与威海、滨州与东营一直位于一个凝聚子群，说明了其经济联系的紧密性。2000—2005 年，凝聚子群城市构成并无变化；2005—2010 年，本来分别独自位于一个子群的济宁与菏泽重新组成一个新的子群，滨州—淄博—东营子群演变为滨州—潍坊—东营子群，淄博独自形成一个新的子群；青岛—日照—潍坊子群演变为青岛—日照子群；到 2017 年，潍坊再次与青岛、日照组成子群。从密度矩阵来看，各子群内部联系较为紧密，以济南、青岛为核心的子群与其他子群联系密度均较大。

二 社会空间联系演变分析

在 2019 年 8 月由中国互联网络信息中心发布的第 44 次《中国互联网络发展状况统计报告》中，截至 2019 年 6 月，中国网民规模已达到 8.54 亿，普及率为 61.2%。百度作为中国最大的搜索引擎，拥有世界上最大的中文信息库，其"网络蜘蛛"程序能够在极短的时间内获得

148　第二篇　省域尺度与城市结构

济南　1
德州　14
聊城　15
莱芜　12
泰安　9
淄博　3
枣庄　4
临沂　13
济宁　8
菏泽　17
青岛　2
日照　11
潍坊　7
滨州　16
东营　5
威海　10
烟台　6

2000 年

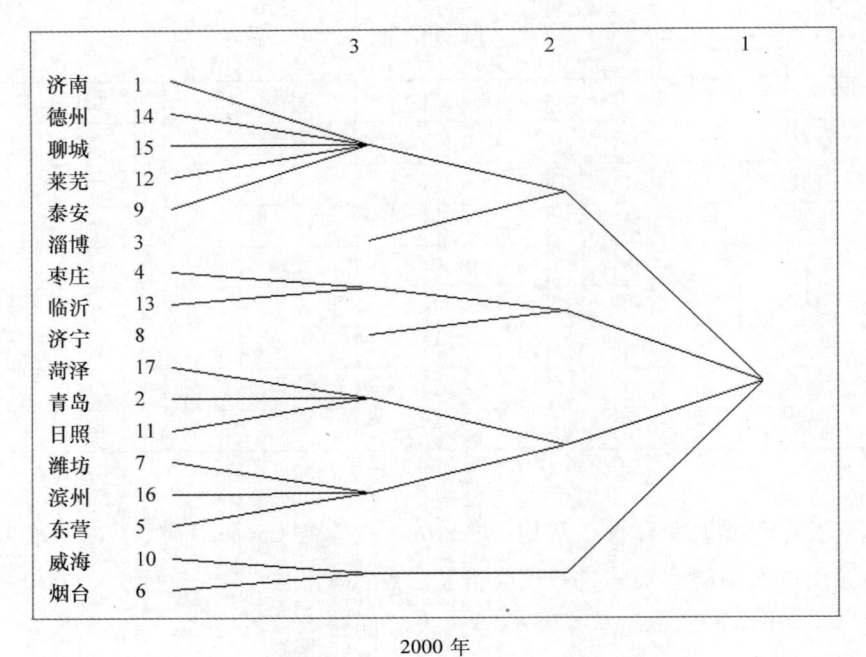

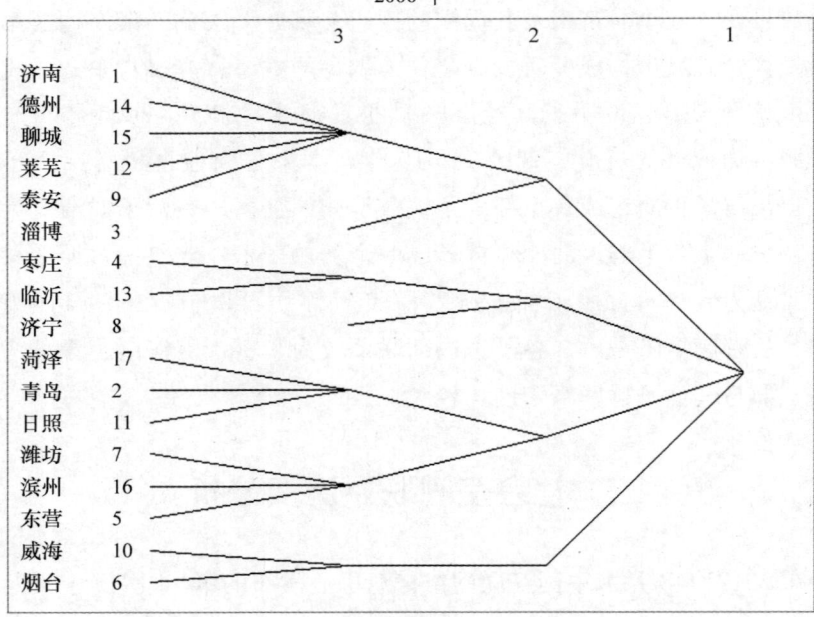

济南　1
德州　14
聊城　15
莱芜　12
泰安　9
淄博　3
枣庄　4
临沂　13
济宁　8
菏泽　17
青岛　2
日照　11
潍坊　7
滨州　16
东营　5
威海　10
烟台　6

2005 年

第四章 山东半岛城市群城市空间联系演变分析 149

```
           3           2           1
济南  1
德州  14
聊城  15
莱芜  12
泰安  9
淄博  3
枣庄  4
临沂  13
济宁  8
菏泽  17
青岛  2
日照  11
潍坊  7
滨州  16
东营  5
威海  10
烟台  6
```

2010 年

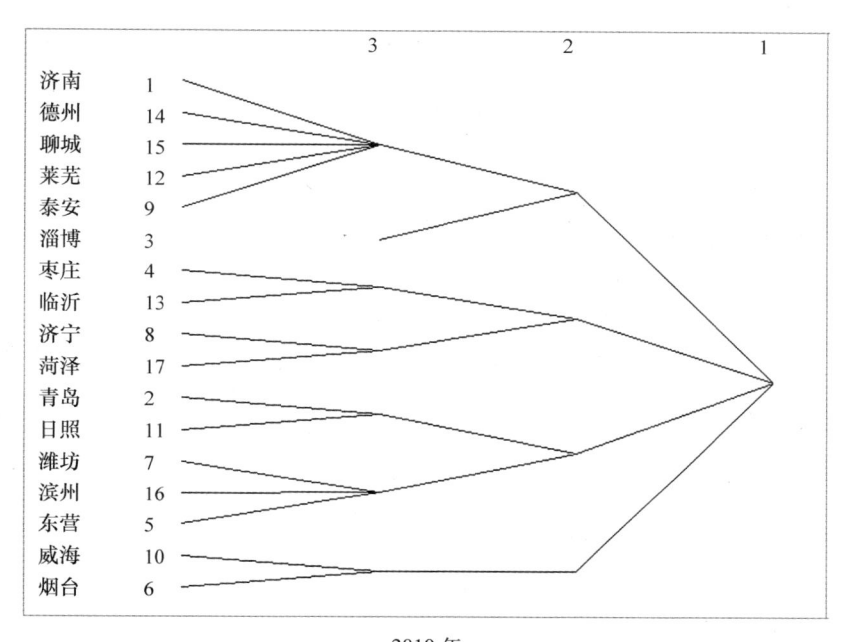

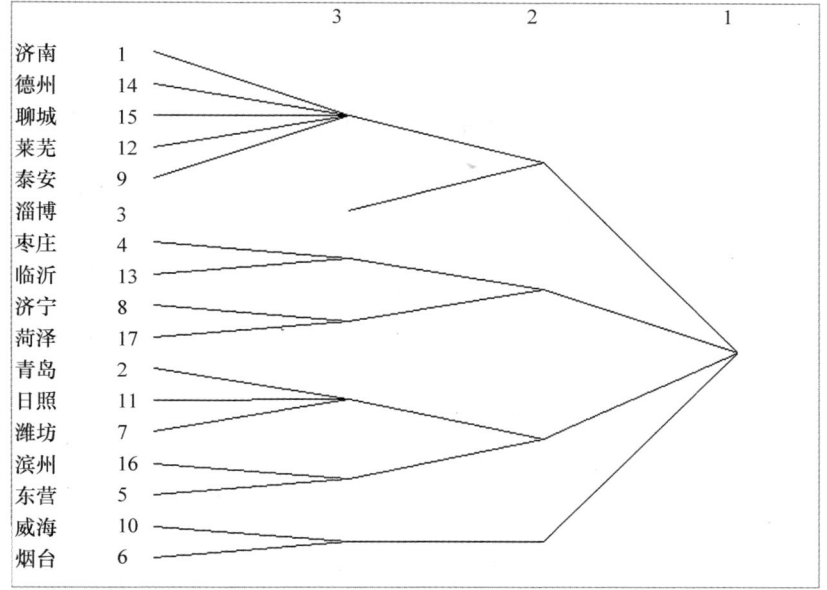

```
           3           2           1
济南  1
德州  14
聊城  15
莱芜  12
泰安  9
淄博  3
枣庄  4
临沂  13
济宁  8
菏泽  17
青岛  2
日照  11
潍坊  7
滨州  16
东营  5
威海  10
烟台  6
```

2017 年

图 2-4-2　2000—2017 年山东半岛城市群凝聚子群演变图

最大数量的互联网信息。正因如此,以百度搜索引擎获取的百度指数能较好地反映城市之间社会空间联系情况,因此本节以百度指数中两两城市之间的关注度表征城市之间的信息流强度,以此来研究山东半岛城市群社会空间联系的时空演变特征。

(一) 百度指数预处理

本节数据来源于百度指数官方网站 (http://index.baidu.com/v2/index.html#/),以两两城市之间的用户关注度为数据基础,以此来表征城市之间的信息流强度。两两城市之间的信息流强度以二者之间的关注度乘积 R 来表征,其计算公式为:

$$R = A_b \times B_a$$

式中,A_b、B_a 分别为城市 A 在城市 B 中的用户关注度、城市 B 在城市 A 中的用户关注度,某城市的信息流总量为其与城市群内其他城市的信息流之和,某城市的信息流为其信息流总量与城市群内最大信息流之比。

(二) 基于百度指数的社会联系演变

1. 整体信息流演变

2015—2018 年,山东半岛城市群信息流总量由 1588237 上升到 1707674 (图 2-4-3),平均城市信息流由 92955 上升到 100451,变差系数由 3.89 上升为 4.26,说明城市群内城市之间的联系日益密切,信息交换功能增强,城市群信息化发展迅速。其中潍坊信息流总量上升最快,年均增长率为 12.68%,这与其作为胶济铁路上重要的节点城市不无关系。

2. 网络层级结构演变

为了进一步对比山东半岛城市群层级结构的时空演变特征,以城市群内各城市信息流总量的相对值为基础数据,利用 ArcGIS10.2 软件的自然断裂点法进行聚类分析,得到山东半岛城市群网络层级结构的演变情况 (表 2-4-2),可以发现 2015 年与 2018 年城市群网络层级结构分别呈现 "2+4+7+4" 与 "2+2+7+6" 的城市网络层级,其网络

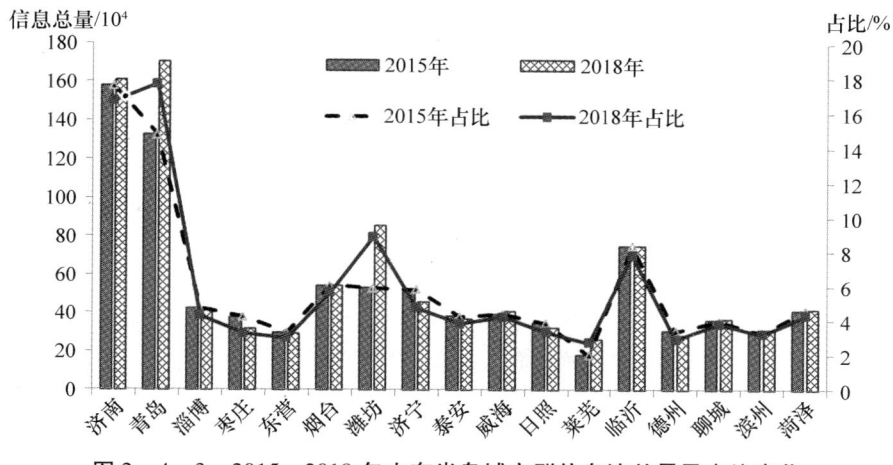

图 2-4-3　2015—2018 年山东半岛城市群信息流总量及占比变化

层级结构演变表现出如下特征：①整体网络层级呈现"双核多中心"的发展态势，"双核"指的是一直处于城市群网络核心地位的济南与青岛。2015 年济南的信息流总量为 1580237，占城市群信息流总量的 17.51%，位于城市群之首，到 2018 年其信息流总量被青岛超过，占比下降到 16.65%。综合来看，济南、青岛一直处于城市群网络层级的第一层级，这也与两市在城市群内的政治、经济中心地位相匹配。第一层级的两个城市相对稳定，而第二层级城市数量有所减少，2018 年烟台、济宁从第二层级掉入第三层级，从两市信息流的变化来看，烟台、济宁信息流总量均在下降，烟台信息流总量从 545517 下降到 544553，济宁信息流总量从 522826 下降到 458097。②第三层级城市发展均衡，第四层级城市数量增多。第三层级城市信息流总量差距不大，城市数量也并无变化，城市发展较为均衡。而第四层级城市数量增加，由 2015 年的德州、东营、滨州、莱芜四市增加到 2018 年的日照、枣庄、滨州、东营、德州、莱芜六市，尤其是德州、枣庄二市发展疲软，信息总量排名分别由 11、14 名下降为 13、16 名，边缘城市数量的增多表明在信息流不断发展整合的过程中，边缘城市的发展进度落后于核心城市，从而资源要素由边缘城市向核心城市聚集。③城市信息网络非均衡性有所缓解。综合各层级城市信息流总量占比来看，中心城市的占比一直较大（超过50%），2015年第一层级城市信息流总量占比高达58.28%，2018年为50.94%；2015年第四层级城市信息流总量占比为11.90%，2018年为18.33%。就占比来看，城市群内信息网络结构存在明显的非均衡性；就中心城市与边缘城市信息总量占比的演变来看，第一、二层级占比有所下降，第四层级占比有所上升，其非均衡性有所缓解。

表2-4-2　　山东半岛城市群信息联系网络层级结构演变

层级	2015年	2018年
第一层级	济南、青岛	青岛、济南
第二层级	临沂、烟台、潍坊、济宁	潍坊、临沂
第三层级	淄博、菏泽、威海、泰安、枣庄、聊城、日照	烟台、济宁、淄博、菏泽、威海、泰安、聊城
第四层级	德州、东营、滨州、莱芜	日照、枣庄、滨州、东营、德州、莱芜

3. 社会联系网络结构演变

根据山东半岛城市群内部两两城市之间的信息流总量及其相对值，参考已有研究成果[1][2]并结合研究区实际情况，筛选出两两城市信息流强度相对值大于等于0.15的，作为主干城市网络；大于0.20的，作为骨架城市网络。

2015—2018年，山东半岛城市群社会网络联系演变如下：①信息流强度显著增强，城市群的信息流总量由2015年的1588237上升到2018年的1707674，两两城市之间的信息流均值由501428上升到537480。②主干城市网络结构呈现信息流总量增加，网络密度下降的趋势。2015年信息流强度大于等于0.15的信息流数量为25条，到2018条减少为21条。主干城市网络密度有所下降，但主干网络信息流总量

---

[1] 熊丽芳等：《基于百度指数的长三角核心区城市网络特征研究》，《经济地理》2013年第7期。

[2] 蒋大亮等：《基于百度指数的长江中游城市群城市网络特征研究》，《长江流域资源与环境》2015年第10期。

由 2372009 增加到 2482820，2015 年威海、日照与济南联系密切，是主干网络的重要组成部分，到 2018 年其信息流强度减弱，被剔除主干网络体系，与济南的信息联系转变为依托青岛与济南两大核心城市的信息渠道进行交流，这一方面反映了青岛对边缘城市的辐射能力增强，另一方面也说明了城市群内部信息联系趋于紧密。③2015—2018 年骨架城市网络一直以济南、青岛为节点城市，济青作为两大核心城市，其资源要素整合与集聚能力不断增强，核心地位不断上升，但与边缘城市的联系还有待提升。整体来看，山东半岛城市群城市社会网络空间联系表现出城市之间联系不断优化整合的特点，信息流不断合并，联系趋于有序，城市空间等级日趋明显，城市信息流不断向核心城市以及中心城市汇聚，济南、青岛核心城市的极化效应日趋显现。

三 生态空间联系演变分析

城市之间的生态联系首先表现为城市之间通过山河湖海等自然要素产生联系，是城市之间突破行政区划界限跨区域生态环境保护的基础。此外，在城镇化快速推进、人口增加、用地扩张、能源消耗等因素的影响下，空气污染日益严重，这种污染具有一定的区域扩散性与区域溢出性，需要跨区域联防联控。因此，本节从自然要素与空气质量两个方面分析山东半岛城市群生态空间联系的演变特征。

（一）基于自然要素的生态联系

山东半岛城市群地形多样，主要分为三大部分：中部、南部以鲁中南山地丘陵为主，东部半岛以起伏缓和的丘陵为主，西部、北部为鲁西北平原。境内有黄河、淮河、海河流经，同时又分布有南四湖、东平湖等湖泊，水系发达。黄河由菏泽市东明县流入山东半岛城市群，长达 628 千米的河道经城市群内的菏泽、济宁、泰安、聊城、济南、德州、滨州、淄博、东营九市最终流入渤海。黄河不仅为沿线城市提供了丰富的生产生活用水，还加强了城市之间的水系联系，提升了城市的生态功能，同时黄河水资源的合理配置与保护需要沿线城市协同合作完成。京杭运河作为中国历史上重要的人工运河，流经山东半岛城市群境内的德州、泰安、聊城、济宁、枣庄等市，随着南水北调东线工程的完成，京杭运河沿线城市的水资源供给联系更加紧密。近年来京杭运河黄河以北河段复航的呼声不断高涨，诸多专家学者认为京杭运河全线贯通的关键在于山东，京杭运河的全线贯通不仅有利于推动山东半岛城市群与京津冀地区的协同发展，还有利于增强沿线城市的水资源共享程度与交通联系。除了发达的水系，山东半岛城市群还由于濒临渤海、黄海的临海优势，拥有长达 3345 千米的海岸线，共有滨州、东营、潍坊、烟台、威海、潍坊、日照七个沿海城市，沿海城市之间在共享海洋资源的同时，旅游资源也存在相应联系，这为推动环渤海区域旅游一体化发展奠定了基础。

泰山山脉位于山东半岛城市群中部，隶属泰安市，绵亘于泰安、济南、莱芜三市。泰山作为世界文化自然遗产，具有强大的旅游号召力。在城市旅游资源开发过程中，泰安、济南分列泰山南北，构成泰山文化轴，济南南部山区与泰山地缘相近、人文相亲，是济泰联合保护与协同发展的基础条件。正因为济泰基于泰山紧密的生态联系，"济泰共建大省会""泰山大生态带"等发展与保护规划也相应提出。沂蒙山区位于山东半岛城市群南部，主要由蒙山、沂山、孟良崮等山脉及众多丘陵组成，主要包括临沂的三区九县、日照的莒县、潍坊的临朐县、淄博的沂源县等地，"红色沂蒙"旅游资源开发与沂蒙山区生态环境保护同样需要各个城市之间的协同合作。

（二）基于空气质量的生态联系

改革开放四十多年来，在经济快速增长与城镇化快速推进的过程中，燃煤、交通和工业导致中国大气污染呈现高度复合的特征[1]，具体表现为大气污染、灰霾、光化学烟雾等复合型污染层出不穷，而且区域传播性与城市间输送是大气污染的重要特征，单体城市空气质量优劣受

---

[1] 丁镭等：《湖北省城市环境空气质量时空演化格局及影响因素》，《经济地理》2016 年第 3 期。

到相邻城市污染的影响[①]。基于此,以 2015—2018 年空气质量指数(Air Quality Index,AQI)及六种主要污染物的观测数据为基础,从空气质量的角度分析山东半岛城市群城市之间的生态联系演变,以期为城市群污染转移、生态保护和区域联防联控,实现环境协同治理提供参考和建议。空气质量指数是表征空气质量状况的无量纲指数,是将常规监测到的 $PM_{2.5}$、PM_{10}、SO_2、CO、NO_2、O_3 等六种污染物简化为单一的概念性数值形式,其数值越大说明空气污染越严重。空气质量指数及 6 项污染物的数据来源于 $PM_{2.5}$ 历史数据网(https://www.aqistudy.cn/historydata/),属网络开源数据。相关数据标准处理按照《环境空气质量标准》(GB3095—2012)、《环境空气质量指数(AQI)技术规定(试行)》等文件进行。

1. 研究方法

全局自相关模型。利用全局空间自相关模型莫兰指数分析山东半岛城市群城市空气质量的整体分布情况,判断城市空气质量在空间上是否存在集聚性,计算公式为:

$$\text{Moran's I} = \frac{n\sum_{i=1}^{n}\sum_{j=1}^{n}W_{ij}(x_i-\bar{x})(x_j-\bar{x})}{\sum_{i=1}^{n}\sum_{j=1}^{n}W_{ij}\sum_{i=1}^{n}(x_i-\bar{x})^2}, (i \neq j)$$

式中,n 为城市数量,W_{ij} 为空间权重,x_i、x_j 分别为城市 i 和城市 j 的空气质量指数及污染物的观测值。莫兰指数的取值范围为 [-1,1],大于 0 表示城市空气质量呈空间正相关,数值越大表明正相关程度越大;小于 0 则表示负相关,数值越小表明负相关程度越大。

局部自相关模型。利用局部自相关模型分析山东半岛城市群各城市的空气质量与邻近城市的相关程度,莫兰散点图能够清楚判断空气质量的空间集聚状态和分布情况,可以将空气质量的空间分布格局划分为高—高集聚、高—低集聚、低—高集聚、低—低集聚四种类型。其中高—高集聚、低—低集聚表明城市空气质量与其临近的城市空气质量为

---

① 蔺雪芹等:《中国城市空气质量时空演化特征及社会经济驱动力》,《地理学报》2016 年第 8 期。

正相关，即空气质量较好的城市趋于与空气质量较好的城市相邻，或空气质量较差的城市趋于与空气质量较差的城市相邻，此时莫兰指数为正值；高—低集聚、低—高集聚表明城市空气质量与其临近的城市空气质量为负相关，即空气质量较好的城市趋于与空气质量较差的城市相邻，或空气质量较差的城市趋于与空气质量较好的城市相邻，此时莫兰指数为负值。具体计算公式为：

$$\text{Local Moran's I} = \frac{n(x_i - \bar{x})\sum_{j=1}^{m} W_{ij}(x_j - \bar{x})}{\sum_{i=1}^{n}(x_i - \bar{x})^2}, (i \neq j)$$

式中，n 为城市数量，m 为与城市 i 临近的城市数量，W_{ij} 为空间权重。

2. 空气质量的时空演变

从 2015—2018 年山东半岛城市群 AQI 及污染物的浓度变化情况（图 2-4-4）来看，近四年来除 O_3 外，AQI 及其他污染物均呈下降趋势，表明山东半岛城市群空气质量的改善，AQI 年均浓度值由 2015 年的 114 下降为 2018 年的 90，空气质量等级由轻度污染转变为良；SO_2 年

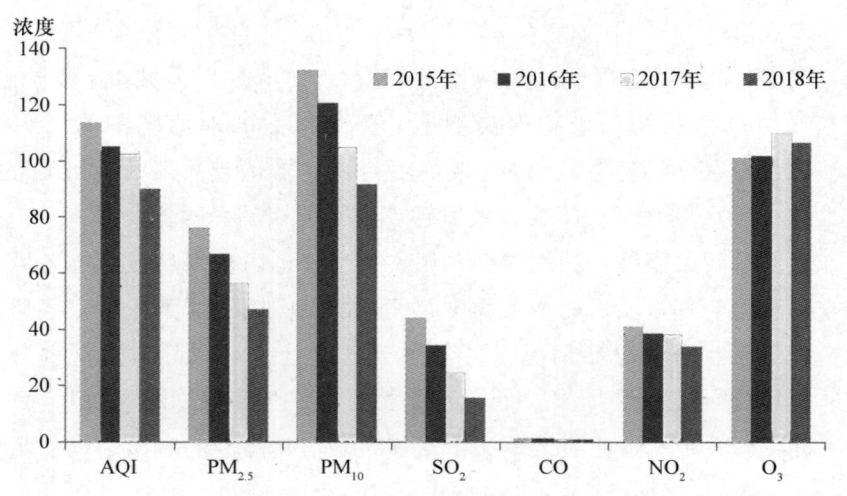

图 2-4-4　2015—2018 年山东半岛城市群 AQI 及污染物变化情况

注：六种污染物中，除 CO 的单位为 mg/m^3，其他为 $\mu g/m^3$。

均浓度值由 2015 年的 44μg/m³ 下降为 2018 年的 16μg/m³，由一级浓度限值以上下降为一级浓度限值以下；而 PM$_{2.5}$、PM$_{10}$ 近四年年均浓度值均超过二级浓度限值，污染较为严重。

从空间上看，AQI 呈现出明显"西高东低"的特点，空气质量由沿海至内陆逐渐变差。这主要因为西部城市第二产业尤其是污染性产业比重大，排放污染严重。此外地形是影响城市空气质量的基础条件之一，沿海地区受海洋气流影响较大，空气净化速度快；而西部城市受鲁中丘陵的影响，污染物难以向外扩散，加之京津冀地区污染的影响，使其空气质量较差。从 2015—2018 年山东半岛城市 AQI 空间分布情况来看，各个城市 AQI 呈下降趋势，城市群的空气质量逐年变好。2015 年，城市群西北部与南部的大多数城市 AQI 均超过 120，其中污染最为严重的当属德州，AQI 超过 140；2016 年仅有菏泽、聊城与德州三市 AQI 超过 120，城市群中部的广大城市 AQI 下降到 120 以下；至 2017 年，城市群所有城市的 AQI 均在 120 以下；2018 年城市群所有城市的 AQI 下降到 110 以下，沿海地区的青岛、烟台、威海与日照的 AQI 一直维持在 90 以下。空气质量趋于变好的主要原因在于城市群产业结构的优化调整，重污染企业的整改与关停，加之政府相关政策文件的出台与民众环保意识的普遍增强，2013 年国务院颁布的《大气污染防治行动计划》，以及山东省政府印发实施的《山东省 2013—2020 年大气污染防治规划》和《山东省 2013—2020 年大气污染防治规划一期（2013—2015 年）行动计划》等一系列政策的出台，引发了各城市对大气污染的广泛重视。

3. 空气质量的空间自相关演变

为了进一步分析城市群城市之间基于空气质量的空间联系，利用 GeoDa1.8 软件计算 2015—2018 年山东半岛城市群的 AQI 及 6 种主要污染物的全局莫兰指数，并对其显著性进行了检验（表 2-4-3）。从莫兰指数来看，AQI、PM$_{2.5}$、PM$_{10}$ 的莫兰指数超过 0.5，其中 PM$_{10}$ 的莫兰指数最大，空间相关性最强，与扬尘等直径小于 10μm 的可吸入颗粒物受风等气象因素的影响较大的事实相符。且三者都能通过 1% 的显著性检验，说明山东半岛城市群的 AQI 及 PM$_{2.5}$、PM$_{10}$ 在空间上并不是随机分布的，而是存在显著的相关性；SO$_2$、CO、NO$_2$、O$_3$ 的莫兰指数较小，空间相关性并不明显，这表明城市群内城市空气质量的空间相关性主要受可吸入颗粒物（$PM_{2.5}$、PM_{10}）集聚的影响。从莫兰指数的变化来说，AQI、$PM_{2.5}$、PM_{10}的莫兰指数较为稳定，一直维持在较高水平（大于0.5），其中AQI略有上升，$PM_{2.5}$、PM_{10}略微下降。SO_2、NO_2的莫兰指数呈上升趋势；CO呈下降趋势，其莫兰指数由2015年的0.51下降为2018年的0.45；O_3的莫兰指数变化幅度较大，且随机性较强。

表2-4-3 2015—2017年AQI及污染物莫兰指数与P值演变

	2015年 莫兰指数	2015年 P值	2016年 莫兰指数	2016年 P值	2017年 莫兰指数	2017年 P值	2018年 莫兰指数	2018年 P值
AQI	0.5958	0.001**	0.6769	0.001**	0.6704	0.001**	0.6095	0.001**
$PM_{2.5}$	0.6358	0.001**	0.6546	0.001**	0.6182	0.001**	0.5557	0.001**
PM_{10}	0.8650	0.001**	0.8374	0.001**	0.7519	0.001**	0.7825	0.001**
SO_2	0.4562	0.001**	0.4714	0.001**	0.4544	0.001**	0.5083	0.001**
CO	0.5058	0.001**	0.4765	0.001**	0.3944	0.003**	0.4546	0.001**
NO_2	0.5409	0.007**	0.3225	0.070*	0.3032	0.072*	0.6221	0.009**
O_3	0.1780	0.140	0.0442	0.312	0.4442	0.023*	0.7110	0.001**

注：**表示能通过1%的显著性检验，*表示能通过5%的显著性检验。

从局部自相关分析得到的AQI的莫兰散点图（图2-4-5）来看，AQI基本都落在第一、第三象限，莫兰指数为正值，空间分布上为高—高集聚或低—低集聚，说明空气质量好的城市趋于与空气质量好的城市集聚，空气质量差的城市趋于与空气质量差的城市集聚。结合AQI逐年减小的变化情况，说明各城市间空气质量存在协同改善的情况。

根据AQI局部自相关的分析结果，可以发现高—高集聚的城市主要分布在城市群西北部，低—低集聚的城市主要分布在沿海地区。从时间演变上来看，2015年济南为高—高集聚，青岛、烟台为低—低集聚；2016年，青岛、聊城为高—高集聚，青岛、烟台为低—低集聚；2017年，济南、聊城、德州为高—高集聚，烟台为低—低集聚；2018年济南、德州为高—高集聚，烟台为低—低集聚，潍坊为高—低集聚。整体

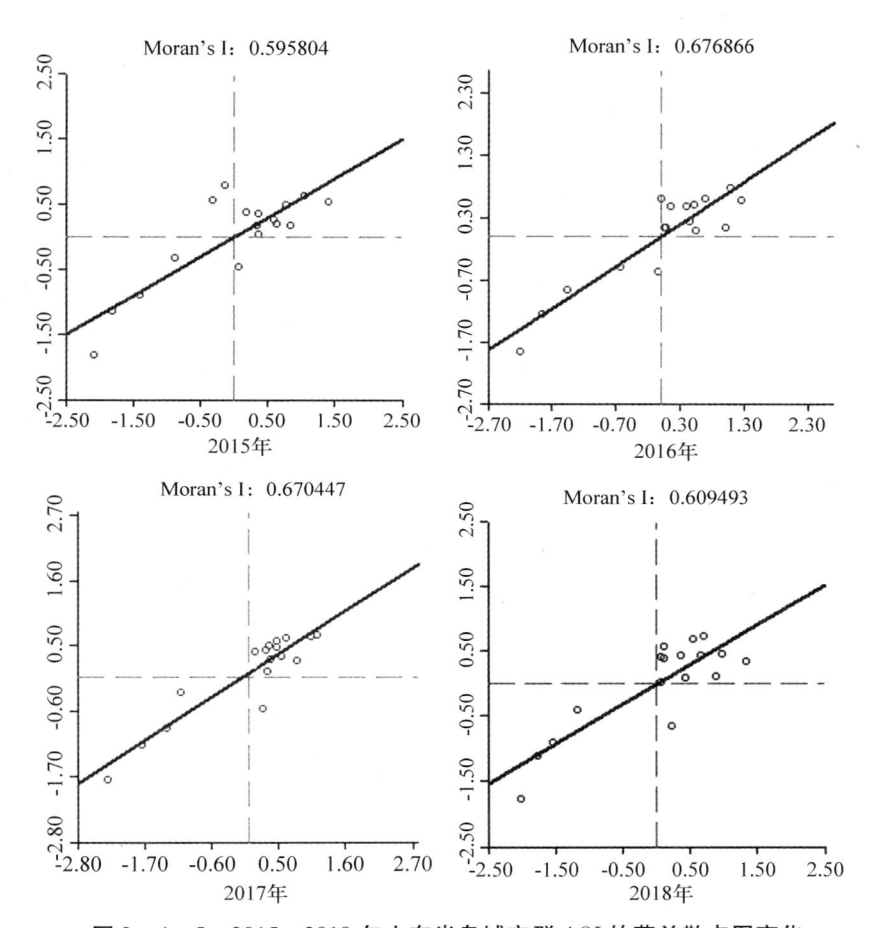

图 2-4-5　2015—2018 年山东半岛城市群 AQI 的莫兰散点图变化

来看，西北部城市空气质量较差，而沿海地区空气质量较好。

四　小结

从山东半岛城市群经济联系、社会联系、生态联系三个方面综合分析城市之间的空间联系，厘清城市之间空间联系的演变特征与发展趋势，推动城市之间紧密合作与城市群综合实力提升。经济空间联系方面，区域一体化进程加快，整体网络密度不断上升，处于城市群核心位置的济南、青岛、淄博、潍坊、泰安等市中心水平稳步上升，是城市群资源集聚与扩散重要的节点城市，七个凝聚子群内部联系紧密，且以济南、青岛为核心的子群与其他子群联系也较紧密，显现出核心城市对于城市经济发展的龙头作用。社会空间联系方面，各城市信息流总量不断提升，"双核多中心"的网络层级结构较为稳定，信息网络的非均衡性有所缓解，从主干城市网络与骨架城市网络的数量来看，资源要素不断优化整合，济南、青岛核心城市的极化效应显现。生态空间联系方面，城市之间基于黄河、京杭运河、泰山、沂蒙山区等生态空间产生联系，同时也为城市之间的跨区域协同保护提出了要求；同时空气质量指数、$PM_{2.5}$、PM_{10}在空间上存在显著的相关性，且空间质量指数表现出明显的"西高东低"的空间分异特征，主要因为城市群西部地区第二产业尤其是污染型企业比重大，排放污染物严重，沿海地区受海洋影响较大，空气净化速度快，而内陆地区受地形阻挡，污染难以扩散，加上其他地区污染物的影响使得空气质量变差。

第五章 山东半岛城市群空间结构存在问题与优化对策

一 存在问题

基于统计数据、夜间灯光数据、网络开源数据等多种数据类型对山东半岛城市群等级规模结构、城市职能结构、城市空间联系的演变分析，可以发现城市群空间结构还存在诸多问题：

（一）城市规模结构有待改善，核心城市有待加强

伴随着山东半岛城市群经济发展水平的提升，在乡镇合并、撤县（市）设区的推动下，城市群实力不断增强，现已形成小城市、中等城市、大城市三级规模等级，但缺少超大城市、特大城市两个等级，并未形成完整的城市群等级规模体系，且大城市仅占城市群城市数量的7.07%，仅有济南、青岛两个Ⅰ型大城市，城市群经济发展活力较低。济南作为山东半岛城市群的政治、文化与交通中心，是城市群发展的核心城市，但长期以来经济集中度不足10%，人口数量不足城市群的10%，2005—2017年经济发展水平居于烟台之后，经济发展状况不容乐观，自身发展动力不足，对于整个城市群经济发展的带动作用有限。而青岛作为山东半岛城市群的另一核心城市，虽然其经济发展水平一直位列城市群首位，但对其周边城市的人口集聚、产业发展的带动能力仍然有限，并未凸显核心城市的引领作用。

（二）城市职能结构层次较低，现代三产有待加强

从城市群城市职能结构来看，作为山东半岛城市群基本职能部门的能源生产采掘业与制造业，都属于第二产业；基本职能部门与非基本职能部门所占比例不均衡。基本职能部门空间分布不均衡，体现在能源生产采掘业主要分布在鲁中南地区，制造业主要分布在鲁东地区，基本职能部门空间上的分布不均衡导致城市之间的职能配合不严密；非基本职能中除济南、青岛、淄博、潍坊等市职能部门较强外，其他城市职能部门呈分散状态，建筑业整体职能强度不高，对城镇化的推动作用仍需加强；社会服务业、科教文卫服务业、机关团体服务业专业化城市数量减少，整体发展仍落后于城镇化速度。

（三）城市群空间结构逐步多元化，核心城市辐射带动能力有待加强

山东半岛城市群经济空间联系不断增强，尤其是处于城市群核心位置的济南、青岛、淄博、潍坊等市与周围城市的联系日益密切，主要原因在于其经济发展水平较高，教育、医疗、交通等基础设施条件好，吸引众多人口集聚，与城市群其他城市的联系也日益密切，而处于城市群边缘的威海、菏泽、枣庄、日照等市与其他城市的经济联系一直不高。城市之间的信息流不断合并，社会空间联系趋于紧密，济南、青岛核心城市的极化效应显现，但与边缘城市的社会联系仍需加强。从生态空间联系来看，山东半岛城市群城市之间通过黄河、京杭运河、泰山、沂蒙山区等自然要素紧密联系起来，这也就要求黄河、京杭运河、泰山、沂蒙山区的生态环境保护需要相应城市突破行政区划的限制，协同合作。此外山东半岛城市群的空气质量指数、$PM_{2.5}$、PM_{10}存在很强的空间自相关性和空间依赖性，沿海城市与内陆城市由于产业结构、地形、季风等因素的影响，空气质量指数表现出明显的"西高东低"的空间分异特点，这也为城市群区域联防联控，实现环境协同治理提出了更高的要求。

二　优化对策

2019年9月18日，习近平总书记在黄河流域生态保护和高质量发展座谈会上强调，黄河流域生态保护和高质量发展，同京津冀协同发展、长江经济带发展、粤港澳大湾区建设、长三角一体化发展一样，是重大国家战略。山东半岛城市群作为黄河流域下游经济发展的重要地带，理应在黄河流域高质量发展中发挥龙头作用。

（一）提升核心城市实力，促进区域协调发展

在城市群发展过程中，城市之间存在发展不平衡的问题，而核心城市相比于边缘城市，在城市群发展中起着龙头与引领作用。山东半岛城市群的两大核心城市济南与青岛，在城市群内部的人口首位度与经济集中度明显不高，更是明显低于京津冀、长三角与珠三角等成熟城市群核心城市的首位度。目前的山东半岛城市群，不用再争论谁是首位城市的问题。作为双核心的城市群，迫切需要增强济青城市实力，共同提高二者的首位度。

就济南而言，首先，应突破行政区划限制，建设积极的人口流动制度，完善城市落户政策，加快推动农村人口向城市转移，吸引高素质人才流入，提高省会城市首位度；其次，立足省会城市优势，优化城市空间结构，稳步推进北跨东进，合理规划城市建设用地规模，扩展城市发展空间；最后，在莱芜整体并入济南的基础上，推动济南与泰安、淄博、德州等市的一体化建设，增强济南辐射带动能力，培育壮大济南都市圈。就青岛而言，应依托临海区位优势，紧抓山东半岛蓝色经济区国家战略机遇，推动蓝色硅谷建设，助力海洋强国战略，积极落实"学深圳、赶深圳"的发展政策，提升国际化水平，并推动青岛、潍坊协同发展。

在此基础上，通过行政区划调整（比如齐河等并入济南）等多种举措，加快培育济南、青岛发展成为城区人口超过500万的特大城市，充分发挥济南、青岛两大核心城市的引领带动作用，争创国家中心城市，

增强核心城市的经济与人口承载能力及辐射带动能力。同时进一步扩大淄博、潍坊、临沂、烟台等市的城市规模，培育其发展成为区域中心城市，加快东营、德州、日照、滨州等发展成为大城市步伐，将原有县城做大做强，并积极发展新生小城市，从而形成以济南、青岛为核心，大中小城市协调发展的空间格局。

（二）完善交通网络建设，增强城市空间联系

完善的交通基础设施是山东半岛城市群城市空间联系稳步提升的重要保障。经过多年发展建设，山东半岛城市群综合交通网络规模不断提升，2017年已基本形成"三横四纵双枢纽多节点"综合交通网络格局。但从城市空间联系的演变特征来看，核心城市对城市群的辐射带动能力还有待提高。因此，在良好交通建设的基础上，应继续完善铁路、公路、航空、水运等多种类型交通网络建设，增强城市空间联系，促进城市与城市之间共建共享，实现高质量发展。

铁路建设方面，在济青高铁、鲁南高铁日（照）曲（阜）段、青（岛）连（云港）铁路开通运营的基础上，加快推进潍（坊）莱（西）高铁、济（南）莱（芜）高铁等铁路建设，提升城市群高速铁路覆盖率，构建城市群"四横六纵"高速铁路网络，形成"省会环、半岛环、省际环"的交通格局。同时，以济南铁路局等相关部门牵头，推进高速铁路稳步提速。

公路建设方面，在原先高速公路发展建设的良好基础上，继续提高高速公路覆盖率，推进荣乌高速、青兰高速、长深高速等在山东半岛城市群内相关路段的建设，加快构建"九纵五横一环七射多连"格局。同时继续提升国道省道等级，推进农村地区"四好公路"建设。

机场建设方面，在原有机场及青岛胶东国际机场基本建设完成的基础上，加快济南遥墙国际机场二期改扩建工程的实施，推进菏泽、枣庄、聊城等市机场建设，提升济南、青岛、烟台枢纽机场的综合实力及其辐射能力。

城市交通方面，继续完善城市内部交通设施建设，尤其是尽快改善城市轨道交通发展滞后的局面，加快济南、青岛城市轨道交通建设步伐。在济南 1 号线、3 号线（一期）开通运营的基础上，加强市区内部各个次中心交通联系。青岛城市轨道交通建设在 2 号线、3 号线、11 号线、13 号线通车的基础上，强化与其下辖的城阳区、即墨区、胶州市、平度市、莱西市等区市的联系，形成连接各区市的城市轨道交通的网络结构。同时尽快落实淄博、潍坊等市城市轨道交通建设规划，督促烟台、临沂等市规划编制，打破城市群内仅有济南、青岛拥有城市轨道交通的格局。

（三）实施创新驱动战略，加快新旧动能转换

从山东半岛城市群的城市职能结构来看，第二产业发展稳健，但现代三产有待提升，城市职能结构层次较低。在山东半岛城市群自身资源禀赋优越、产业发展基础雄厚的条件下，借助山东新旧动能转换综合试验区发展机遇，实施创新驱动发展战略，建设创新发展平台。采用政府投资支持引导、政企共建等多种方式完善企业科技创新基础设施，加大对企业自建重大科技基础设施的奖励扶持力度，加快由"山东制造"向"山东创造"转变。

发挥济南、青岛核心城市的引领带头作用，构建城市群创新创业与高端产业发展高地，引领产业创新发展，并加快培育烟台发展成为新的发展引擎。推动淄博、枣庄、东营等资源型城市转型升级，淘汰改造原有高污染、高耗能的落后产业，发展高端制造业，打造资源型城市转型示范城市或区域；潍坊在寿光高科技蔬菜发展的基础上，加大科技投入，发展智慧农业，推进国家农业开放发展综合试验区建设；济宁、泰安等市借助深厚的文化底蕴，推进全域旅游发展，建设国际旅游城市；日照继续推动钢铁产业等重工业发展，使产业链向上下游延伸，增加产品附加值；德州、聊城等市积极与京津冀城市协同发展，推动建设山东半岛城市群与京津冀地区协调发展的先行区。

（四）统筹基础设施建设，推动产业协同发展

从济南都市圈、青岛都市圈入手，继而推广到烟威、东滨、临日、济枣菏都市区，逐步实现城市群交通、通信、能源等基础设施共建共享，统筹城市群资源要素合理配置，健全城市与城市之间的合作机制，构建区域一体化城市职能分工体系，推动城市群产业协同发展。

首先，推动基础设施的互联互通。交通建设方面，逐步取消高速公路收费站，增加相邻城市之间的公交路线；通信网络方面，以大数据、物联网为依托，建设智慧化"互联网+"网络创新平台。其次，构建协同创新平台。在济南、青岛、烟台、潍坊、淄博等13个高新技术产业开发区协同发展的基础上，推进山东半岛国家自主创新示范区建设；加大资金投入，支持创新型城市与高新技术产业基地建设，依托山东大学、中国海洋大学等高等院校及科研院所、创新企业等单位，推进国家重大科技项目和重大创新领域国家实验室落地。最后，优化产业协同布局。依托能源原材料、装备制造、海洋产业等重点产业，鼓励大中小企业跨区域分工合作，形成一批共建共享、协同合作的产业集群。在高新技术产业开发区的基础上，创新产城融合发展模式，创建产城融合发展示范区。

（五）加强生态环境保护，实现流域区域协同治理

山东半岛城市群城市之间通过自然要素形成紧密的生态联系，且空气质量指数、$PM_{2.5}$、PM_{10}在空间上存在显著的相关性，需要流域区域之间协同治理。加强城市群生态环境保护，完善城市群生态网络，推进"三生空间"（生产、生活、生态）有机统一，强化环境污染联防联治，实现环境协同治理。

首先，针对不同区域、城市的生态环境现状，因地制宜地确定不同的生态环境保护方向。济南继续推进东部老工业区搬迁改造，提高空气质量，打赢蓝天保卫战，积极落实南控政策，保证南部山区生态修复，打造"山、泉、湖、河、城"和谐统一的美丽泉城；青岛积极推动海域和海岸带保护，调整拆除沿岸违规项目，针对海岸带的不同岸段实行分类保护，严格管理围海、填海等工程项目，适当扩展亲海空间，彰显海滨城市魅力；烟台、威海等市除保障海岸线生态安全外，要注重保护胶东半岛丘陵地区生态涵养功能，建设半岛丘陵生态绿心；东营、滨州等市要注重沿海与湿地滩涂的开发与保护，加强黄河三角洲自然保护区

保护力度；鲁南地区的临沂、日照等市则要注重加强沂蒙山区、五莲山区等生态空间的保护。

其次，加强城市与城市之间的生态环境协同保护与治理。推进济南、泰安等市"泰山大生态带"的建设，针对大生态带内不同区域特点统筹安排生态工程，打造"一山两水、两域一线"（泰山、大汶河、小清河，淮河流域、黄河流域、交通干线）生态保护的总体布局；紧抓黄河流域生态保护和高质量发展国家战略契机，推动城市群内黄河沿线九市协同治理与保护，保证沿线城市饮水安全、防洪安全，保障流域生态健康、生物多样性；沂蒙山区要深入践行"绿水青山就是金山银山"发展理念，临沂、日照、潍坊等市要突破行政区划的限制，统筹规划，切实将经济发展与生态保护有机结合起来。最后，将生态环境保护与新旧动能转换紧密结合，推进新旧动能转换，优化调整能源结构，加强生态环境保护。

第 三 篇

市域尺度与用地结构

第一章 研究背景与理论基础

一 研究背景

（一）快速城市化和经济结构转型影响城市用地结构演变

当前，中国经济正由高速发展阶段转入高质量发展阶段，经济增速已经逐步从高位回落。同时，随着新旧动能转换成为城市经济发展的重点，经济的稳健发展和工业化的不断推进促使了城市人口和经济活动的集聚；造成了城市发展迅速，城市化进程加快，城市经济结构发生变化，并对城市用地结构产生了影响[1][2]。根据诺瑟姆提出的城市化"S"曲线理论，当前中国的城市化发展仍然处于加速阶段[3]。截至2018年，中国城市人口达8.31亿人，是2000年的1.81倍；城市化率达59.58%，与2000年相比增加23.36%，年均增长1.3%。在经济结构方面，2013年中国第三产业生产总值占比首次超过第二产业，中国产业结构实现了从"二、三、一"到"三、二、一"的转变。城市用地作为承载城市人口和经济活动的空间载体，在城市快速发展过程中也受到一定程度的影响。一方面，城市用地结构本质上是一个非线性的开放

---

[1] 甘静等：《2000年以来东北地区城市化空间分异的时空演变分析》，《地理科学》2015年第5期。
[2] 王成新等：《结构解读与发展转型：中国城市化综合思辨》，人民出版社2017年版，第39—40页。
[3] 陈明星等：《城市化速度曲线及其政策启示——对诺瑟姆曲线的讨论与发展》，《地理研究》2011年第8期。

系统，系统内部的各组成要素时时刻刻与外界事物发生联系①。随着城市化水平的不断提高，经济发展结构的转变，大量人口向城市聚集，加剧了城市用地结构系统的物质交换和能量循环过程，影响城市用地结构。如，2000—2017年城市居住用地面积占比保持在30%左右，公共服务用地占比逐渐降低（图3-1-1）。另一方面，在城市发展建设过程中，"土地城镇化"的速度明显领先于"人口城镇化"的速度。在人口集聚影响下，城市用地扩张加速，2017年中国城市建设用地达55155.47平方千米，已是2000年的2.5倍。城市建设用地高速扩张，引发了城市"摊大饼"式发展，使得城市用地结构不合理现象普遍存在，"人地失衡"的问题严重制约了城市的高质量发展，表现为：公共服务用地占比下降、绿地缺失、老旧城区改造工作不到位、部分工业用地零散分布于居住区、道路交通用地承载能力不足等。

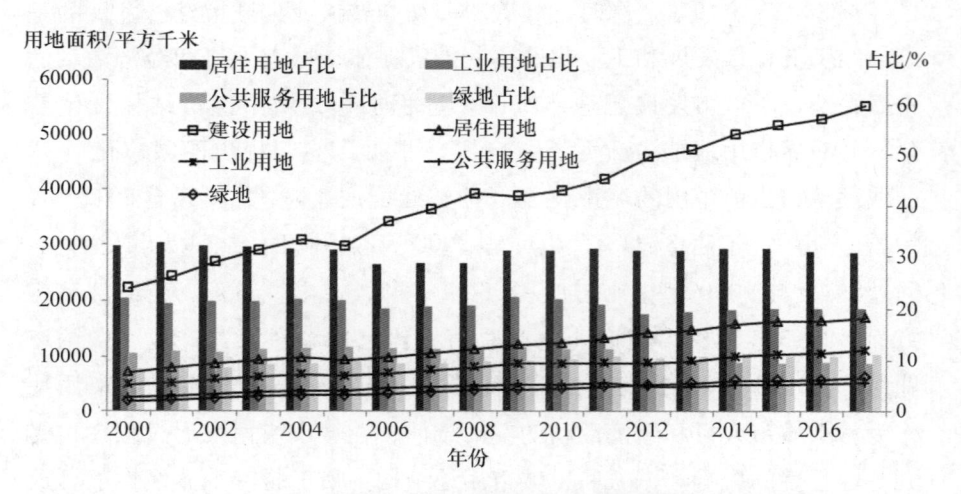

图3-1-1 2000—2017年中国建设用地及主要城市用地占比情况

（二）新时代社会主要矛盾转变亟待城市功能优化和增强

中国社会主要矛盾已转变为"人民日益增长的美好生活需要和不平

---

① 许芸鹭等：《辽中南城市群城市用地结构的时空演变分析》，《经济地理》2018年第1期。

衡不充分的发展之间的矛盾",人民希望拥有更好的生活环境、更稳定的工作、更高水平的医疗服务、更满意的生活收入①。然而,满足人民美好生活需求的优质资源多集中于城市,这就对城市发展提出了更高的要求。完善的城市功能可以有效地促进城市高效可持续发展,优化资源配置,提高城市居民生活质量,增强居民生活幸福感。但是,近年来随着城市建设用地面积的急剧扩张和用地结构的变化,众多城市面临着城市功能错置(功能的重置、不当和缺失)、市民职住区分离、基础设施建设不完善、生活环境恶化等问题,抑制了城市的可持续发展,降低了居民生活的幸福指数。因此,完善城市功能结构,提升城市品质尤为重要。同时,城市发展阶段也是城市功能产生差异性的原因之一。如,北京、上海和广州等经济社会发展情况较好的大城市,其城市功能会更加具有综合性;长江流域城市群城市的商业金融功能更加具有优势性;北方城市则在城市的文化教育功能上表现突出。城市功能定位既要顺应城市建设的基本要求,也要根据城市发展的需求,实事求是,实现城市功能的成功转型。

(三) 济南市城市用地结构和城市功能亟待优化

近年来,济南市经济发展良好,2018 年全市 GDP 达 7856.56 亿元;2000—2018 年间 GDP 年均增长率为 1.64%(以 1952 年为基准);人均 GDP 为 10.63 万元,是全国人均 GDP 的 1.77 倍。经济快速发展的同时伴随着外来人口的大量涌入,2018 年末常住人口达 746.04 万人,是 2000 年的 1.32 倍(图 3-1-2)。然而,大量人口涌入济南城区,城市人口压力猛增,济南市建城区的面积不断向外扩张,2018 年城市建设用地面积达 523.59 平方千米,2000—2018 年建设用地年均增长率为 7.35%。在城市建设用地的快速增长的同时,济南市在城市用地结构上正面临着居住用地占比(2018 年占比为 27%)勉强达到全国标准(最低标准为 25%)、绿地面积占比(2018 年占比为 9.4%)低于国家水平

---

① 张兴茂:《科学认识和正确处理新时代我国社会主要矛盾》,《武汉大学学报(哲学社会科学版)》2019 年第 1 期。

（最低标准为10%）以及工业用地大量闲置等问题。此外，济南市城市扩张方向依旧集中在东西方向，这种条带状的城市用地扩张形式造成了城市难以形成大型商圈，城市内部交通拥挤，城市环境恶化等问题，制约城市功能的发挥。综上可知，济南市在城市发展过程中正面临着愈发显著的城市用地结构和城市功能问题。因此，优化济南市城市用地结构和完善城市功能既是解决现实问题的迫切需要，也是实现未来城市高质量发展的重要基础。

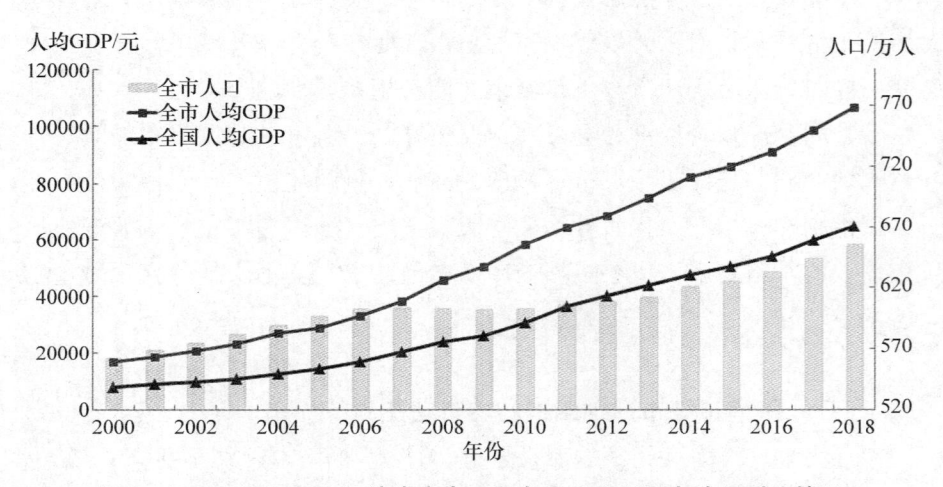

图3-1-2 2000—2018济南市人口和人均GDP以及与全国对比情况

二 理论基础

（一）相关概念辨析

1. 城市用地

城市用地是指城市区域内的陆地、水面以及它们上下一定空间所构成的自然综合体[①]。因为城市开发程度不同，城市用地可以分为三种类型：城市建成区用地，指城市已经开发的土地；城市规划区的土地，指城市规划明确确定的规划内规划发展土地；城市行政区划辖区范围

---

① 许学强等：《城市地理学》，高等教育出版社2009年版，第252页。

内的土地，包括城市郊区市辖县范围内的土地。本篇所研究的城市用地范围是济南市的8个城区内已经开发的建设用地。在《城市用地分类与规划建设用地标准》中提到，城市建设用地是指城市和县人民政府所在地镇内的居住用地、公共管理与公共服务用地、商业服务业设施用地、工业用地、物流仓储用地、交通设施用地、公用设施用地和绿地（表3-1-1）。考虑到数据的可获得性和研究区在空间上的连续性，本篇研究的城市建设用地范围不包含县人民政府所在地镇内的城市建设用地。

表3-1-1　　　　　　　　　城市建设用地分类表

代码	用地名称	范围
R	居住用地	住宅和相应服务设施的用地
A	公共管理与公共服务用地	行政、文化、教育、体育、卫生等机构和设施的用地，不包括居住用地中的服务设施用地
B	商业服务业设施用地	各类商业、商务、娱乐康体等设施用地，不包括居住用地中的服务设施用地以及公共管理与公共服务用地内的事业单位用地
M	工业用地	工矿企业的生产车间、库房及其附属设施等用地，包括专用铁路、码头和附属道路、停车场等用地，不包括露天矿用地
W	物流仓储用地	物资储备、中转、配送等用地，包括附属道路、停车场以及货运公司车队的站场等用地
S	道路与交通设施用地	城市道路、交通设施等用地，不包括居住用地、工业用地等内部的道路、停车场等用地
U	公共设施用地	供应、环境、安全等设施用地
G	绿地与广场用地	公园绿地、防护绿地、广场等公共开放空间用地

资料来源：《城市用地分类与规划建设用地标准》（GB50137-2011）。

城市用地结构是城市各种不同类型的用地比例关系和空间构成形式，它反映了城市土地整体配置情况[1]。城市用地结构反映了城市的基本结构和形态，结构决定功能。良好的用地结构有利于实现城市土地整体效益的最大化，有利于维持城市土地系统的相对平衡和城市土地资源

---

[1] 赵鹏军等：《中国小城镇镇区土地利用结构特征》，《地理学报》2019年第5期。

的可持续利用。从城市用地结构的定义来看，其主要包含两方面的内容：一是城市各类用地数量结构，主要是指各类用地之间的构成比例，是从"量"的角度研究城市用地的发展；二是城市各类用地的空间结构，主要是指各类用地在空间上的分布特点，是从"位"的角度研究城市用地的空间布局情况。

2. 城市功能

对于城市功能含义的界定，不同的学科表现出不同的理解。区域经济学者提出城市功能只有在城市几种要素集聚产生经济效益的时候才能显现。管理学者则认为，城市功能表现为城市的载体和依托体[1]。社会学者与城市地理学者对城市功能的内涵具有相似的认知，他们认为城市功能即城市职能，是城市在国家和区域中所起到的作用和承担的分工。如，周一星强调了城市功能在城市以外的范围内所发挥的作用，这更强调了城市功能的对外性[2]。此外，也有城市地理学者认为城市既承担着对外的功能，也对城市自身发挥功能。也就是说，在城市的多种功能中，一是表现在对自身城市的功能，如城市的经济、交通、教育、行政功能，其内涵更加贴近于城市功能区的含义；二是在区域范围内承担的功能，如城市在区域范围内承担的行政办公、经济交流、科教文娱等角色，其内涵更贴近于城市职能的含义[3][4]。因此，综合众多学者的观点，结合本篇的研究内容，以城市功能分类的角度来定义城市功能含义，即本篇分析的城市功能为对城市自身的功能。当然，诸多城市自身功能，如经济功能，也同样是城市的对外功能。

3. 众源数据

众源数据即为多种来源的数据，其具有数据量大、来源广和全面真实等显著优点[5]。本篇采用的数据有统计数据、遥感解译数据、POI 数

---

[1] 高宜程等：《城市功能定位的理论和方法思考》，《城市规划》2008 年第 10 期。
[2] 周一星：《北京的郊区化及引发的思考》，《地理科学》1996 年第 3 期。
[3] 石正方等：《城市功能转型的结构优化分析》，《生产力研究》2002 年第 2 期。
[4] 孙志刚：《城市功能论》，经济管理出版社 1998 年版，第 15—20 页。
[5] 李瀚祺等：《基于众源数据挖掘的中国饮食口味与慢性病的空间关联》，《地理学报》2019 年第 8 期。

据和各专题网站数据，数据来源广泛。

（1）统计数据

统计数据即由专门的统计机构统计、整理并公开出版的数据。本篇的统计数据主要来自历年的《山东省城市建设统计公报》（纸质版）、《济南统计年鉴》、《山东省统计年鉴》以及《济南市统计公报》。

（2）遥感解译数据

本篇的遥感解译数据经获取—校正—数字化三个阶段获得。最初的卫星影像数据主要来源于地理空间数据云（http：//www.gscloud.cn/），之后在 ENVI 中进行影像的校正，最后经 ArcGIS10.2 软件数字化。

（3）POI 数据

POI 数据也称为兴趣点数据，每一个点数据都代表一个地理事物，用点的密度来反映各类地理事物的集聚程度。本篇的 POI 数据来源于高德地图，经 GeoSharp1.0 软件爬取获得。

（4）各类专题网站数据

专题网站数据可以根据研究专题提供本领域专门的数据。本篇房价数据来源于链家网（https：//jn.lianjia.com/）和中国房价行情网（http：//www.creprice.cn/），交通延时数据来源于高德交通大数据平台（https：//report.amap.com/），城市大气数据来源于中国环境监测总站（http：//www.cnemc.cn）。

（二）理论基础

1. 人地关系理论

人地关系阐述了人类与地理环境之间的关系，有效地反映了人与自然环境在生态系统中相互依存和相互制约的发展过程[①]。人地关系理论的漫长发展历程，代表了人类对人地关系认识的变化。中国古代有"天命论"，在西方，也有学者对人地关系表现出唯心主义的认识，如引入神和上帝，认为由上帝主宰一切、神控制所有。但是，随着社会的进步和学者对于人地关系的不断探究，近代的环境决定论成为解释人地关系

---

① 吴传钧：《论地理学的研究核心——人地关系地域系统》，《经济地理》1991 年第 3 期。

的主流思想，以洪堡（V. Humboldt）、李特尔（C. Ritter）和拉采尔（F. Ratzel）为代表的环境决定论更为细致地分析了人类活动与地理环境之间的关系。但以白兰士（Paul Vidalde la Blache）为代表的法国地理学派提出了与环境决定论不同的理论思想，即可能论。此后，人地关系理论在经历了适应论、生态调节论、文化景观论后，在和谐论中得到充分体现，在可持续发展理论中升华。

"人"与"地"相互发展关系可以理解为"人类社会"系统和"自然地理环境"系统内部各种要素互相影响的过程，这两个系统总是按照一定的发展规律交织在一起，无时无刻不在发生着能量和物质交换[①]。在城市这个大系统中，人类社会子系统代表了人类在生存过程中所产生的活动，即社会生产活动，是包含着经济、社会、人口、文化等生产要素组成的综合社会经济发展体；自然地理环境系统代表着与人类发展息息相关的、由自然要素组成的地理圈层，包括水圈、大气圈、岩石圈和生物圈等。其中，人地关系理论中的和谐论和可持续发展理论成为探究城市发展规律、优化城市用地结构布局和完善城市功能的重要理论依据。在城市发展过程中，应秉持公平性、持续性和共同性的原则，既要求城市内部各种要素相互协调配合，具有较为合理的结构和功能以满足人们日益增长的需求，同时要关注城市的资源环境承载能力，为后代的发展提供可持续性的保障。

2. 区位论

区位可以理解为供人类进行社会生产经济活动的空间[②]。区位论主要包含杜能提出的农业区位论、韦伯的工业区位论和克里斯泰勒的中心地理论等等。

1862年，杜能首先提出农业区位论，他的研究对象是理想的"孤立国"，并为这个"孤立国"出了六项基本条件[92]，在此前提下提出了农业生产方式的配置圈层。尽管杜能的农业区位论是建立在没有实际依据的"孤立国"的假设基础上，但是作为首次阐释区位论的尝试，为

---

① 吴传钧：《人地关系与经济布局》，学苑出版社1998年版，第1—6页。
② 李小建：《经济地理学》，高等教育出版社2006年版，第22页。

之后的农业区位论的发展奠定了研究基础。1909年韦伯将运输费用、劳动力费用和集聚区作为衡量法则，提出了工业区位论。工业区位论提出的最终目的是要减少工业生产的成本，优化工业选址，以使得利润最大化。受到农业区位论和工业区位论的影响，克里斯特勒和廖什提出了中心地理论。中心地理论的研究对象主要是城市，它认为城市发展存在着中心地。其中，中心地理论中最为著名的是提出了六边形网络，每个六边形的中心是代表着最大的中心地，六个角上为次一级的中心地，但同时又是下一个六边形的中心，就这样循环往复构成无数个六边形。

相比于农业区位论，工业区位论和中心地理论被广泛应用于城市发展研究中。在城市进行优化土地结构过程中，借鉴工业区位论分析工业布局因子对工业生产的影响作用，以优化工业布局的位置选择，发挥工业生产的最大效益。此外，中心地理论在增强城市功能的辐射力、协调城市内部分工、完善城市功能方面提供了有效的理论支撑。

3. 城市空间结构理论

空间结构理论描述了区域范围内社会经济系统中各种综合部分和组合类型在空间上的相互影响程度和位置关系[1]。就分类来看，空间结构理论可以分为区域空间结构理论和城市空间结构理论。区域空间结构理论主要包括弗里德曼提出的"核心—边缘理论"、佩鲁提出的"增长极理论"和陆大道提出的"点—轴开发理论"等。城市空间结构理论主要包括同心圆模型、扇形模型和多核心模型等（图3-1-3）。

1923年，美国学者伯吉斯提出同心圆模型[2]。但是，此模式过多地注重规划，没有考虑到城市发展的交通线作用。扇形模型由美国学者霍伊特于1939年提出[3]。通过对多个城市中心区租房的资料分析，霍伊特将城市地域分为市中心、批发轻工业区、低级住宅区、中级住宅区和高

---

[1] ［德］约翰·冯·杜能：《孤立国同农业和国民经济的关系》，吴衡康译，商务印书馆1997年版，第65—87页。

[2] R. E. Park, E. W. Burgess, R. McKenzie, *The Growth of the City: An Introduction to a Research Project*, Chicago: University of Chicago Press, 1925, pp. 46 - 47.

[3] C. D. Harris, "A Functional Classification of Cities in the United States", *Geographical Review*, Vol. 33, No. 1, 1943, pp. 86 - 99.

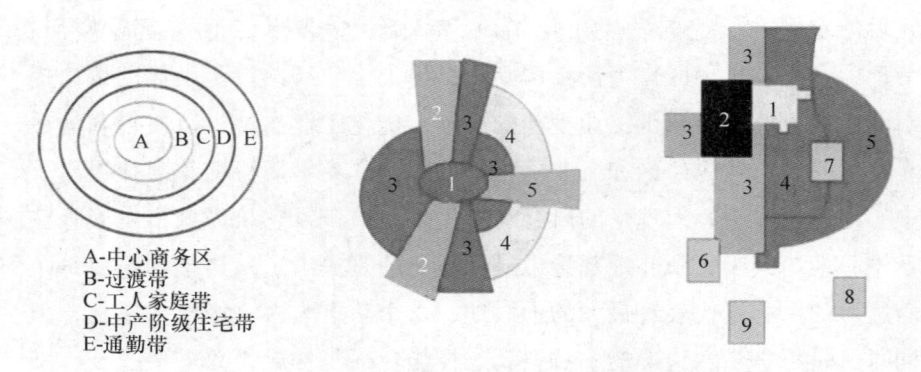

A-中心商务区
B-过渡带
C-工人家庭带
D-中产阶级住宅带
E-通勤带

图 3-1-3　同心圆模型、扇形模型和多核心模型示意图

级住宅区。扇形模式较同心圆模型来说，更加考虑了城市发展的实际情况，即城市的租赁区是动态变化的，并充分考虑了交通线对城市发展形状的改变作用。多核心模型最早由麦肯齐（R. D. Mckenzie）提出，他认为在城市发展过程中，因为城市的辐射作用，会出现一个主要中心和多个次中心[①]。城市次中心不断吸收中心区的能量辐射以发展壮大，直到中间地带被完全的扩充为止；之后再会出现次中心，这样循环往复。三种空间结构体现了城市用地的在空间上的不同组合形式。与同心圆模式和扇形模式相比，多核心模式的提出更加注重城市发展的实际情况，而且当今世界多数城市的发展模式都是多核心模式。

在中国城市化进程中，中国的城市空间结构也在不断演化，城市空间结构的实际上是各类城市用地的空间分配。因为发展历史、自然条件、交通等影响因素的差异，不同城市呈现不同特征，且随着中国城市化的快速发展在不断变化。有的呈现了非典型性同心圆模式，特别表现在地价方面；而有的逐步向多核心模式过度。但是由于地形地貌、历史文化、教育等各种因素的影响，不同城市空间结构的特征也不一样。

4. 系统论

系统论由美国生物学家贝塔朗菲（Bertalanffy）提出，他将系统论阐

---

① H. Hoyt, *The Structure and Growth of Residential Neighborhoods in American Cities*, Washington DC: Federal Housing Administration, 1939, pp. 4-7.

述为"系统是相互联系并与周围环境不断互动的各个组成部分的总体"①。在中国,钱学森将系统论重新阐述为"系统是由相互作用相互依赖的若干组成部分结合而成的,具有特定的有机整体性"②。系统论具有广泛的适用性,系统科学、系统哲学和系统技术都是其研究的范围。

系统论强调的整体性、联系性、动态性、有序性和目的性也是城市发展中所强调的。①整体性:城市是一个庞大的整体,其内部具有各个组成部分,代表不同的结构和发挥着不同的城市功能。②联系性:在城市这个系统内,各个组成部分相互影响,彼此交织,牵一发而动全身,也正是相互互动联系才能维持整个城市的发展。③动态性:在城市内部,各个组成要素之间每时每刻都在进行着能量流和信息流的交换,整个系统是一个动态发展的系统。城市本身也不是封闭的,也时时刻刻与外部的城市进行着信息交流和能源交换。④有序性:城市系统内部,各个组成要素都会承担一定的职责,发挥着不同的城市功能,彼此有序进行。同时,城市结构越有秩序城市发展也就会越稳定。⑤目的性:在城市发展中会有一定的目标,如城市功能定位。正因为有这样的目标,城市结构才能不断地优化,城市功能才会更加完善。

(三) 城市用地结构和城市功能的关系

在城市发展过程中,城市用地结构和城市功能相互作用,相互影响(图3-1-4)。一方面,土地是城市经济社会发展的基本投入要素,城市用地结构影响城市功能的发挥和用地效益的提升③。具体而言,在两者关系中,城市用地作为投入要素,为城市各种生产活动提供发展空间,决定城市功能。如,城市工业用地面积越大,意味着可供工业生产的土地投入越多,在保证其他投入要素稳定和无非期望产出的影响下,工业GDP便会增加,城市工业生产功能也会增强。再者,城市公共服

---

① [美] 冯·贝塔朗菲:《一般系统论——基础、发展和应用》,林康义译,清华大学出版社1987年版,第135页。
② 姜璐:《钱学森论系统科学》,科学出版社2011年版,第1—30页。
③ 唐亮等:《城市建设用地消耗强度与经济社会水平协调发展研究——基于城市发展阶段的分析》,《中国土地科学》2017年第11期。

务用地面积越大，便会为城市服务业的发展提供更多的城市空间，在无劳动力价格等因素的影响下，城市服务业 GDP 增加，服务功能也会提升。另一方面，城市功能作为产出绩效，可以映射出城市用地结构在城市发展过程中的合理性，如，城市用地结构在发展过程中会出现某类城市功能效益低下现象，以及出于提升城市综合功能的考虑而加强某类城市功能的现象，从而会带来周围用地结构的改变。例如，随着城市工业生产功能的增强，对工业用地的需求会增大，在地价不变和无总量控制等其他因素影响的前提下，工业用地面积也会大幅增长。同时，城市大型基础设施的建设会影响周围产业的发展，与之相互配套产业数量增多，从而影响周围的用地结构。

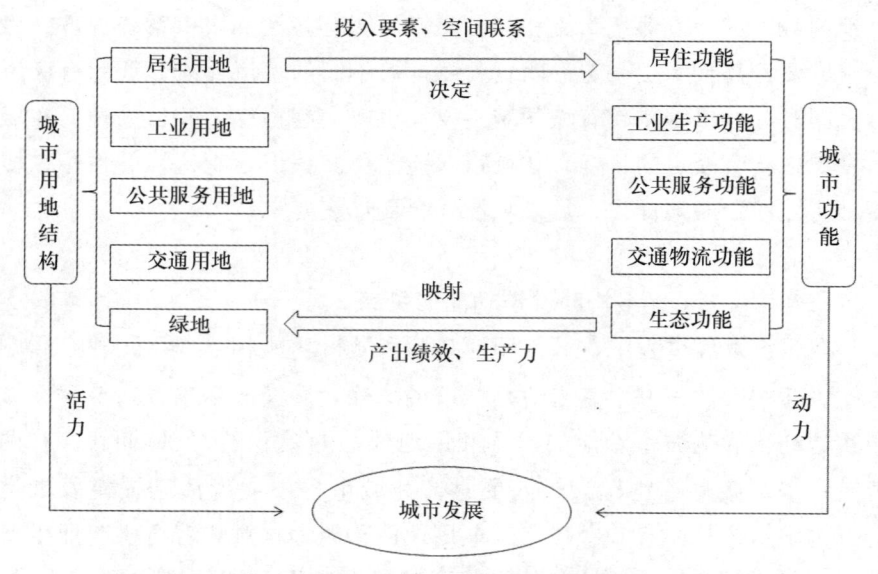

图 3-1-4 城市用地结构、城市功能与城市发展之间的关系

综上可知，城市用地结构和城市功能之间存在着明显的互馈关系，并在城市发展中扮演者重要的角色：城市功能是城市发展的动力，城市用地结构是城市发展的活力。本篇将各类城市用地与城市功能一一对应，以便更好地梳理济南市城市用地结构和城市功能的演变特点，以及

探究两者之间的关系。

三 研究区概况

济南市位于山东省中西部,北依黄河,南靠泰山,是山东省的省会。自 1990 年以来,济南市共经历了四次行政区划调整:2001 年,撤销长清县,设立长清区,并辖 9 个镇、2 个乡;2016 年,撤销章丘市,设立为济南市章丘区;2018 年,撤销济阳市,设立为济南市济阳区;2019 年,经国务院批复,山东省撤销莱芜市,将原来莱芜市的莱城区和钢城区并入济南,设立为莱芜区和钢城区。至此,济南市现共包含历下区、槐荫区、天桥区、历城区、市中区、长清区、济阳区、章丘区、莱城区、钢城区 10 个区和商河县、平阴县 2 个县。考虑到文章数据的可获得性,本研究以 2018 年划定的济南市城区范围为研究区,即研究的济南市城区共包含历下区、槐荫区、天桥区、历城区、市中区、长清区、济阳区、章丘区在内的 8 个区,所以本篇所有提到的"城区"范围皆为这 8 个区的范围。

2000 年以来,研究区常住人口保持了稳定增长态势,人口规模稳步增加。2018 年研究区常住人口为 554.13 万人,占当年全济南市常住人口的 84.48%;相较于 2000 年 468.01 万人来说,增加 86.12 万人,年均增长率为 0.94%。2018 年研究区内地区生产总值达 6198.6 亿元,占济南市地区生产总值的 78.89%;是 2000 年 403.49 亿元的 15.36 倍,年均增长率为 5.16(以 1952 年为基准)。在产业结构方面,2018 年研究区第二产业增加值为 1953.4 亿元,是 2000 年 163.38 亿元的 11.96 倍;第三产业增加值为 4071.3 亿元,是 2000 年 156.29 亿元的 26.05 倍。

表 3-1-2   2018 年研究区内各区主要经济指标

城区	地区生产总值 (亿元)	第二产业增加值 (亿元)	第三产业增加值 (亿元)	人均 GDP (元/人)	经济密度 (万元/平方千米)
历下区	1494.8	233.1	1261.7	218633.9	148000

续表

城区	地区生产总值（亿元）	第二产业增加值（亿元）	第三产业增加值（亿元）	人均GDP（元/人）	经济密度（万元/平方千米）
市中区	1042.8	213.2	827.3	160826.7	36978.72
槐荫区	531.7	151.8	377.2	121949.5	34980.26
天桥区	529.5	143.2	382.6	100665.4	20444.02
历城区	864.5	297.6	548.7	83550.79	6655.119
长清区	366.9	153.4	182.4	64538.26	3034.739
章丘区	1072.7	615.7	380.6	101987.1	6240.256
济阳区	295.7	145.4	110.8	49932.46	2690.628

从研究区人口分布来看，2018年数据显示，章丘区人口数最多，为105.18万人；历下区人口密度最大，为6769人/平方千米。在城市经济方面（表3-1-2），以2018年数据为例，市内五区（历下区、历城区、槐荫区、天桥区和市中区）生产总值为4463.3亿元，占研究区生产总值的72%；其中，历下区的生产总值（1494.8亿元）、人均GDP（218633.9元/人）和经济密度（148000元/平方千米）这三个经济指标均位于全市首位。从第二、三产业增加值来看，2018年章丘区第二产业增加值最多，为615.7亿元；第三产业增加值在空间上呈现由中心向外逐渐递减分布，历下区第三产业增加值最多，为1261.7亿元。

第二章　济南市城市用地结构演变特点

一　济南市城市用地结构演变的时间特征

为探究济南市城市用地的时间演变特征，本章选取1991—2018年济南市城市用地结构数据，相关数据来自《山东省城市建设统计年报》（1991—2018）。在该研究时段内，涉及两种城市用地划分标准，即1990年颁布的GBJ137-90和2012年GB50137-2011。为统一口径，在仔细对比前后两类用地标准中各类城市用地包含的范围之后，本章将1991—2018年城市用地种类合并为6类，分别为：居住用地、工业用地、公共服务用地、交通设施用地、仓储用地和绿地。在1991—2011年间的"公共服务用地"相当于"公共设施用地""市政公用设施用地"与"特殊用地"三类用地面积之和，在2012—2018年间的"公共服务用地"相当于"公共管理与公共服务用地""商业服务业设施用地"与"公用设施用地"之和。"交通设施用地"相当于"对外交通用地"与"道路广场用地"面积之和。

（一）城市用地结构由波动转为稳定

1991—2018年间，济南市城市建设用地面积由波动增长状态变为稳定增长。城市建设用地面积从123.43平方千米增长到523.59平方千米，年均增长率为11.58%。其中，在2001年和2006年分别出现了两个较为明显的增长高峰期。2001年，济南市城市建设用地面积为198.01平方千米，较2000年相比增加52.03平方千米，增长率达35.64%，主要原因是2001年撤销长清县，设立济南市长清区。长清区的加入，为城市打开向西发展的门户，在空间上拓宽了辐射范围，随之带来周围城区建设用地面积的增长。2006年，济南市城市建设用地面积为350.94平方千米，与2005年相比增加了77.25平方千米，主要因为济南市东城区主干路网的基本形成和西城区大学科技园的建成，使得济南市城市建设用地面积得到快速增长。

选取1991—2018年间济南市各类城市用地所占百分比数据，绘制成的折线图（如图3-2-2），旨在比较各类用地之间的变化趋势。济南市各类城市用地变化大致可以分为三个阶段："单调期""动荡期"和"平稳期"。

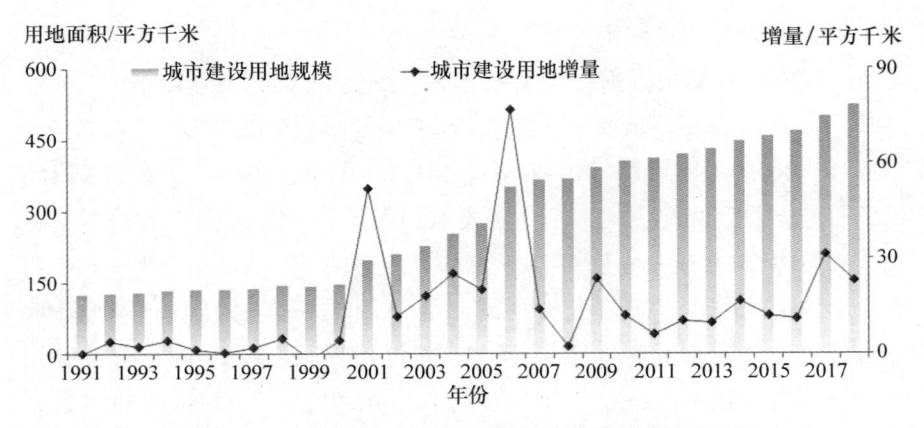

图3-2-1 1990—2018年济南市城市建设用地变化图

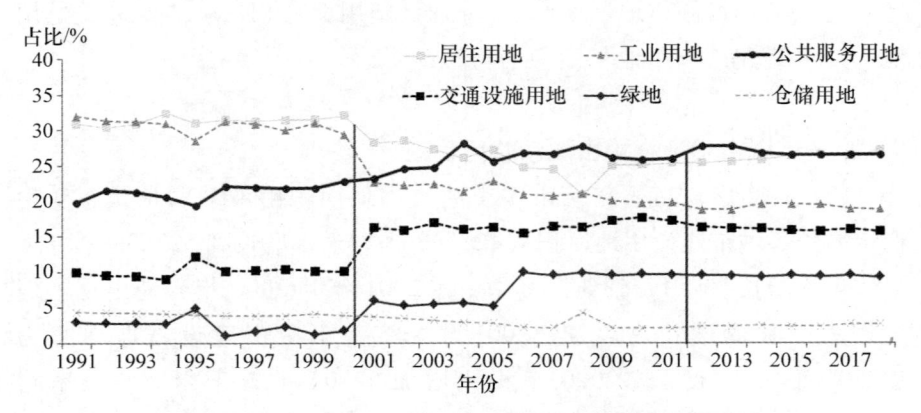

图3-2-2 1991—2018年各类城市用地占比变化图

第二章 济南市城市用地结构演变特点

1991—2000年为"居住—工业"主导的单调期,在这一时期内城市居住用地和工业用地占据主要地位,平均占比分别为31.34%和30.65%;公共服务用地绿地和仓储用地的占比最少,平均占比仅为4.08%和2.45%。此外,各类城市用地占比差距较大,最高值和最低值之间的差距接近29个百分点。2001—2010年为动荡期,这一时期内各类用地都呈现出波动变化形态。其中,居住用地、工业用地和仓储用地呈波动衰减态势,时段内占比分别减少3.15%、9.67%和1.76%;公共服务用地、交通设施用地和绿地呈波动上升态势,时段内占比分别增长3.16%、7.55%和3.68%。此时城市用地的波动变化与城市的发展定位密切相关。在2000年批复修改的《1996—2010年济南城市总体规划》中,济南市将城市性质重新定义为:山东省省会,著名的泉城和历史文化名城,我国东部沿海经济开放区重要的中心城市。期间,中心城区进行重点改造、调整用地结构和优化空间布局,都加速了城市各类用地规模数量的变化。2011—2018年为平稳期,这一时期内各类用地呈平稳变化态势。其中,公共服务用地和居住用地占比位于前列,时段内占比均值分别为26.76%和26.04%。仓储用地占比最少,仅为2.46%;但是与最高值之间的差值已经缩小至24.3个百分点。主城区的土地利用格

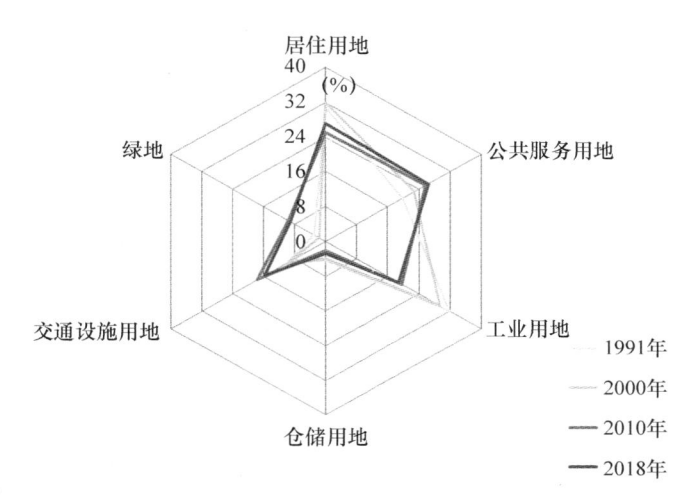

图3-2-3 1991年、2000年、2010年和2018年各类城市用地占比雷达图

局已经基本稳定，城区内各类城市用地的数量规模平稳增长。

本章选取信息熵模型进一步测度济南市城市用地结构的有序性和多样性。信息熵模型是由美国数学家香农（Shannon）提出的，其最早用来解决信息的量化问题，后来被广泛应用到地理学研究中[1]。假定一个城市的建设用地面积总量为 S，根据城市建设用地分类标准将建设用地分为 n 类，每一种类型的用地面积设为 S_i，则该类型的用地占比为 $p_i = s_i/s$，$\sum_{i=1}^{n} p_i = 1$。结合信息熵指数，可以得出城市用地的信息熵公式为：

$$H = -\sum_{i=1}^{n}(p_i)\ln(p_i)$$

式中，H 为信息熵，其值的大小可以反映出城市内部各类用地分布的均匀程度。当 H = 0 时，说明土地还未开发，表示该区域未开始发展；当 H = lnn 时，H 达到最大值，说明此时各类用地的占比相等，城市土地利用系统中用地类型呈现多样性，各类型呈均匀分布[2]。

在信息熵的基础上，可以进一步计算城市用地的均衡度（J）和优势度（I）

$$J = H/H_{max}$$
$$I = 1 - J$$

式中，均衡度 J 代表城市各类用地之间的面积差异，J 越大，说明差异越小，均衡度越高；优势度（I）则与均衡度相反，它代表了区域内某种土地利用类型的支配能力。

3 - 2 - 1　　1991—2018 年城市用地信息熵、均衡度、优势度表

年份	信息熵	均衡度	优势度	年份	信息熵	均衡度	优势度
1991	1.52	0.46	0.54	2005	1.59	0.48	0.52

---

[1] 姬宇等：《山东省城市用地结构演变与驱动力分析》，《湖南师范大学自然科学学报》2017 年第 3 期。

[2] 赵晶等：《上海市土地利用结构和形态演变的信息熵与分维分析》，《地理研究》2004 年第 2 期。

续表

年份	信息熵	均衡度	优势度	年份	信息熵	均衡度	优势度
1992	1.52	0.46	0.54	2006	1.63	0.49	0.51
1993	1.51	0.45	0.55	2007	1.63	0.49	0.51
1994	1.50	0.45	0.55	2008	1.67	0.50	0.50
1995	1.57	0.47	0.53	2009	1.63	0.49	0.51
1996	1.47	0.44	0.56	2010	1.63	0.49	0.51
1997	1.49	0.45	0.55	2011	1.63	0.49	0.51
1998	1.51	0.45	0.55	2012	1.63	0.49	0.51
1999	1.48	0.44	0.56	2013	1.62	0.49	0.51
2000	1.49	0.45	0.55	2014	1.63	0.49	0.51
2001	1.62	0.49	0.51	2015	1.63	0.49	0.51
2002	1.60	0.48	0.52	2016	1.62	0.49	0.50
2003	1.61	0.48	0.52	2017	1.63	0.49	0.51
2004	1.59	0.48	0.52	2018	1.63	0.49	0.51

以 1991—2018 年济南市各类城市用地现状为基础，通过计算济南市城市用地结构的信息熵、均衡度和优势度，探究济南市城市用地结构的演变规律（表 3-2-1）。从信息熵的变化来看，其呈现出先波动后平稳的变化过程，说明研究期内，济南市的城市用地结构经历了从"波动变化"到"相对稳定"的转变历程，具体可以分为"非均衡—均衡—稳定"三个阶段。1991—2000 年间，城市用地结构信息熵处于波动下降阶段。与 1991 年相比，2000 年信息熵稍有下降，下降值为 0.029。说明在这一时间段内，济南市城市用地结构向单一性，向非均衡的方向发展；城市用地结构的均衡度下降，优势型土地利用类型的主导作用凸显，明显的表现于济南市居住用地（平均占比 31.34%）和工业用地（平均占比 30.65%）为主导型的城市用地结构。2001—2009 年间，城市用地结构的信息熵处于波动上升阶段，波动值处于 1.6 左右。说明在这一时段内，城市用地结构的均匀性增加，用地多样性开始显现，各类用地面积的差距逐渐缩小，这主要体现在期间内城市公共服务用地、交通设施用地和绿地大幅上升，年均增长率分别为 10.44%、9.72% 和

15.43%。随着城市高速交通时代的到来，济南市大力推进城市高速交通基础设施的建设，一方面带动交通沿线城市用地类型的变化，均衡各种用地类型的比例；另一方面也有效地促进了城市用地规模的增加和空间形态的变化。2010—2018 年，城市用地结构信息熵基本保持稳定，计算值在 1.63 左右。济南市城市用地结构在经历了调整期之后，维持在一个相对稳定阶段，各类城市用地差距缩小至一个较为稳定的状态，城市用地结构进入一个稳定发展期。

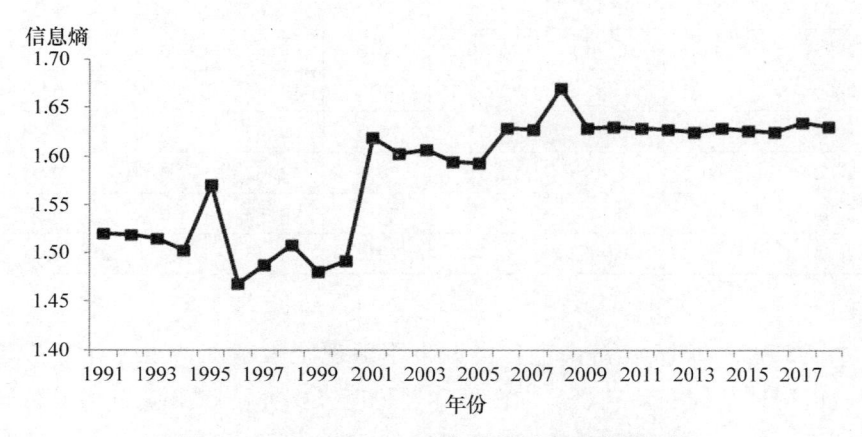

图 3－2－4　1991—2018 年济南城市用地信息熵

城市用地结构信息熵的变化反映了正负熵要素流互相"博弈"、互相作用的过程①。正熵要素流主要是指城市建设用地相关政策和区域社会经济发展水平，负熵要素流主要是指人类活动对城市用地结构产生的影响，例如产业结构、区域开发程度和生态环境等。1991—2000 年间，济南市整体社会经济发展水平不高，正熵流汇入受限。由于济南市城市产业发展主要以第二产业为主，城市工业用地占比突出；此外，随着城市发展的需求增加，劳动力人口大量涌入城市，增加城市居住用地规模的同时也给城市环境带了巨大的压力，进一步增加了城市的负熵流。因

---

① 许芸鹭等：《辽中南城市群城市用地结构的时空演变分析》，《经济地理》2018 年第 1 期。

此，在此期间内济南市城市用地系统熵减少，用地结构整体向非均衡的方向发展，城市单一用地类型的集中度较高。2001—2009 年，随着济南市经济发展水平的提升，加上城市用地政策的不断涌现，这一时期内用地系统涌入大量的正熵流。同时，随着城市环境保护意识增强，人类活动对生态环境的作用开始削弱；城市第三产业发展势头迅猛，产业结构逐步平衡，这都在一定程度上削弱负熵流对系统的影响，城市用地系统熵增加，用地类型逐步多样化。2010—2018 年，随着济南市城市用地集约利用水平提高，城市建设用地结构不断进行调整优化，用地系统熵处于相对稳定状态。

（二）各类城市用地规模呈现不同程度的增长

1. 居住用地

1991 年以来，济南市城市居住用地面积呈不断增长趋势，但是增长率呈现出波动变化的特点。2018 年，居住用地面积达 141.91 平方千米，较 1991 增长 103.77 平方千米。从居住用地的增长率来看，拟合曲线 $R^2 = 0.95$，表明居住用地的时间变化趋势基本符合线性增长，增长斜率为 3.89。具体来看，居住用地经历了三次增长期：1991—1995 年增长期，由图 3-2-5 中斜率可知，此时段内增长斜率小于 3.89。这一时期，济南市刚被确立副省级城市，城市发展虽有增长但是整体活力不足，城市人口还处于"复苏"期，短时间内居住用地增长幅度较小。1996—2007 年增长期，此时段内增长斜率明显大于 3.89，居住用地进入快速增长期。城市社会经济发展水平提高、城区建设用地结构调整、外来人口大量涌入都是居住用地增长的主要因素。2007—2018 年增长期，此时段内增长斜率大致与拟合曲线保持一致。随着城市高质量发展要求的提出，济南市城市发展不再以二维模式为主，三维模式已取代二维模式成为城市发展的主旋律，城市居住用地进入平稳增长期。

2. 工业用地

济南市城市工业用地的时间演变特点反映了城市产业格局的变化趋势。从工业用地的增长率来看，拟合曲线 $R^2 = 0.93$，表明工业用地的时间变化趋势基本符合线性增长，斜率为 2.47。1995—1999 年期

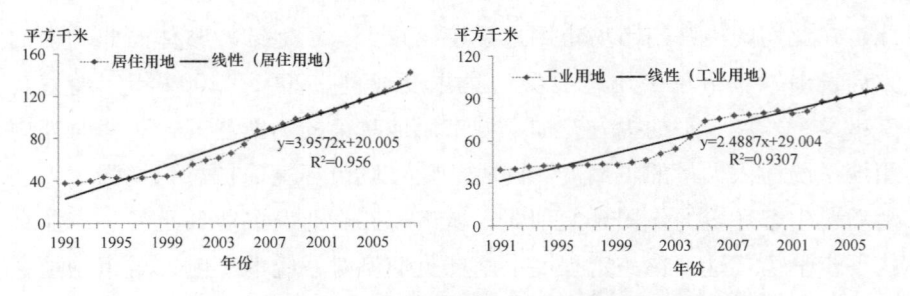

图 3-2-5　1991—2018 年居住用地和工业用地面积变化图

间，济南市工业用地年均增长率为 1.33%，处于缓慢增长期。此时段内，济南市第二产业占比一直处于领先地位，城市产业结构为"二一三"模式。这一时期内济南工业用地主要承载着以济钢、机床一厂、机床二厂为代表重工业企业类型，它们为城市经济发展做出了巨大贡献；但是，大企业快速发展在一定程度上会抑制中小企业的发展，此时工业用地面积增幅缓慢。进入 21 世纪，工业用地面积增幅加快。2000—2005 年间，工业用地年均增长率达 7.84%。这段时期内，一方面济南市加快改革步伐，鼓励发展中小企业；另一方面，突出园区经济也成为一项重要发展战略。如，济南经济开发区（长清区）、济南高新技术开发区（高新区）、济南槐荫工业园区等工业园区，尽管它们成立和批准的时间均在 20 世纪 90 年代，但是真正的投资发展往往具有时间的滞后性。2005 年以来，工业用地基本呈现线性增长，年均增长率为 4.76%，维持在一个较为稳定的增长状态。增长源主要体现在两方面：一是济南市加大培育壮大新型高新产业的力度，积极引进国内外先进企业在济南投资建厂；二是济南市工业园区的建设逐步推进，在城市外围形成了多个专业型工业园区。同时，随着产业结构升级，新旧动能转换等政策的实施，济钢等重污染型企业也逐渐搬离济南市，原本占据的工业用地被其他用地类型取代，一定程度上也削弱了工业用地增长。此外，2012 年济南市就提出严格控制工业用地规模，妥善处理闲置、低效工业用地的管理政策，也在一定程度上控制了工业用地的增长速度。

表 3-2-2　　　　　　　　　　济南市主要开发区情况

园区名称	地区	等级	辖区面积（平方千米）	成立时间
高新技术产业开发区	高新区	国家级	137	1991 年
明水经济技术开发区	章丘区	国家级	40	1992 年
综合保税区	历下区	国家级	15.27	2012 年
济北经济开发区	济阳区	省级	42	1995 年
济南新材料产业园区	天桥区	省级	21.8	2006 年
济南临港经济开发区	历城区	省级	25	1993 年 2005 年
济南经济开发区	长清区	省级	30	1999 年
济南槐荫工业园区	槐荫区	省级	22	1995 年

3. 公共服务用地

城市公共服务用地包含了城市教育、行政、商业、医疗卫生等基础设施用地，与城市第三产业的发展息息相关。拟合曲线中 $R^2=0.95$，表明公共服务用地随时间的演变呈现线性变化的特征；斜率为 4.79，远高于其他用地类型的拟合曲线斜率，说明研究时段内公共服务用地增长幅度较高。1991—1999 年间，城市公共服务用地增长速度缓慢，年均增长率仅为 3.03%；此时间段内，济南市城市产业结构还是"二一三"模式，第二产业占比较大，第三产业在土地投入上没有优势。进入 21 世纪，公共服务用地开始高速增长。2000—2018 年间，年均增长率达 8.24%；济南市城市公共服务用地的大幅增加可以归因于以下三个方面：一是产业结构的转变。2000 年，济南市第三产业增加值为 438.56 亿元，占比为 46.06%，首次超过第二产业占比。当年，济南市产业结构发生了重大变化，实现了从"二一三"（1999 年三次产业增加值占 GDP 比重为 10.5%、45.36%、44.14%）向"三二一"（2000 年三次产业增加值占 GDP 比重为 9.98%、43.96%、46.06%）的转变。伴随着第三产业比重的升高，城市对公共服务设施的需求量也会越多，用地面积增大。二是由城市旅游带动的批发和零售业、住宿和餐饮业等服务业发展。作为享有"泉城"美誉的济南市，近年来加大城市旅游宣传力度，吸引了大批游客，趵突泉、千佛山和大明湖等旅游景点吸引了大批游客，有效地推动了城市公共服务设施的建设。三是高等学校规模的扩大。济南市城市公共服务用地增长不仅表现在城中心商业服务设施的增加，在济南市的边缘城区内公共服务用地的需求量也不断增加，特别是随着长清大学城和章丘大学城的设立（长清大学城规划面积为43.11平方千米，章丘大学城目前入驻高校达15所），既增加了科研教育用地，也使得地区其他服务用地快速扩张。

4. 交通服务用地

城市交通服务用地与城市发展之间是双向促进关系。一方面，城市社会经济发展程度较好，城市内部之间的交流必然增加，同样也会与外界有较强的物质和信息联系，便会加速城市交通用地的扩张。另一方面，城市道路交通用地的不断增加能够发挥带动作用，提升城市宏观经济、调整城市人口结构。自济南"十五"规划实施以来，济南市在交通建设上取得了巨大成就，济南遥墙国际机场扩建、京福高速建成通车、济南西客站投入运行、经十路综合改造、顺河高架桥北延等，都极大地促进了城市交通设施用地面积的增加，并增大了路网密度。1991—2018年间，济南市的城市交通服务用地发展经历了"平稳期"和"发展期"两个阶段。具体来看，1991—2000年，交通服务用地面积增长缓慢。进入21世纪，交通服务用地面积快速增长，城市道路进入"发展期"，2018年达到82.18平方千米，是2000年的5.61倍。特别是在2001年城市交通用地出现突增，一方面是由于长清区行政区划级别的改变，为加快济南市向西拓展的速度，交通用地在此时有小幅增长；另一方面，同年济南绕城高速南线建设，二环路、纬六路和工业北路的拓宽也使得城市交通用地面积大大增加。此外，在2016年，《济南市"十三五"综合交通体系规划》提出了"济南市要加强路网建设，着力打造'四横五纵'的城市路网，形成了高质量快速的一体化路网"的城市交通发展方式，进一步促进了城市次干道的建设。

5. 仓储用地

1991—2018年，虽然城区仓储用地面积保持平稳增长，但占比却呈缓慢下降趋势。2018年仓储用地面积为14.32平方千米，研究期内年均增长率为3.62%；其中，在2001年和2017年分别出现了仓储用地

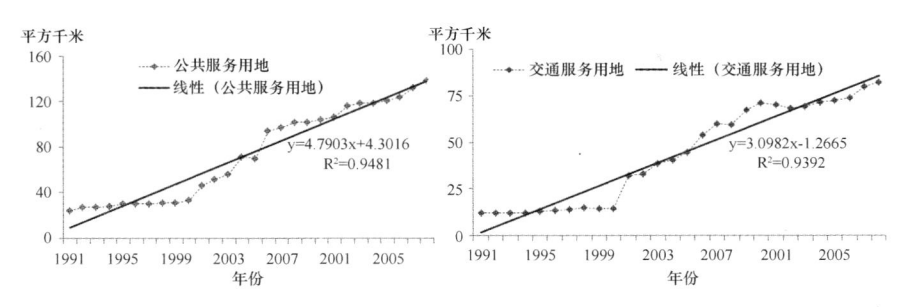

图 3-2-6 1991—2018 年公共服务用地和交通服务用地面积变化图

的增长高峰。2001 年，济南市仓储用地面积为 7.42 平方千米，相较于 2000 年增加 27.93%。此年份的仓储用地的增加主要是受到长清区并入的影响。2017 年，济南市仓储用地面积为 13.73 平方千米，相较于 2016 年增长 23.24%。自 2017 年开始，受到全国智慧物流风潮的影响，济南市积极打造城市智慧物流，加大物流业的投资力度，吸引了众多的物流企业在济南落户，如京东和韵达物流公司的山东运营中心都纷纷落户至济南；此外，以山东盖世物流有限公司为中心的盖家沟物流园区，其辐射范围可以扩展到全国。这些大型公司所发挥的集聚效应和辐射力，都有效地增加了济南市城市仓储用地面积。但是，从各类用地占比情况来看，仓储用地在 1991 年占比为 4.44%，2018 年降至 2.74%。这说明，相对于其他用地来说，仓储用地在当前济南市城市发展过程中并不占优势。这也契合了当前信息化时代零库存的时代特点。

6. 绿地

1991—2018 年，济南市城区绿地面积增长较快，2018 年绿地面积为 48.56 平方千米，年均增长 10.01%。拟合曲线中显示 $R^2 = 0.89$，说明随着时间的推移绿地面积基本上呈现线性增长的变化趋势。总体来看，济南市绿地的发展可以分为三个阶段：1991—2000 年；2001—2005 年和 2006—2018 年；同时也伴随着 2001 年和 2006 年两个节点年份。分析原因，2001 年济南市城市绿化面积增加主要得益于《济南市城市绿化管理办法》（修订版）的提出，该管理法重点强调了城市公共绿地的保护工作，并明确了违法的处罚办法。此外，济南市在 2000 年已荣获"省级园林城市"称号，2002 年获"国家园林城市"称号，这也可以显示2001年城市绿地面积增加的结果。2006年，济南市绿地面积的增加主要源于济南市提出了加大绿地广场的建设，大大增加了城市绿化面积。特别是进入2010年之后，济南市政府也不断加强对城市绿地系统的规划，并围绕着"生态园林城市，绿色和谐泉城"的建设目标，提出中心城区绿地系统"三环三横四纵、多楔多点多线"的绿地布局结构，重点规划公园、防护、生产、风景林、道路等绿地，增强综合性公园、社区公园和专类公园的数量，也使得济南市的城市绿地一直保持着持续增长的发展态势。

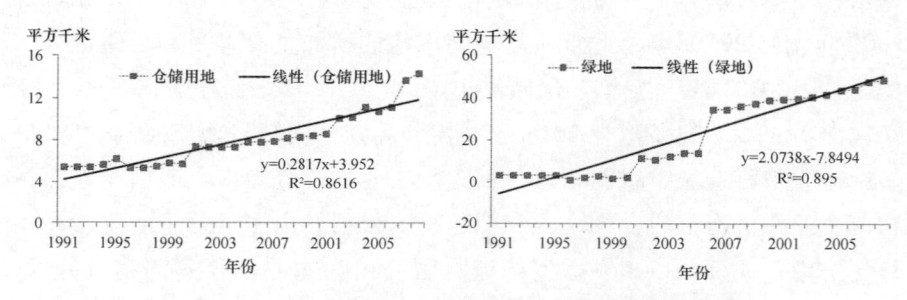

图3-2-7　1991—2018年仓储用地和绿地面积变化图

二　济南市城市用地结构演变的空间特征

（一）城市用地沿"西南—东北"方向扩张

本部分选取1990年、2000年、2010年和2018年的Landsat卫星影像进行遥感解译，数据来自于地理空间数据云（http：//www.gscloud.cn/）。首先，在地理空间数据云中提取济南市8区的遥感影像时考虑到了云层覆盖量、影像质量，选择Landsat8 OLI_TIRS卫星提取2018年影像，Landsat7 ETM SLC-on卫星提取2010年影像，Landsat4-5TM提取2000年和1990年影像。因为研究区的选定，每个年份都选取了122和123两条条带号的影像。其次，使用ENVI软件进行几何校正、大气辐射校正和配准等处理。最后，在ArcGIS10.2软件中进行数字化，同时借助于GoogleEarth软件的影像进行对比核实，最后得到四个年份的城市建设用地数据。

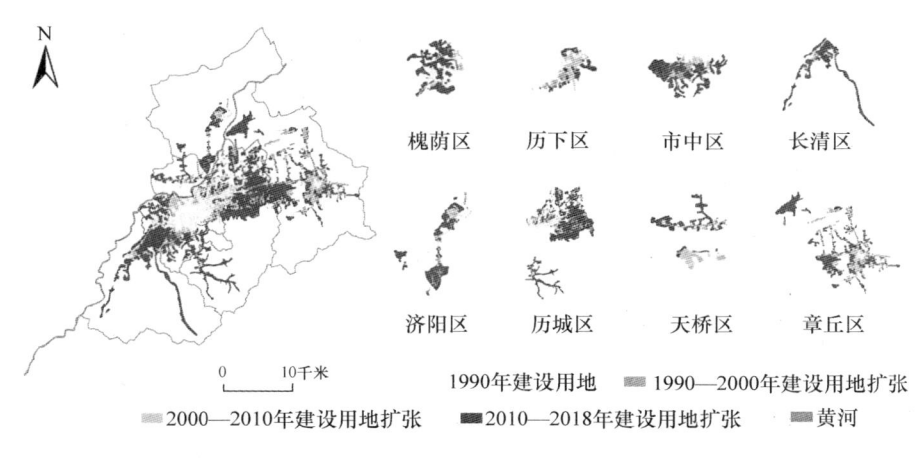

图 3-2-8　基于遥感数据识别济南城市建设用地扩张图

对基于遥感解译得到的 1990 年、2000 年、2010 年和 2018 年城市建设用地数据进行空间叠加，并根据行政区划进行分割，可知济南城市建设用地扩张情况。在空间扩张方向上，1990—2018 年间济南市城市建设用地面积的扩张方向为"西南—东北"，扩张强度呈现逐年增长趋势。在空间形态上，1990—2010 年间济南市主要向东北方向扩张；2010—2018 年期间呈现出东北和西南的双方向扩张，城市建设用地的空间形状呈现出由"小分散"向"大分散"的转变。各区的城市空间扩张速度为：长清区＞章丘区＞济阳区＞市中区＞历城区＞槐荫区＞天桥区＞历下区。历下区、槐荫区、天桥区等城区本身位于城市中心，城市发展程度良好，加之受于行政区本身面积的限制，城市空间扩张速度缓慢。相反，对于章丘区、长清区和济阳区来说，社会经济发展水平落后于其他城区，行政区划面积较大，需要加速扩张城市建设用地范围以满足社会经济活动的需求。

为进一步探究城市建设用地在空间上的扩张方向，选取空间重心进行测度。空间重心起源于物理学上的"重心"模型，表示某个区域在某些方面空间上的平衡点①。近年来，空间重心被广泛应用到城市空间

---

①　刘丹等：《城市扩张对热环境时空演变的影响——以哈尔滨为例》，《生态环境学报》2018 年第 3 期。

演变、用地变化的研究上，旨在测量其在空间上的演变轨迹，反映在地理空间上的变化特点。空间重心的转移公式为：

$$D_{t+1} = \sqrt{(X^{t+1} - X^t)^2 + (Y^{t+1} - Y^t)^2}$$

式中，t 代表时间，Y 和 X 分别为某一时期的重心经纬度坐标，D_{t+1} 代表从 t 到 t+1 时期空间重心转移的距离。

表 3-2-3　1990、2000、2010 和 2018 年各区城市建设用地空间重心表

城区	1990 年		2000 年		2010 年		2018 年	
全市	36.6983 °N,	117.0527 °E	36.7071 °N,	117.1156 °E	36.7066 °N,	117.1466 °E	36.6957 °N,	117.1293 °E
历下区	36.6647 °N,	117.0561 °E	36.6610 °N,	117.0532 °E	36.6670 °N,	117.0791 °E	36.6682 °N,	117.0865 °E
天桥区	36.6953 °N,	116.9953 °E	36.6978 °N,	116.9957 °E	36.7083 °N,	116.9843 °E	36.7318 °N,	116.9763 °E
市中区	36.6360 °N,	116.9767 °E	36.6230 °N,	116.9636 °E	36.6188 °N,	116.9581 °E	36.6006 °N,	116.9339 °E
历城区	36.7376 °N,	117.1294 °E	36.7365 °N,	117.1359 °E	36.7236 °N,	117.1638 °E	36.7048 °N,	117.1920 °E
槐荫区	36.6624 °N,	116.9155 °E	36.6608 °N,	116.9478 °E	36.6647 °N,	116.9210 °E	36.6712 °N,	116.8946 °E
长清区	36.5602 °N,	116.7395 °E	36.5621 °N,	116.7485 °E	36.5638 °N,	116.7721 °E	36.5158 °N,	116.7912 °E
章丘区	36.7187 °N,	117.5206 °E	36.7735 °N,	117.4773 °E	36.7366 °N,	117.4876 °E	36.7571 °N,	117.4438 °E
济阳区	36.9808 °N,	117.2003 °E	36.9596 °N,	117.1823 °E	36.9446 °N,	117.1580 °E	36.9097 °N,	117.1244 °E

基于遥感解译数据，分别求出济南市及各个区在 1990 年、2000 年、2010 年和 2018 年建设用地的空间扩张重心（表 3-2-3）。全市区城市建设用地的重心经历了由"东北"向"西南"方向的转移过程，这表明济南市空间发展由东北侧重向西南转变的过程。1990—2000 年空间重心向东北移动 5.601 千米，2000—2010 年空间重心向东北移动 2.72 千米，2010—2018 年空间重心向西南移动 1.95 千米。济南市受自然地理条件的限制，北有黄河"拦截"、南有泰山余脉"阻挡"，使得城市发展形态呈现出东西方向的长条状。在此基础上，高新发展区、唐冶片区、雪山片区、郭店片区等为东部城区吸引了大量的城市土地供应。为平衡济南东西部的发展，城市发展有意识的向西部侧重，2011 年济南市西客站投入运营，有效带动了城市向西部扩张；因此全市区城市建设用地的空间重心在 2010—2018 年间向西南方向

转移。

在区域发展的早期阶段，发展方向总是会向比它高一等级的城市中心靠近，吸收其经济社会发展的辐射；在区域发展的中后期阶段，发展方向总是会远离比它高一等级的城市中心，扩大自身辐射面积；这一过程不断循环往复，造就了一个个的城市中心，也涌现出数以百计新发展区。济南市各区的城市建设用地空间重心转移经历了新城区"向心扩张"和老城区"向外扩张"的不同变化过程，并因发展时期不同表现出差异性。

历下区、历城区、天桥区和市中区作为济南市的老城区，1990—2018年期间城市建设用地的重心始终呈现"向外性"的转移方向，这四个城区在扩大其自身空间辐射面积的同时也带动了整体主城区的外向性空间扩张。1990—2018年间，历下区空间重心向东北方向移动2.697千米，历城区空间重心向东南方向移动6.624千米，天桥区空间重心向西北方向移动1.243千米，市中区空间重心向西南方向移动5.468千米。与之相反，1990—2018年济阳区的城市建设用地的空间重心移动方向始终呈现出"向心性"，说明其城市发展方向一直不断趋向于济南市的中心城区。在自然地理位置上，济阳区与济南市的中心城区之间有黄河相隔，加之济阳区在2018年撤县划区，城市发展受到中心城区的辐射作用具有时间的滞后性，因此济阳区还处于需要吸收中心城区社会经济辐射的发展阶段。1990—2000年间，长清区、章丘区和槐荫区的城市建设用地空间重心转移方向在"向心性"和"向外性"之间变化，这也反映了城区整体发展的变化。长清区在1990—2010年期间城市建设用地空间重心向东北方向移动，向中心城区靠近；2010年之后重心呈现出"向外性"。槐荫区在1990—2000年间城市建设用地空间重心呈现"向心性"；2000年之后重心向西北移动，远离中心城区。章丘区在1990—2000年间城市建设用地的空间重心向中心城区方向移动；2000—2010年之后城市发展开始远离中心城区；2016年章丘撤市划区，为与中心城区加强联系，扩大整个市区的范围，在2010—2018年间城区又向中心城区方向移动。

(二）各类用地表现出不同的空间扩张形式

为更详细地分析各类城市用地在空间上的变化情况，本部分依据1995年、2005年、2010年和2018年城市用地现状图，在ArcGIS10.2中进行数字化。其中，1995年、2005年和2010年的土地数据来源为《济南市城市总体规划（1995—2010）》《济南市城市总体规划（2006—2010）》和《济南市城市总体规划（2011—2010）》，2018年经过遥感解译获得。为了与本章研究保持统一性，此部分根据城市用地分类和规划建设用地标准（GB50137-2011）对城市规划图进行数字化，提取包括居住用地、工业用地、公共服务用地、仓储用地、交通设施用地和绿地在内的6类城市用地。同时，本部分的研究范围与2011年城市规划划定的中心城区范围保持一致，即：东至东巨野河，西至南大沙河以东（归德镇界），南至南部双尖山、兴隆山一带山体及济莱高速公路，北至黄河及济青高速公路，共1022平方千米。2011年规划图划定的中心城范围包含了济南市的历下区、历城区、槐荫区、天桥区、市中区和部分面积的长清区，集聚了济南市大部分的人口和社会经济活动，具有代表性，可以有效地反映全市城市用地类型的分布情况。

1. 居住用地

济南市城市居住用地主要分布城市中心，在空间分布上呈现逐渐向外扩散的变化趋势，扩张方向经历了"西南—东北—西南"的变化过程（图3-2-9）。1995—2018年标准差椭圆的形状可以反映居住用地在空间上呈现"东北—西南"的扩张方向，这与济南市城市发展的方向保持一致。此外，1995年、2005年、2010年和2018年标准差椭圆的短轴长度分别为：5.65千米，5.79千米，5.68千米和5.98千米，数值呈波动增长趋势，说明居住用地在空间上的集聚性在减小，整体变化呈向外扩散趋势；标准差椭圆的长轴移动方向呈现"西南—东北—西南"的变化，扁率逐渐增大，说明方向性逐渐显著。

具体来看：1995年，居住用地主要集聚在距离泉城广场大约为10千米的空间范围内。2005年，居住用地进一步扩张，标准差椭圆长轴向西南部移动。此时段内，居住用地一方面是在1995年居住用地外围实现小片区扩张，但扩张程度不明显；另一方面，得益于主城区范围的扩大和长清区撤县设区后的快速发展，居住用地在城区西南部的长清区呈现大面积的团状集聚，扩张明显。2010年标准差椭圆长轴向东北方向移动，且扁率逐渐增大。此时段，新增居住用地主要分布在主城区东部，集中在历城区范围内。2018年，新增居住用地范围扩大，逐渐延伸至主城区边缘区。一是基于原本市中心居住用地，在其外围进行扩张；二是在主城区西南部，主要受到长清大学城的影响，大量的教育工作者和生活服务工作者在此集聚，居住用地实现大幅度的增加；三是在主城区西北部，这里主要是受到西客站的影响，周边居住用地面积迅速增加；四是在主城区东部，主要受到高新区的带动作用，近年来城市人口逐渐向东集聚，高档小区逐渐增多，居住用地面积也有一定程度的增加。但是，从2018年居住用地的标准差椭圆长轴的移动方向来看，居

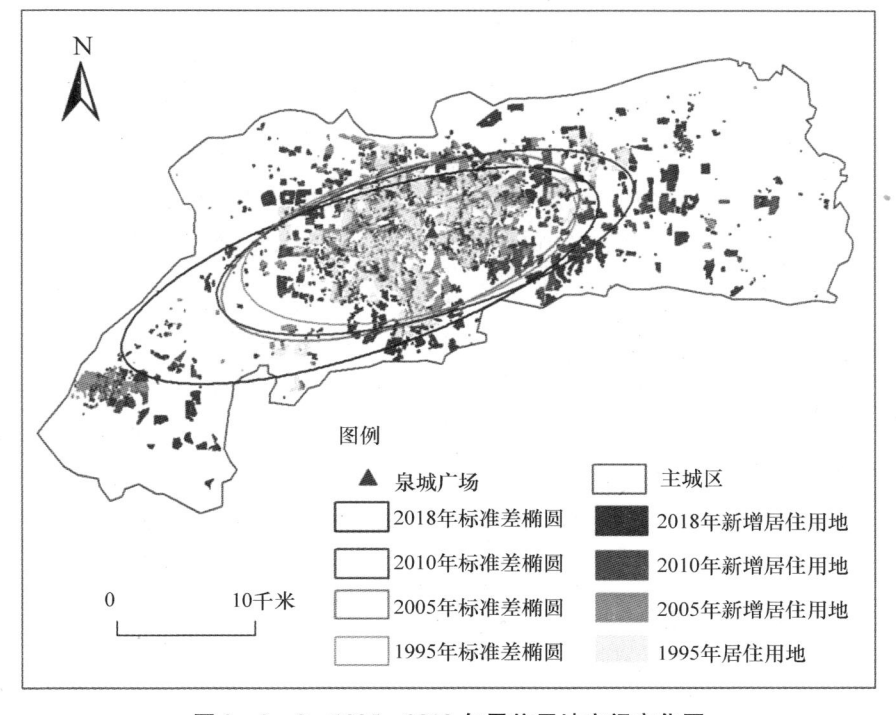

图 3-2-9 1995—2018年居住用地空间变化图

住用地在西南扩张程度明显大于在东北扩张程度，凸显了西客站和长清区大学城对济南市城市居住用地强烈的辐射带动作用。

2. 工业用地

随着济南市"腾笼换业、退二进三"战略实施，工业用地主要分布在中心城区的外围，并呈现出逐渐明显地团状集聚的空间分布形态，方向上呈现"全范围—东北—全范围"的变化过程。1995—2018 年，标准差椭圆的形状变化反映出济南市城市工业用地呈现"西南—东北"的扩散方向。从标准差椭圆的短轴长度变化来看，1995 年、2005 年、2010 年和 2018 年长度分别为 4.78 千米、5.07 千米、4.77 千米和 4.35 千米，数值先升高后减小，说明工业用地在空间上的集聚性先降低后增加。标准差椭圆的长轴逐渐向东部移动，扁率逐渐增大，说明方向性逐渐增强。

具体来看：1995 年，工业用地主要分布在距离泉城广场约 5 千米的外围地区。2005 年，工业用地范围向外扩展，与 1995 年相比，此年份标准差椭圆的长轴在西南方和东北方移动距离差别不大，说明此时工业用地在城市西南部和东北部扩张程度大致保持一致，实现全范围上的用地扩张。短轴距离增大，进一步说明此时段内工业用地扩张在空间上呈现分散性。2010 年，标准差椭圆长轴向东北部移动明显，短轴距离缩短，扁率增加，此时段内济南市新增工业用地主要集聚在东北部。一方面，随着济钢不断发展，其周围也出现大量的衍生工业产业，增加了工业用地面积。另一方面，受到高新区的影响，此时段内东部地区开始出现中小型产业园区，且在小范围内积聚。相较于 2010 年，2018 年工业用地的标准差椭圆长轴在西南和东北移动方向大致一致。伴随着工业园区的不断增多，城市工业用地集聚形态显著，并在东西部扩散趋势一致。此时济南市城区东部因为高新区的不断发展，明水经济开发区的升级，已经集聚了多个电子信息产业、交通装备产业、新能源及节能环保产业等高新技术产业园区，同时在城区西南部也新增了腊山工业园、宋庄工业园、天顺工业园等新工业园区。

3. 公共服务用地

济南市的公共服务用地在空间形态上呈现出"中心集聚，东部散点

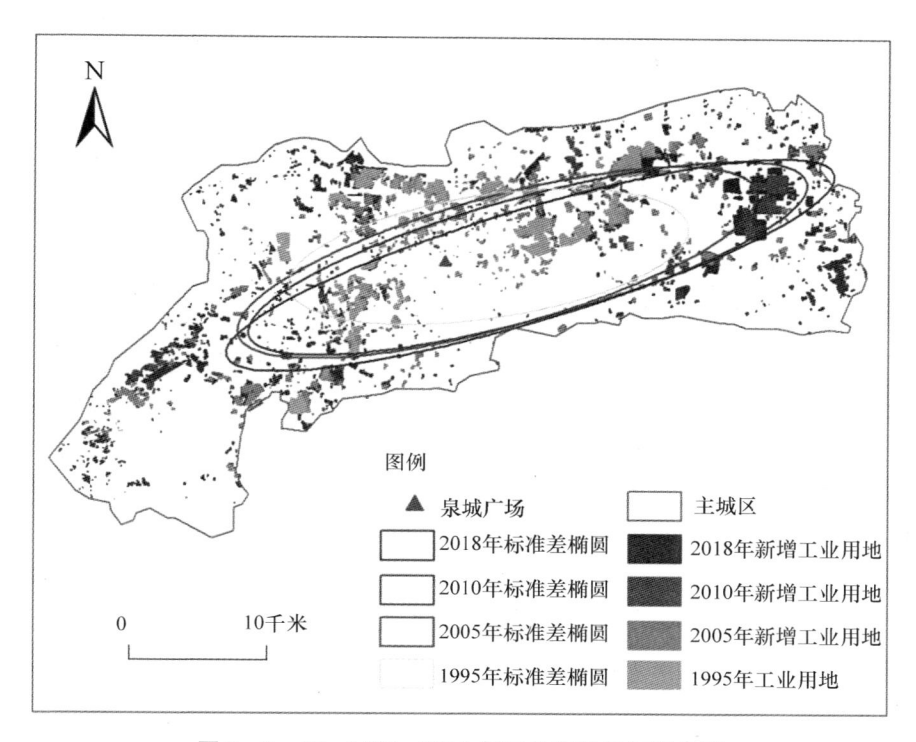

图 3-2-10 1995—2018 年工业用地空间变化图

扩散、西部团状集聚"的分布特点，扩张方向经历了"西南—东北"的过程（图3-2-11）。从标准差椭圆的短轴长度变化来看，1995年、2005年、2010年和2018年长度分别为5.65千米、5.07千米、5.79千米和5.51千米，数值呈现先减小后波动稳定的变化趋势，说明公共服务用地在空间上的集聚性先增加后逐步稳定。标准差椭圆的长轴先向西南部移动，后向东部移动，扁率呈现波动变化，说明方向性不稳定。

具体来看，1995年，济南市城市公共服务用地主要集聚在以泉城广场为中心的半径3千米的范围内，且呈现距离衰减性的特征。2005年，标准差椭圆长轴向西南方向移动，且此时扁率是1995年的3.01倍，说明方向性显著。此时段内，主要受到长清大学城建成的影响，城区西南部的科研教育用地以及相互配套的生活服务类用地显著增加。

2010年，公共服务用地标准差椭圆的长轴继续向西南方向移动，但相较于2005年，该年份标准差椭圆的短轴距离明显增加，且扁率减小，说明公共服务用地在空间上的集聚性降低，分散性增强。受西部长清大学城不断发展的辐射带动作用，大学城内部和外围的公共服务设施逐渐增加，公共服务用地得到一定程度的扩张。2018年，标准差椭圆的长轴向东北部移动，短轴距离略微缩小，扁率增加，反映出此时公共服务用地呈现明显向东北部扩张的趋势，且集聚性有小幅增加。近年来，位于济南市东部的高新区不仅受其产业类型的影响吸引了大量的金融、商业办公和电子通讯等商业服务产业，增加了商业服务用地，而且随着济南市政府机构搬迁到此地，大大增加了该片区市政服务用地面积。此外，随着2016年章丘区撤市划区，增加了城区东部的历城区与章丘区之间联系，公共服务用地呈现散点状扩散。

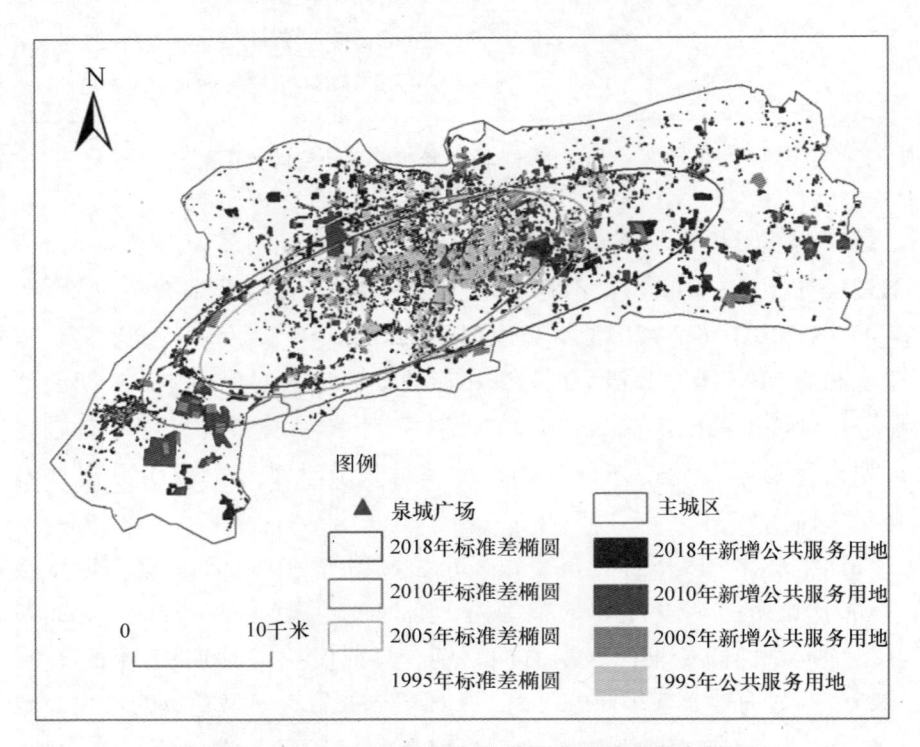

图3-2-11 1995—2018年公共服务用地空间变化图

4. 交通设施用地

济南市交通设施用地呈现"以轴扩张、以团集聚"的空间分布特点，扩张方向经历了"东部—西南"变化过程（图 3-2-12）。1995 年、2005 年、2010 年和 2018 年济南市城市交通设施用地标准差椭圆短轴长度分别为 5.59 千米、5.52 千米、4.99 千米和 5.86 千米，数值先减小后增大，说明城市交通设施用地在空间上的集聚性先增强后减弱。标准差椭圆的长轴先向东部移动，后向西南方向移动，扁率先升高后减小，说明移动的方向性先增强后减弱。

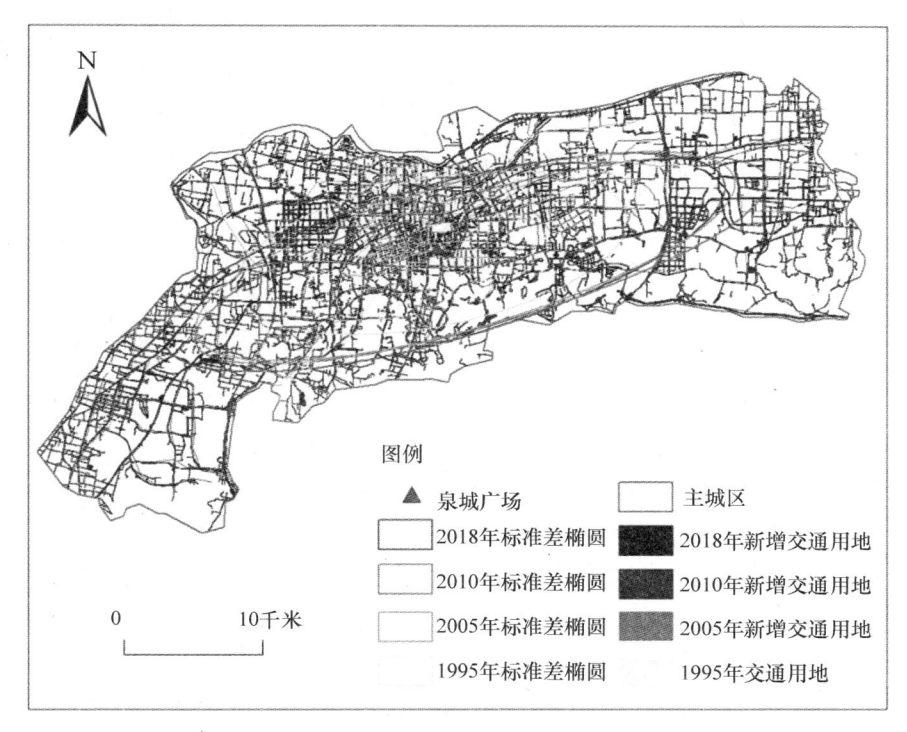

图 3-2-12 1995—2018 年交通用地空间变化

1995 年，受主城区划定范围的限制，济南市交通用地密集区主要集中在市中区、天桥区、历下区和槐荫区的北部。这里是济南市的旧城区，也是城市的商业行政中心，依托大明湖、趵突泉、千佛山等城市旅游景点，商业购物商场，政府机关，医院和科教院所齐聚于此，城市交通网络较为密集。2005年，交通用地沿着"西南—东北"方向扩张，市中心交通路网密度进一步增大，市中心和城区边缘路网密度差距较大。此年份交通用地标准差椭圆的长轴在东西方移动距离差别不大，表明东西扩张程度相似；短轴距离缩短，反映出交通用地主要集中在以经十路为主轴的南北两侧扩张的特点。与2005年相比，2010年新增交通用地主要为城市次干道的交通线，极大地促进了城市路网密度的增加，此时交通用地呈现的特点为：以泉城广场为中心大集聚、沿经十路方向多个小集聚。此年份的测算的标准差椭圆反映出的长轴向东部小幅移动、短轴长度缩短、扁率增加的特点，也说明此时城市交通用地在空间上更加集聚，团状的交通线增多的现象。2018年，交通用地扩张程度增大，明显地表现在城市次一级交通线路的增多，市中心和城区边缘的交通用地密度在逐步增大，城市通达性增强；标准差椭圆的短轴长度增大也表明了此时交通用地扩张呈现分散性的特点。受到西客站建成的影响，位于济南市西部的槐荫区交通用地扩张程度显著高于其他城区，此时的标准差椭圆的长轴表现出向城市的西南方向移动。

5. 仓储用地

济南市城市仓储用地在空间上呈现点状分散分布的特点，空间扩散的移动方向经历了"东部—西南"的变化过程（图3-2-13）。1995年、2005年、2010年和2018年济南市城市绿地的标准差椭圆短轴长度分别为5.79千米、5.65千米、4.31千米和4.01千米，数值逐渐减小，说明城市仓储用地在空间上的集聚性逐渐增大。标准差椭圆长轴先向东部移动，后向西南方向移动，扁率先升高后减小，说明移动的方向性先增强后减弱。

具体来看，1995年，济南市仓储用地主要分布在以泉城广场为中心半径8千米之外的范围内。2005年，新增的仓储用地主要分布在1995年仓储用地的外围区域，标准差椭圆的长轴向东北方向小幅移动，短轴长度减小，说明此时仓储用地在空间上集聚性增强。2010年，仓储用地扩张程度减弱，此时的标准差椭圆的长轴向东移动，短轴距离缩短，说明集聚性增强。此时，济南市的仓储用地扩张方向主要集中在城市东北部。2010年，济南市东部既有济钢这类大型国企，也有高新区新发展的电子信息技术产业，他们的发展都需要物流运输。同时，济南市东部已经形成了像山东盖世国际物流公司这类的综合性物流企业，并以其为中心形成了物流园区，园区不断吸纳新的物流企业，面积不断扩张。2018年，仓储用地的标准差椭圆长轴方向表明其扩张方向转为城区西南部，短轴距离进一步缩短，表明集聚性增强。自2011年济南西客站建成以来，有效地带动了周围物流企业的发展，形成了一大批中小物流企业。

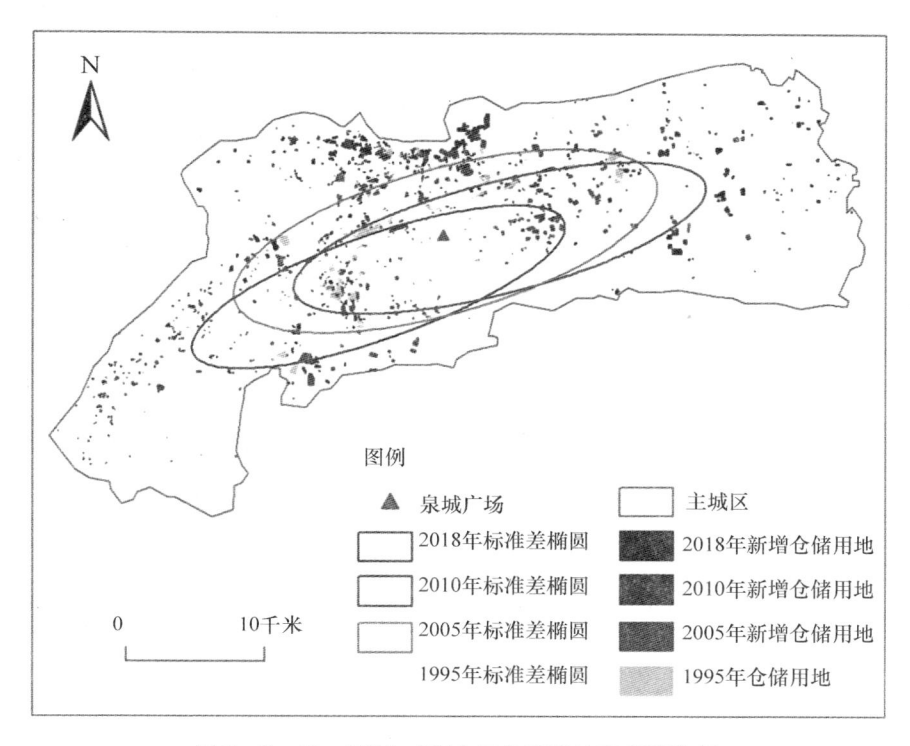

图3-2-13 1995—2018年仓储用地空间变化图

6. 绿地

济南市城市绿地在空间形态上表现出由"片状"向"带状"的转变，在空间分布上表现出向外扩散的变化趋势，扩张方向经历了"西南

—东北"的变化过程（图3-2-14）。1995年、2005年、2010年和2018年济南市城市绿地的标准差椭圆的短轴长度分别为5.34千米、5.97千米、5.98千米和6.03千米，数值逐渐增大，说明城市绿地在空间上的集聚性逐渐减小，空间分散性增强。标准差椭圆的长轴先向西南部移动，后向东部移动，扁率不断增大，说明移动的方向性显著性增强。

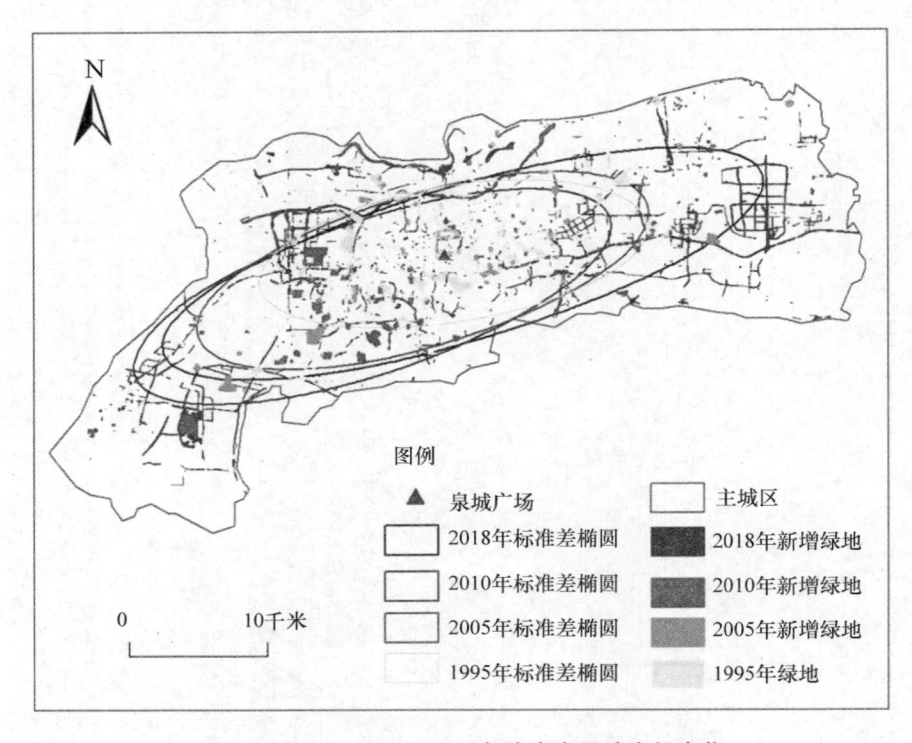

图3-2-14　1995—2018年济南市绿地空间变化

具体来看，1995年城市绿地主要分布在市中心，且距离市中心越远绿地面积越大。2005和2010年，城市绿地的标准差椭圆长轴向西南移动，短轴长度增加，扁率增大，说明此时城市绿地呈现明显的向西南方向扩散趋势。随着主城区范围的扩大，西部济南森林公园、青龙山和马鞍山等城市山体公园绿地被纳入城区范围内，使得西部城区绿地面积增大。自 2010 年，济南提出创建"森林城市"以来，济南市不仅积极打造山体公园，而且也加大了对城市道路和河流两侧的绿化力度，努力让城市实现"一路一特色，一街一风景"。2018 年，新增绿地在空间形态上多呈现条带状，这主要得益于城市加强了城市道路和城市河流周围的绿化。绿地标准差椭圆长轴向东北部移动，短轴长度增加，扁率增大，说明此时济南市新增绿地呈现出向东部扩散的趋势。东部高新区的聚集了大量低污染、高科技的产业类型，片区内绿化率高；加之东部多为新建道路，路面广阔，为道路绿地留有足够的用地。

第三章 济南市城市功能演变特点

一 居住功能

本章的房价数据来源于链家网，采集数据的时间为 2019 年 11 月 18 日—11 月 20 日，采集数据期限为 1990—2018 年。在研究区范围确定上，剔除了平阴县和商河县的数据；对于在同一个小区内出现的不同房价，也进行了均价处理，最终获得了研究区内 1706 条数据。楼盘房价数据来源于中国房价行情网。城市人均居住面积数据来源于《济南统计年鉴》（2000—2017 年）。

（一）城市居住功能增强

1990—2018 年间，各年份所建设小区数量呈现波动变化，但是波动幅度逐渐变小（图 3-3-1）。其中，济南市 1990 年建设小区数量最多，为 167 个；其次是 1995 年建设的小区，数量达 153 个。1992 年建设小区数量最少，仅为 17 个。从建筑年代来看，1990—2000 年间建设小区数量达 774 个，此时段各年份建设小区数量波动较大；2001—2010 年间建设小区数量达 526 个，相较于 90 年代小区数量，此时段内各年份建设小区数量波动性明显下降；2011—2018 年建设小区数量达 406 个，此时段内各年份建设小区数量进一步呈波动下降趋势。

1990—2018 年间，各年份建设单位小区内住户数呈现波动上升的变化趋势。1998 年建设单位小区的户数最少，平均一个小区有 143 户；2014 年建设单位小区户数最多，平均一个小区有 2375 户，是 1998 年的 16.6 倍。1990—2000 年间建设单位小区户数平均值为 405 户，

2001—2010年建设单位小区户数平均值为812户，2010—2018年间建设单位小区户数平均值已经高达1653户。这种变化，不仅仅是因为小区平均规模的增加，同样是小区楼层提高的结果。

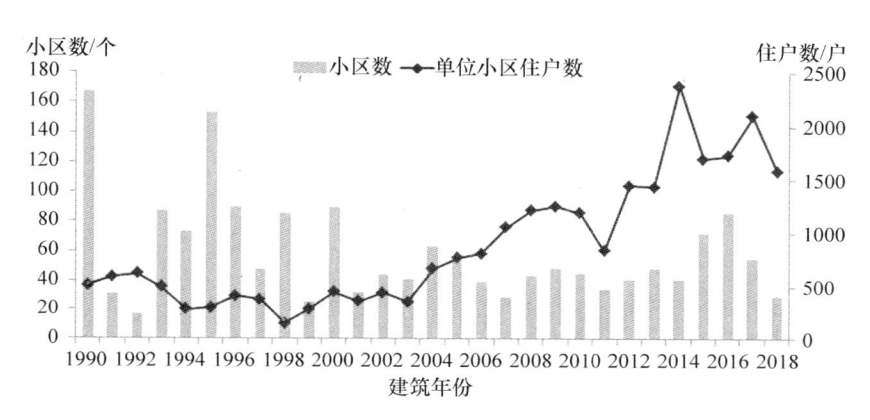

图3-3-1 1990—2018年济南市新建小区和单位小区住户数

1990—2018年间，济南市城市容纳人口数量增多，城市居住功能不断增强。具体来看，尽管1990—2000年间济南市城区建设小区数量较多，但是此时段内建设小区多以工作单位为依托，职工宿舍较多，楼层少，房屋建筑面积没有限制，因此，此时段内单位小区住户数不高。进入21世纪，济南市城市发展迅速，居住小区建设开始脱离工作单位，多为商业开发。一方面，城市规划管理部门为提高小区的规模效应，增大了单个小区的占地面积；另一方面房地产企业为减少成本实现利润最大化，建筑楼层不断增加。2010年之后，济南市单位小区的户数继续攀升，这不仅反映了居住小区内居民楼楼层增高；也体现出济南市居住小区规模的增加，大型的现代化小区已经成为济南市居民优先选择项。

（二）居住功能呈现"中心—外围"型空间分异特征

选取1990—2018年所有年份的小区，采用核密度方法估算各小区在空间上的分布情况，旨在探究济南市城市居住功能的空间分异特征。核密度估计法是借助一个移动的单元格对点或线布局的密度进行估计，计算数据集分布的核心区域，以及其对周边影响，是分析建筑或街区空间分布规律的一种工具，可以较为直观地反映相应指标建筑或街区的核心集聚区以及空间影响范围，其公式如下[①][②]：

$$f(s) = \sum_{i=1}^{n} \frac{1}{h^2} k\left(\frac{s-c_i}{h}\right)$$

式中，f(s) 表示位置 s 处的核密度估计函数；h 为路径距离衰减阈值；n 是与位置 s 的路径距离小于或等于 h 的 POI 点数；k 函数选择应用最普遍的 4 次空间权重方程。

$$k\left(\frac{s-c_i}{h}\right) = \frac{3}{4}\left(1 - \frac{(s-c_i)^2}{h^2}\right)$$

从空间分布来看，济南市城市居住小区呈现出"中心大集聚，周边小集聚"的空间分布形态。当前，济南市城市居住小区依然集中在市中心天桥区、历城区、槐荫区、市中区、历下区等城区。在济阳区、章丘区和长清区也有居住小区的集聚，但是集聚程度明显弱于主城区。济南市的主城区也是济南市的旧城区，受时间累计的影响，这里最先集聚城市人口和城市社会经济活动，为城市居民提供了良好的社会基础设施保障。济南市城市居住小区的空间分异性特征反映了当前济南市城市人口空间集聚性和城市基础设施的空间分布特征。一方面，当前济南市城市居住人口的主要活动范围依然局限在主城区，多数市民倾向在主城区定居；另一方面，这也反映出济南市主城区和新兴城区之间基础设施建设和社会福利待遇差距较大的社会现状。

济南市城市居住功能的中心—外围差异性也表现在各城区的房价分布上。从各城区新增楼盘房价变化趋势来看，整体上各城区新楼盘房价呈现不断上升的变化趋势，但是区域差异性逐渐增大。除 2009 年房价略低于市中区外，历下区房价在 2010—2019 年间一直高于其他城区。2009—2019 年，历下区房价均价为 15613 元/平方米；其中，2018 年最

---

① 杨振山等：《大数据对人文——经济地理学研究的促进与局限》，《地理科学进展》2015 年第 4 期。

② 陈斐等：《空间统计分析与 GIS 在区域经济分析中的应用》，《武汉大学学报（信息科学版）》2002 年第 4 期。

高，为 26920 元/平方米。高新区、槐荫区、历城区、市中区和天桥区凭借其能够为城市居民提供较多就业机会和满足居民对社会基础设施的需求等优势性条件，也成为城市房价高值的集聚地。相比较而言，位于城市边缘的长清区、济阳区和章丘区受限于自身城区经济社会条件限制，楼盘房价普遍偏低。2009 年，新增小区房价均价最低的城区为章丘区，为 2800 元/平方米。但是 2010 年后，章丘区的房价明显高于济阳区，两区差距进一步拉大，2018 年章丘区商品房均价比济阳区每平方米高 2841 元。

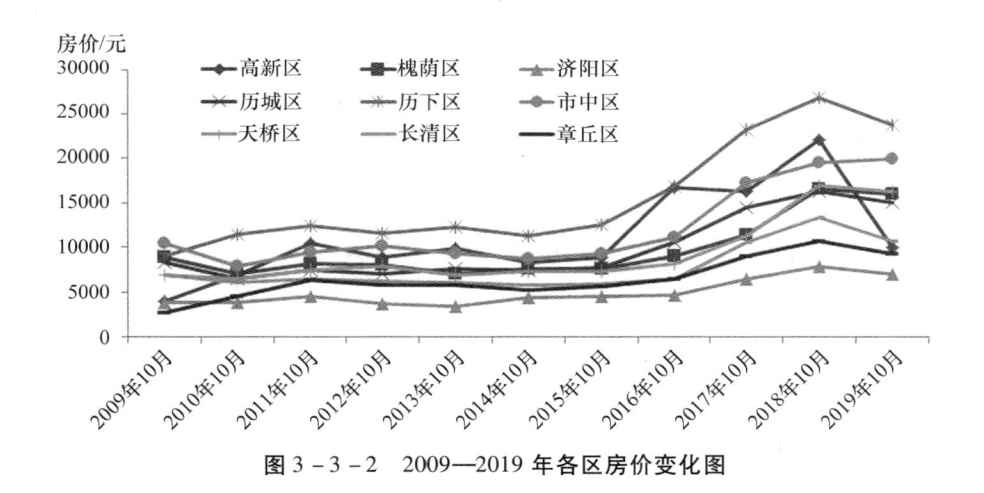

图 3-3-2 2009—2019 年各区房价变化图

（三）居住条件与环境不断完善

2000 年以来济南市城市人均居住条件不断改善，2000 年人均住宅面积仅为 10.5 平方米，2017 年增至 47.8 平方米（2009 年之后为建筑面积）。城市人均居住面积的不断增长反映出城市居住小区建设面积的增长，更体现了济南市在不断扩大城市人口容纳范围的同时也在努力提高城市居民的居住质量。城市居住质量改善不仅表现在居住面积的扩大，也表现在居住小区的环境建设。从 2000—2017 年间济南市城市小区绿化率的变化趋势来看，居住环境一直保持在较高水平。17 年间，小区平均绿化率一直保持在 29% 以上，均值达 35.98%。随着城市建设不断推进，居民更倾向于居住在环境良好的社区，结合济南市城市建设小区的空间变化来看，近年来小区建设多从中心向外扩展，小区选址更多考虑在环境友好型的地段。

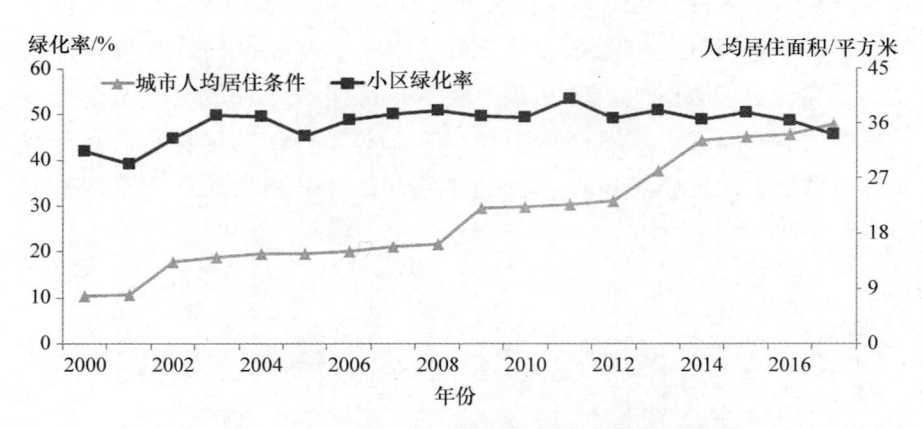

图 3-3-3　2000—2017 年城市人均居住面积和小区绿化率变化图

二　工业生产功能

本部分选取城区（研究 8 区）的工业生产总值、工业能耗、各区规模以上工业生产总值和企业数量等数据，并结合第二章的研究数据计算地均工业生产总值，以探究济南市城市工业生产功能的演变特点，相关数据均来自《济南统计年鉴（1991—2018 年）》。其中，因为无法获取济南市各个区县的工业能源消耗量，本部分依据各市区的地区工业生产总值在全市工业生产总值的占比进行比例换算，最终得到各区的工业能源消耗量。

（一）城市工业生产转型升级效果良好

在 1998—2017 年间，济南市城市制造业、采矿业以及电力、燃气及水的生产和供应业三类工业产业产值差距较大。如图 3-3-4，在研究时段内，济南市制造业产值在工业总产值中的占比始终保持在 91%以上，占据主要地位。具体来看：1999 年制造业产值在工业总产值中的占比最低为 91.42%；此后，制造业产值在工业总产值中的占比呈波动增长趋势，至 2017 年达到最高值，为 94.91%。1998—2017 年间，电力、燃气及水的生产和供应业产值占比呈波动变化趋势，平均占比为 5.08%。囿于近年来济南市黄河以北煤矿关停、城市开发的需要以及大量采矿会造成地面下沉等原因，采矿业产值占比一直呈现下降趋势，1998 年占比为 3.69%，2017 年下降至 0.64%。

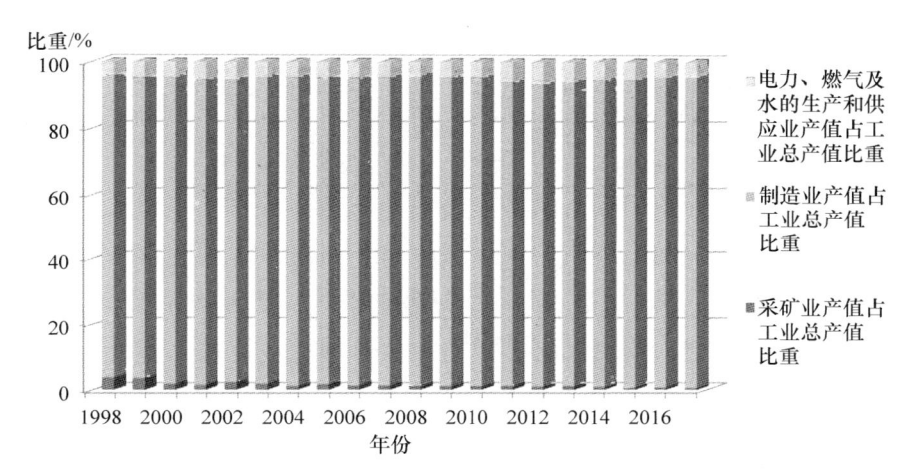

图 3-3-4 1998—2017 年采矿业、制造业和电力燃气及水的生产和供应业的产值在工业总产值中占比变化

根据上述分析可知制造业一直是济南市工业发展的重要力量。为进一步分析济南市制造业发展变化情况，本研究根据制造业转型升级的一般过程，即：以劳动为主的密集型行业—以重工业发展为主的资本密集型行业—以高加工、高创新为主的技术密集型行业—以高知识密度、高创新为主的知识密集型行业，在借鉴相关学者研究基础上，依据要素密度将制造业行业分为劳动密集型、资本密集型、技术密集型和知识密集型 4 大类（表 3-3-1）[1][2]。

---

[1] 王金杰等：《协同视角下京津冀制造业转移及区域间合作》，《经济地理》2018 年第 7 期。

[2] 郭克莎：《我国技术密集型产业发展的趋势、作用和战略》，《产业经济研究》2005 年第 5 期。

表 3-3-1　　　　　　　　　制造业行业按照要素密集度分类

行业类型	包含行业
劳动密集型行业	农副食品加工业，食品制造业，酒、饮料和精制茶制造业，烟草制品业，纺织业，纺织服装、服饰业，皮革、毛皮、羽毛及其制品和制鞋业，木材加工及木、竹、藤、棕、草制品业，家具制造业，造纸及纸制品业，印刷和记录媒介复制业，文教、工美、体育和娱乐用品制造业
资本密集型行业	石油、煤炭及其他燃料加工业，橡胶和塑料制品业，非金属矿物制品业，黑色金属冶炼及压延加工业，有色金属冶炼及压延加工业，金属制品业
技术密集型行业	化学原料和化学制品制造业，化学纤维制造业，通用设备制造业，专用设备制造业，汽车制造业，铁路、船舶、航空航天和其他运输设备制造业，电气机械及器材制造业
知识密集型行业	医药制造业，计算机、通信和其他电子设备制造业，仪器仪表制造业

从四类密集型行业产值占比变化来看：1998—2017年间，济南市劳动密集型行业产值占比呈波动下降变化趋势，变化值从1998年19.91%下降至2017年11.01%。资本密集型行业产值占比变化经历了先上升后下降的过程：1998—2006年间济南市资本密集型行业产值占比逐年上升，2006年占比为41.61%，相较于1998年增长了10.8%；自2007年开始，资本密集型行业占比开始逐年下降，2017年占比下降至23.82%。济南市资本密集型行业产值占比的变化反映了济钢等重型工业企业从在城市兴盛到逐渐搬离城市的发展过程。技术密集型行业产值比重呈波动变化，产值占比一直在34%以上，是济南市主要的制造业类型。知识密集型行业产值占比呈现逐渐上升趋势，这主要得益于济南市大力发展生物医药和电子通信产业等高知识型产业。

以占比量50%为界线，继续分析制造业转型的变化特点（图3-3-5）。1998—2008年间，劳动密集型和资本密集型产值占比之和高于50%，说明此时段内济南市的制造业主要以发展低端且高能耗的产业为主；2009—2017年间，技术密集型和知识密集型产值占比之和高于50%，说明此时济南市的制造业以发展高知识、技术产业为主。综上可知，济南市制造业已经由低端、高污染、高能耗为主的产业类型转为高技术含量和高附加值为主的产业类型。

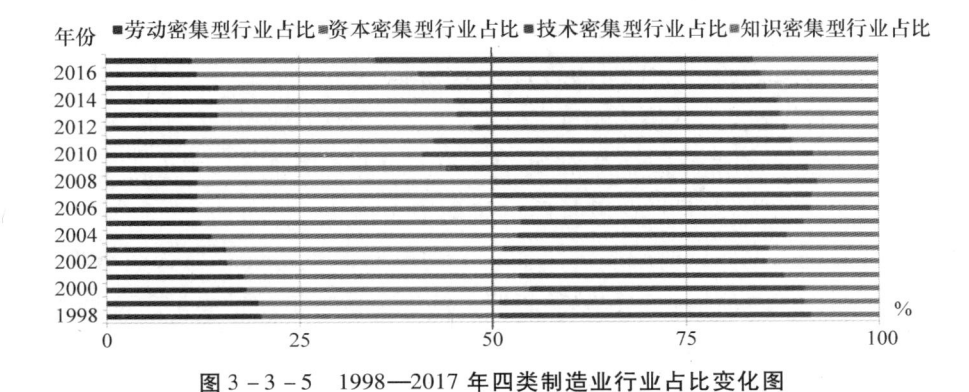

图 3-3-5　1998—2017 年四类制造业行业占比变化图

进一步研究发现，济南市单位工业 GDP 能耗呈现不断下降的变化趋势，也证明了济南市城市工业在产业结构升级上取得了一定成效（图 3-3-6）。1990 年，单位工业 GDP 能耗为 11.04 吨标准煤/万元，1997 年首次低于 5 万吨标准煤/亿元，为 3.01 吨标准煤/亿元。进入 2010 年后，单位工业 GDP 能耗值一直保持在 2 万吨标准煤/亿元，2017 年降至 1.09 万吨标准煤/亿元。

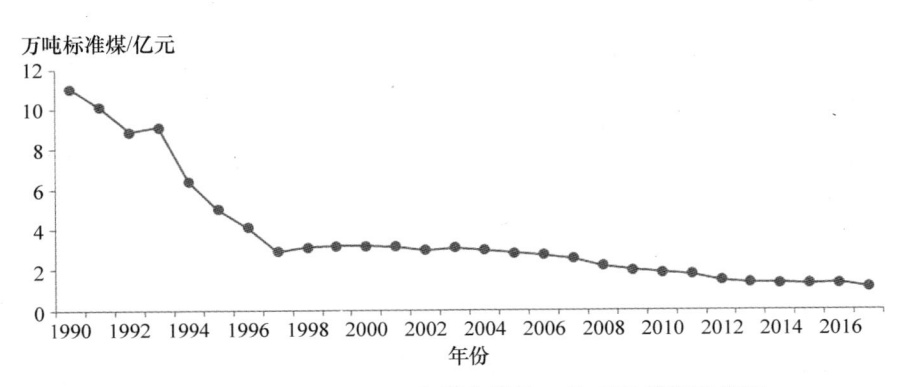

图 3-3-6　1990—2017 年城市单位工业 GDP 能耗变化图

（二）城市生产功能逐步弱化

研究区内工业生产总值一直呈现上升趋势，但增长活力明显不足。增长阶段可以分为：加速增长—缓慢增长—平稳增长三个阶段。1990—2000 年间为加速增长阶段，此时工业生产发展势头迅猛；1990 年工业生产总值为 58.18 亿元，到 2000 年增至 305.32 亿元，年均增长率高达 18.03%。2001—2014 年间为缓慢增长阶段，年均增长率为 13.51%；尽管 2010 工业生产总值为 1005.22 亿元，已突破 1000 亿元，但从增长率来看，此时段内与 90 年代相比，工业生产功能活力明显不足。2015—2017 年间为平稳发展阶段，年均增长率仅为 3.47%；受到老工业基地搬迁影响，此时间段内工业生产功能已经不再具有增长优势性。地均工业生产总值增长变化趋势表明：济南市城市工业发展呈现集聚式发展趋势，同时这种集聚式发展的活力在逐渐减弱。1991 年地均工业生产总值为 1.61 亿元/平方千米，2000 年达到 7.12 亿元/平方千米，年均增长率为 17.99%。虽然在 2001—2014 年间地均工业生产总值突破了 10 亿元/平方千米，但是此时段内年均增长率仅为 7.84%。进入 2015 年之后，地均工业生产总值一直保持在 18 亿元/平方千米左右，增长幅度甚微。

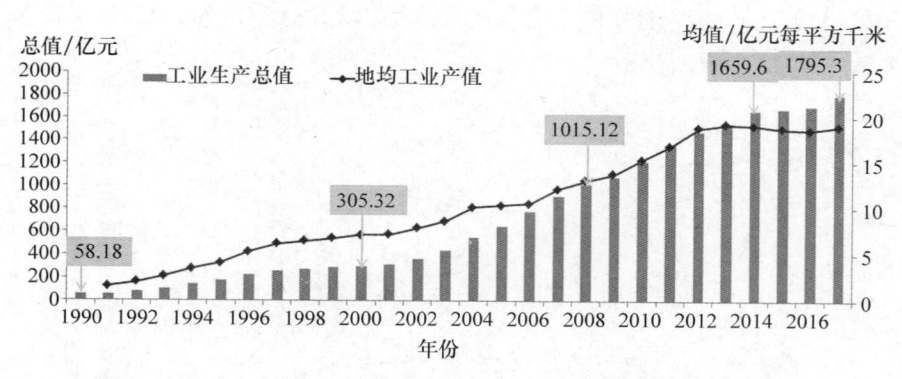

图 3-3-7　1990—2017 年城市工业生产总值和地均工业产值变化图

测算城市工业生产总值在城市生产总值的比重可以反映出济南市城市工业生产功能在城市综合功能中发挥作用的大小。1990 年，城市工业生产总值占比为 45%，说明此时济南市城市工业功能发挥主要作用，城市发展主要依靠工业发展产生的经济产出。此后城市工业生产总值与生产总值的差距逐渐变大，占比一直下降，至 2017 年占比仅为 26%。主要有两方面的原因：一是随着济南市大企业的没落和搬迁，工业企的数量减少，从数量规模上限制了城市工业生产功能的发展。尽管近年来济南市依靠高新技术产业、生物医药、高端装备制造业等新兴产业类型进行积极转型，但是由于时间积累较短，发展规模小、影响力弱等因素，短时间内难以弥补济南市重工业衰退所造成的负面影响。二是济南市作为山东省的省会，近年来城市发展迅速，城市的公共基础设施的建设速度远大于工业企业的发展速度，一定程度上削弱了城市工业生产功能。

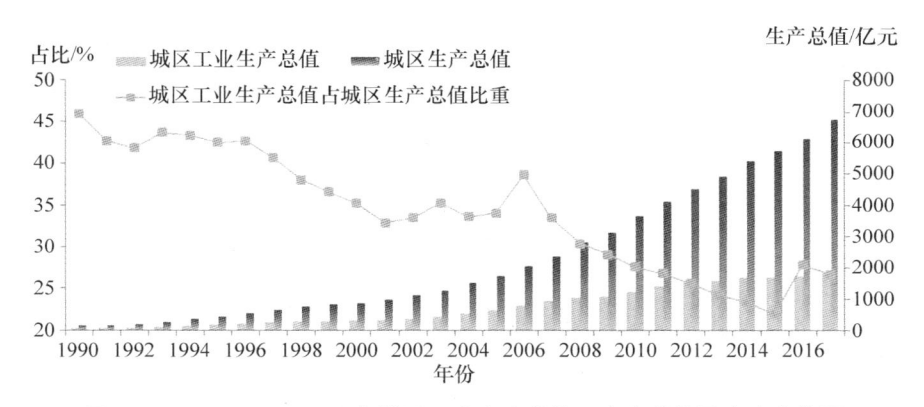

图 3-3-8　1990—2017 年城区工业生产总值、生产总值及占比变化图

（三）工业生产功能呈现层级状分布

济南市城市规模以上工业产值和数量在空间上表现出由"半环状"到"中部突出"到"自西向东式"的层级状分布变化，反映出城市工业企业不断向城区边缘靠近，城市工业生产功能在空间上呈现出层级化分布形态。2000 年，城市规模以上工业生产值在空间上呈现出以天桥区、槐荫区和市中区为中心的中部凹陷三面突出的"半环状"分布形态。与此对应，规模以上工业企业主要集中在城市外围区，特别是章丘、历城区、历下区和长清区。2005 年和 2010 年，历城区和历下区规模以上工业总值具有显著优势性，最低值集中在天桥区和槐荫区。2017 年，层级分化更加明显，天桥区作为低值区处在第一层级，槐荫区、市中区、长清区和济阳区构成第二层级，章丘区发展较快与历城区和历下区共同构成第三层级，至此济南市城市工业生产呈现出"自

西向东式"层级状的分布形态。天桥区集聚了济南市五龙潭、百里黄河、动物园、鹊山龙湖等景区以及衣物和小商品批发贸易区（泺口服装城），规模以上工业企业不具有优势性，一直为规模以上工业企业生产值的低值区。近年来，长清区有大学城的建立，工业功能逐渐弱化。历下区和历城区集聚了济南市大部分的高新技术企业，不管是从数量上还是企业规模上都具有突出优势性。受高新区东扩的影响，临近的章丘区的工业发展逐渐显现出优势性，2017年规模以上工业企业达631家，远超其他7区。

从城区工业生产总值占全市工业生产总值的比重来看，占比一直保持在75%以上，说明济南市8个城区依然聚集着全市大部分的工业生产力，济南市的工业产值主要来源于城区企业。从变化趋势来看，1990年占比为92.41%，此后占比呈下降趋势，至2017年仅为76.91%。这说明城区的工业生产能力在全市范围内不断削弱，大部分的工业企业开始向郊区和城区边缘移动。通常情况下，城市企业的外移一方面会受到市场因素的制约，这主要表现在企业成本上，城市地价的不断攀升和城市对环境质量的高要求使得原先分布在旧城区的企业趋向于城市外围。另一方面主要是受到政府政策的约束，如，为完善城市综合服务能力，2014年济南市政府在《济南市人民政府关于推进东部老工业区工业企业搬迁改造的意见（实行）》中明确提出：轻工类企业迁至济阳区、长清区；石油化工类企业迁至商河县。

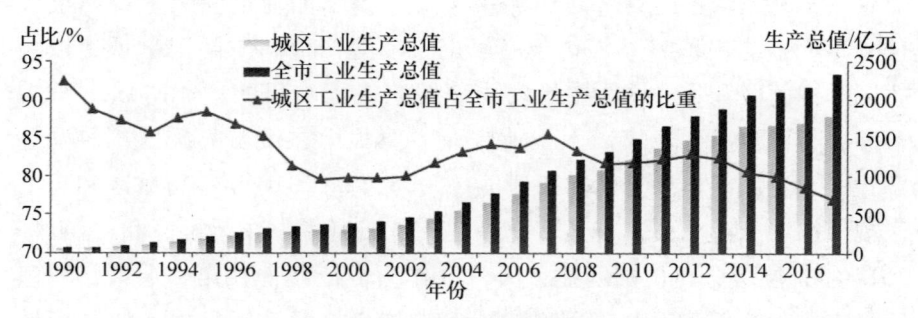

图3-3-9　1990—2017年城区工业生产总值、市区工业生产总值和占比变化图

三 公共服务功能

(一) 城市教育功能的竞争力减弱

济南市拥有泉城文化、名士文化和商埠文化等历史文化，文化底蕴深厚；也聚集了山东省内多数的高等院校，拥有全国重点大学山东大学、省属重点大学山东师范大学和山东财经大学等。1995年高等院校有16所，此后逐年增加，2017年拥有41所高等院校，其数量增长主要体现在职业技术院校的增加。在校生人数也由1995年的5.6万人增加至2017年的33.7万人。职业院校不断增加得益于济南市坚持产教融合的教育政策。大力发展职业教育服务，以满足经济发展需要，推动职业院校主动对接区域产业；通过开展校企合作办学，推进职业教育改革和发展。

从高等院校的空间分布来看，大部分的高等院校都分布在济南市市区范围内，大致可以分为旧（主）城区、长清片区和章丘片区三个聚集区。受城市发展的影响，高等院校最早建立在济南市旧（主）城区，山东大学、山东师范大学、山东财经大学和山东工艺美术学院等院校的本部集中在济南市旧城区。随着城市空间的扩张，众多高等院校开始向城市边缘地区迁移，一是向东迁移至章丘区，在章丘大学城建立学校的分校区；二是向西迁移至长清区，在长清大学城建立新校区。济南市高校的迁移可有效地加强了章丘和长清两个城区与主城区的联系，带动了城区经济社会发展。

表3-3-2　　　　　　　1995—2017年高等院校数量

年份	院校数量（所）					在校生数量（人）				
	1995	2000	2005	2010	2017	1995	2000	2005	2010	2017
总计	16	16	29	36	41	56550	79944	224864	296951	337393
综合性大学	2	1	2	3	4	12270	27124	84926	91262	99529
理工院校	5	4	4	5	4	19971	16368	54160	73327	80086
医药院校	2	1	1	1	2	6008	3131	9095	16115	23375

续表

	院校数量（所）					在校生数量（人）				
年份	1995	2000	2005	2010	2017	1995	2000	2005	2010	2017
师范院校	1	1	1	2	3	7986	11877	26621	38225	47943
财经院校	2	2	2	2	2	7078	13384	28376	37510	37578
政法院校	1	2	1	3	3	998	3531	3869	17741	23676
体育院校	1	1	1	1	1	832	1422	6669	7107	8019
艺术院校	2	2	2	2	2	1407	3107	11148	15664	17187
职业技术学院		2	15	17	20		13019	79927	160771	207055

科教支出可以反映政府对地区科学教育的重视程度。济南市城市科教财政支出量逐年升高，变化趋势呈现指数式增长；但是占比呈现平稳式下降的变化趋势。1995 年，科教财政支出仅为 3.34 亿元，2004 年突破 10 亿元达到 10.38 亿元，此后不断上升，2017 年财政支出达到 103.53 亿元，是 1995 年的 30.95 倍。通过对 1995—2017 年数据进行趋势线拟合可知，$R^2 = 0.988$，其增长趋势更符合指数式增长。从城区科教财政支出占比来看，1995—2017 年占比呈逐步下降的变化趋势。1995 年，城区科教财政支出占总支出的 39%，此后逐渐下降，到 2005

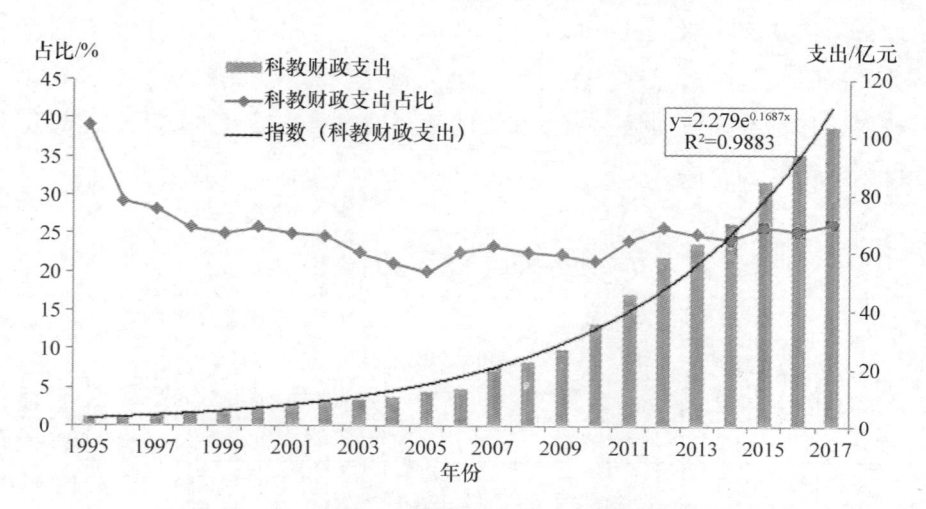

图 3-3-10　1995—2017 年科教财政支出及占比变化图

年占比减少至19%。2006年开始回升,占比达22.43%,此后一直保持在25%左右。综上可知,尽管科教财政支出的金额不断上升,但是这是建立在城市经济规模总量不断升高的基础之上,进一步分析科教财政支出占比的变化趋势可知,相比20世纪90年代,济南市政府对教育的关注程度有所下降,但是下降幅度不大。同时,济南市城市教育功能逐渐下降也体现在城市高等院校在全国的竞争力逐渐减弱。从全国排名来看,济南市的高等院校排名逐年下降;此外,受城市发展的影响,青岛、烟台、威海等城市吸引了大批高校在当地建立分校,由此进一步导致济南市城市教育功能的竞争力逐渐减弱。

(二) 商业服务业呈现多中心式发展

1. 城市商圈演变历史

济南市的商圈发展经历了:"综合—专业—综合""百货—超市—购物中心、中央商务区"的演变过程(表3-3-3)。1995年前,济南市主要的商圈为大观园商圈、花园路商圈,其主要经营本土和国营传统百货。1996—1998年,现代开放的商业形式影响济南的发展,三联家电等专业化的购物店出现,此时段内泉城广场商圈开始出现。1998—2001年间,随着大型连锁超市的注入,济南市出现了大润发、万家隆等综合性较高的购物超市,满足了市民的生活需求。2002—2010年,购物中心概念初显,沃尔玛、苏宁、国美等商场的加入促进了济南市商圈的发

表3-3-3 **济南市城市商圈发展历史概述**

年份	1995年前	1996—1998年	1998—2001年	2002—2010年	2010年—至今
发展特点	本土、国营传统百货、柜台式、大而全	现代的、开放的、专业的百货开业、专业店出现	大型连锁超市	外资商家注入、购物中心出现	进入购物中心大发展时代,中央商务区确立
表现形式	济南百货、大观园、人民商场、山东华联、济南一百	银座商城、贵和购物、三联家电	新国道、万家隆、大润发	沃尔玛、家乐福、万达、银座、苏宁、国美	恒隆广场、万象城、世贸广场、高新区CBD

注:本表来源于作者自己整理。

展。进入 2010 年,济南市进入购物中心时代并确立了中央商务区。泉城路商圈依然是主要购物集聚地;此外,以高新技术产业为主的高新区东部片区被定义为济南市的中央商务区,当前这里聚集着众多的金融机构、省部级企业的总部以及高端服务业企业。

2. 城市商业(商务)中心识别

为探究济南市当前商圈发展的空间结构,本部分选取兴趣点数据(POI)和城市建筑物高度数据作为主要的数据源,识别济南市主要商业(商务)中心。其中,POI 数据(2019 年)来源于高德地图(http://ditu.amap.com/),经过去重、坐标转化和空间纠正等步骤,共提取 101341 个 POI 数据。城市建筑物高度数据经过空间纠正和配准后,共得到 10162 条数据。本部分的统计数据选取 2005—2017 年济南市各城区批发与零售业、餐饮住宿业、金融服务业和房地产业的生产总值数据,旨在分析各区的商业(商务)服务业水平,并从传统数据的角度识别出济南市商业(商务)服务业主要集聚区。

(1)基于 POI 数据的商业(商务)中心识别

根据商业(商务)中心定义和相关研究文献对 POI 数据的分类方法,将 24 类 POI 数据分为公共基础设施、生活服务、休闲娱乐、商务办公和金融类五大类(表 3-3-4)[1][2]。其中休闲娱乐 POI 数据最多,共有 67440 条,占比为 66.55%;金融类 POI 数据最少,共有 450 条,占比 0.44%;公共基础设施、生活服务和商务办公 POI 数据占比分别为 13.57%、13.4% 和 6.04%。

表 3-3-4　　济南市城市商业(商务)POI 数据类型

一级分类	二级分类	POI 个数	占比(%)
公共基础设施	政府机构、医疗保健、地铁站、公交车站	13748	13.57

---

[1] 王芳等:《基于街区尺度的城市商业区识别与分类及其空间分布格局——以北京为例》,《地理研究》2015 年第 6 期。

[2] 谷岩岩等:《基于多源数据的城市功能区识别及相互作用分析》,《武汉大学学报(信息科学版)》2018 年第 7 期。

续表

一级分类	二级分类	POI 个数	占比（%）
生活服务	电信营业厅、婚纱摄影店、理发店、美容机构、售后服务中心、维修中心、邮政、住宿服务，文化馆	13582	13.4
休闲娱乐	餐饮服务、购物服务、电影院、健身活动中心、体育中心、娱乐场所	67440	66.55
商务办公	产业园区、传媒机构、商务住宅、写字楼、中介机构	6121	6.04
金融类	金融保险	450	0.44

受城市发展历史、政府规划、人群聚集形态、城市自然本底条件和功能区的发展差异，不同类型商业（商务）数据在空间上的分布存在一定的差异性。厘清不同职能的商业（商务）中心空间分布形态，有利于进一步识别城市综合商业（商务）中心。此处采用核密度法对热点数据进行空间分析，核密度已经在前文介绍，不再赘述。济南市各类商业（商务）中心在空间上差异性的集聚形态是：城市公共服务中心在空间上分布集中，主要分布在市中区、槐荫区、历下区交界处，依托市政服务中心、医院分布，为社会公众参与社会经济、政治、文化活动等提供保障，集聚了大量的政府机关、医疗机构、公交站点等，承担了大量的城市公共服务功能。相较于城市公共服务中心，济南市城市生活服务中心在空间分布上更为分散，其受城市人口集聚影响更大，主要集聚中心仍然分布在市中区、槐荫区、历下区和历城区，在章丘区中心、长清区中心和济阳区中心也存在小型的集聚。城市休闲娱乐中心主要依托大型购物中心和商场分布，受城市居民活动影响较大，其空间分布形态与城市生活服务中心相似，其中大观园、泉城路商圈规模最大。城市商务办公中心依托商务写字楼、中介机构、产业园区等设施分布，在空间上容易形成团状集聚，且界线比较明显。城市金融中心主要包含大型银行机构和银行网点服务设施。济南市的金融中心范围较小，主要集中在以泉城广场为中心的 1.5 千米的范围内，这里聚集着中国农业银行、中国人民银行、齐鲁银行等大型银行的省市级分行。

通过分析济南市城市各类商业（商务）中心的集聚范围可知，以槐荫区、市中区、天桥区、历下区和历城区组成的主城区依然是济南市城市各类商业（商务）中心的聚集区，经统计五区内 POI 数据占比高达 75.87%。鉴于以上研究结果，本研究将进一步缩小识别范围，将济南市城市综合商业（商务）中心的识别范围定义为市内五区。经过核密度空间分析可知，济南市城市商业（商务）中心的大致范围可以确定为北至华山北路，南至舜耕路，东至凤凰路，西至齐州路的范围内。以标准差曲线为边界勾勒出城市商业（商务）中心的边界可以反映出不同的空间分布特点。结果表明，标准差曲线确定的城市商业（商务）中心的边界符合统计学的基本解释：1st、2st、3st 标准差曲线确定城市商业（商务）集聚区依次为城市的中心区生长层、中心区和真核，单位热点的数据也随之趋于集中。3st 标准差曲线确定的济南市城市商业（商务）中心在空间上呈现"1 大 + 1 小"的分布形态，其中大范围的商业（商务）中心的范围大致为：北至历山北路、南至经十一路、东至化纤厂路、西至兴济桥西路；小范围的商业（商务）中心主要分布在以高新区会展中心为中心的 1.3 千米范围内。

（2）叠加建筑物高度的商业（商务）中心识别

利用 GS 软件，将济南市城市建筑物高度数据进行 Kriging 插值得到 3D 空间图，结果显示 $R^2 = 0.967$，说明空间相关性较大。由图 3 - 3 - 11 可知，济南市城市建筑物在空间分布上呈现"东高西低，南高北低"的空间异质性特点。此外，图中显示出两个高峰，从经纬度判断来看，一个位于高新区东部片区，有集聚趋势；另一个位于市中区。近年来，济南市东部城区发展迅速，特别是以龙奥大厦、会展中心为核心的济南市高新区东部片区，集聚了济南市大部分的高新技术产业，大型商务写字楼和著名企业的公司总部都设立在此。如，浪潮和中国重汽等大型企业的公司总部都设立在此，公司办公楼高大气派；同时这里也分布着众多的中小型公司，公司类型主要以电子信息产业为主，多分布在大型商业写字楼内。济南市市中区集聚了万达广场、绿地中心等建筑，在高度上也显现出明显的优势性。

将用 POI 数据识别出来的济南市城市商业（商务）中心范围和建筑物高度数据进行叠加，旨在进一步缩小城市商业（商务）中心的识别范围。图 3 - 3 - 12 为最终确定的济南市 2 个城市综合商业中心和 1 个

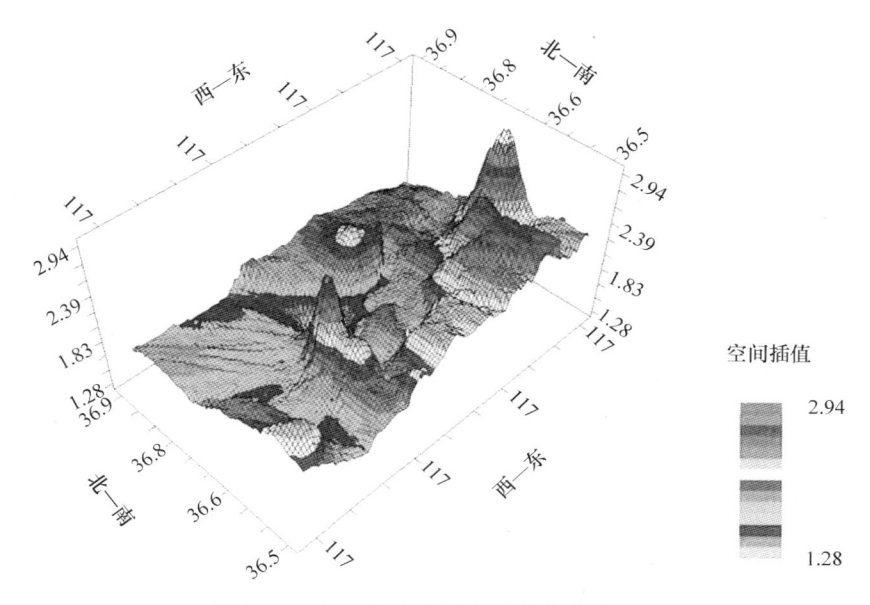

图 3-3-11　济南市城市建筑物高度 3D 图

商务中心，分别为大观园商圈、泉城路商圈和高新区商务会展中心。大观园商圈是济南市的老商圈，其历史可以追溯到1995年，主要分布着人民商场、大观园等中等百货商店，以及人防商城等以经营中低档产品主的中型商城。随着万达项目的注入，引入了写字楼、酒店、电影院等商业设施，为此商业中心注入了新的活力。泉城路商圈的发展历史最早也追溯至1995年，最早是银座商城和贵和购物中心，标志着现代百货商店和专业店在济南出现。此后随着大型超市和外资商家、连锁店不断出现，沃尔玛、苏宁、国美等购物商场在泉城路集聚。2010年，济南进入了购物中心发展时代，恒隆广场、世贸广场纷纷落户在该商圈内，不仅吸引了济南市中高端消费者，更扩展了泉城路商圈空间范围，将其延伸至芙蓉街、趵突泉和黑虎泉等景区，接纳了大量的旅游消费者。高新区商务会展中心主要指高新区的东部片区。1991年，济南市高新区被批准建立，但是高新区真正的发展是进入21世纪之后。当前高新区东部片区主要发展电子信息技术产业和生物医药类产业，集聚了浪潮集团、神思电子、华熙生物、积成电子等企业，同时这里也是中国重汽等大型国企和大型银行的总部办公所在地。伴随着大型企业的入住，中小型企业也深受吸引力，纷纷入住，聚集着众多的高档写字楼。因此，高新区商务会展中心是主要以高新技术产业、商业办公和金融为核心的综合商务中心，是济南的 CBD。

| 大观园商圈 | 泉城路商圈 | 高新区商务会展中心 |

图 3-3-12　城市主要商业（商务）中心识别结果

综上，济南市城市商业（商务）中心的演变特点主要表现在规模、形态和内容三个方面。在规模上，由小变大；在空间上，由原来的集中式、核心式转变为多中心式的发展形式；在内容上，商业（商务）中心的类型在以大型百货为主的商业中心基础上，新增了以商务办公和高端服务业为主的商务中心。

（3）基于传统数据的商业（商务）中心识别结果

从各区批发与零售业生产值变化趋势来看，大致可以分为四类：一是高产值、高增速的历下区和历城区。2005—2017 年间，历下区和历城区批发与零售业生产值分别增加 142.88 亿元和 144.17 亿元。二是中等产值、缓慢增长的天桥区、章丘区、槐荫区和市中区。但是，进入 2010 年后这四个城区批发与零售业生产值的差距开始拉大，2017 年天桥区、章丘区、槐荫区和市中区批发与零售业生产值分别为 136 亿元、113.3 亿元、93.5 亿元和 91.6 亿元。三是起步晚，高增速的高新区。2017 年高新区批发与零售业生产值为 73.1 亿元，是 2005 年的 38.47 倍。四是低产值，低增速的长清区和济阳区。受自身经济发展水平的限制，长清区和济阳区的批发与零售业发展一直处于较低水平。在住宿和餐饮业发展方面，研究时段内历下区的住宿和餐饮业增加值在全市处于领先地位，并与其他城区的发展差距逐渐加大。2005年历下区住宿和餐饮业增加值为10.37亿元，比第二位的章丘区高0.74亿元；2017年历下区住宿和餐饮业增加值为62.1亿元，比第二位的市中区高33.3亿元。在金融业发展方面，历下区和市中区的金融业水平一直高于其他地区，且增长迅速；2005—2017年间，历下区和市中区金融业分别增长291.38亿元和211.7亿元；其他城区的金融业则呈现平稳增长，增长值在24亿元以下。在房地产业发展方面，历下区在全市范围内依然处于领先地位，并呈指数式增长趋势。此外，在研究期内，高新区房地产增长迅速，2005年房地产业增加值为0.88亿元，2016年增长至49.92亿元。

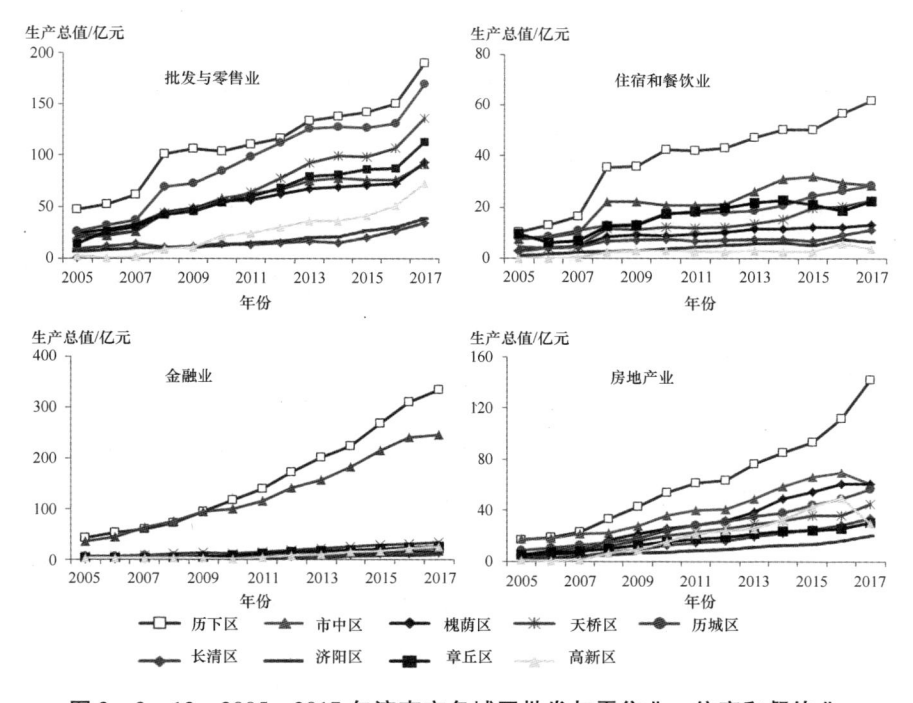

图3-3-13 2005—2017年济南市各城区批发与零售业、住宿和餐饮业、金融业和房地产业生产总值变化趋势图

综上来看，历下区和市中区两个区集聚了济南市的商业服务业，是济南市的商业中心。此外，进入 2010 年之后高新区商业服务业发展迅猛，存在着极大的潜力，有望成为济南市的商业服务中心。

（4）大数据与统计数据识别结果比较

就识别结果来看，利用大数据可以识别出大观园、泉城路这两个商业中心和高新区商务会展中心；通过统计数据可以得出历下区和市中区的商业服务业生产值较高，可以判定这两个区是济南市的商业集聚区，这两个区正是大数据识别出来的泉城路和大观园这两个商业中心所在的城区。但是，从高新区的商业（商务）服务业生产值变化来看，高新区的商业服务业在研究时段内并没有表现出显著的优势性，因此基于传统数据无法识别出高新区为济南市的商务中心，这一识别结果与大数据不一致。

综上可知，大数据和传统统计数据都可以识别出济南市的商业中心，两种识别方式各有优缺点。一方面，相比于传统数据，大数据的识别范围更为精确。大数据是利用信息化手段，以商业服务企业的位置和商业建筑物的高度为基本数据，其识别出的济南市商业中心的范围更加精确，范围可以达到街道尺度。然而，在本研究中利用传统数据识别出的商业中心只能达到城区尺度。另一方面，相较于统计数据，大数据利用"点"的集聚程度难以准确反映经济意义。从本部分的识别结果来看，大数据可以通过商业企业的集聚程度以及建筑物的高度得出高新会展中心是济南市的一个商务中心，但是基于传统统计数据无法确定高新区是济南市商业服务业的集聚区。这一差别反映出，即使可以利用大数据确定某区域企业的集聚密度，但是这些企业能否带来经济效益难以确定，这往往会造成一定的误差。

四　交通物流功能

（一）城市交通状况逐渐改善

1. 城市道路

城市道路的建设可以有效地反映城市内部的通达程度。1990—2017

年，总体上济南市城市道路呈现上升态势。1990 年城市道路长度为 1034 千米，2017 年增长至 5663.31 千米，年均增长率为 15.98%。其中，在 1995 年和 2007—2009 年间出现较大幅度的波动。相较于 1994 年，1995 年城市道路长度增幅 29.55%，为 1600 千米。城市道路长度的大幅增长主要源于当年改造了西北外环路、工业南路、北园大街等 12 条城市道路，新架了人行天桥等 13 座桥梁，极大地提高了城市交通能力。另一个大幅波动出现在 2007—2008 年间，与 2006 年相比，2007 年城市道路长度减少 7.59%，但在 2008 之后又出现剧烈增长，增长幅度达 37.46%（相较于 2007 年而言）。此次的剧烈变化主要是受到济南市二环东路拓宽改造的影响。二环东路作为济南市南北交通动脉，在 2006 年之前路况较差；自 2007 年开始，二环东路开始拓宽改造，2009 年 8 月二环东路高架路通车。

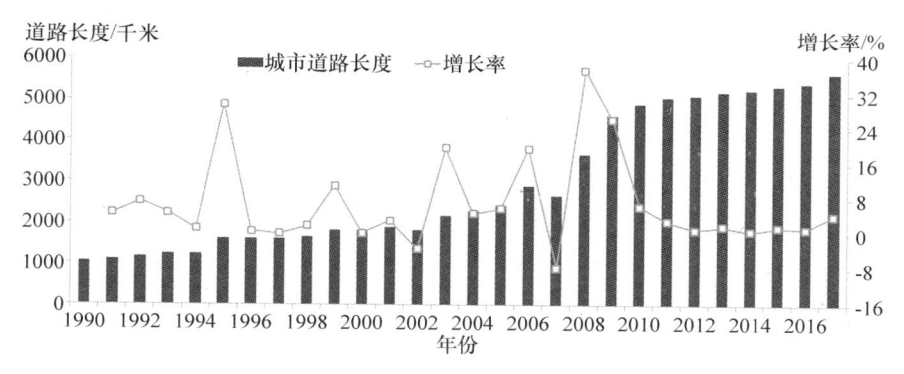

图 3-3-14　1990—2017 年济南市城市道路长度与增长率变化图

2. 城市交通通达情况

为进一步研究济南市城市交通的通达情况，继续研究以日、周为单位的济南市城市交通通达情况。本部分以经十路舜耕路公交站作为研究点，横向选取 2016 年 5—9 月内 150 个最小单位日为研究单元，截取其每个单位日内共 48 个整点时段和半点的路段平均车速的纵向切片，基于 Java 语言编程实现对济南市交通流量数据在时间维度下的分析。济南市经十路全长 90 多千米，贯穿济南 6 个区，是济南市主要的城市道路。因此，选取经十路来研究济南市一天的交通情况有一定的典型性。

总体来看，经十路通行速度较高的时间点为3:30，车速达58.66千米/小时，此时主要为通行的低谷期，车流量较低；通行速度最低为19:00，车速36.66千米/小时（图3-3-15）。为方便研究，将48个时间段分为5:00—13:00；13:00—21:00和21:00—5:00共三个时段。在5:00—13:00时间段内，经十路上的车速呈现波动变化趋势：在5:00和10:30时经十路的通行速度较快，分别为53.66千米/小时和47.66千米/小时。此外，在5:00—7:30时段内，通行速度剧烈下降，每30分钟的下降7.34%。13:00—21:00时段内，13:00和15:30时经十路通行速度较快，分别为46.66千米/小时和48.66千米/小时；在15:30—19:00时段内，通行速度每30分钟下降4.13%。在21:00—5:00时段内，经十路上的通行速度总体上呈现不断升高趋势。在1:30和4:00时通行速度有明显降低，主要是受到居民夜班和早班通行的影响。综上可知，在一天内，经十路的通行速度呈现变化剧烈的特点，这主要是受居民集中出行的影响，也就是早高峰和晚高峰上下班的影响。

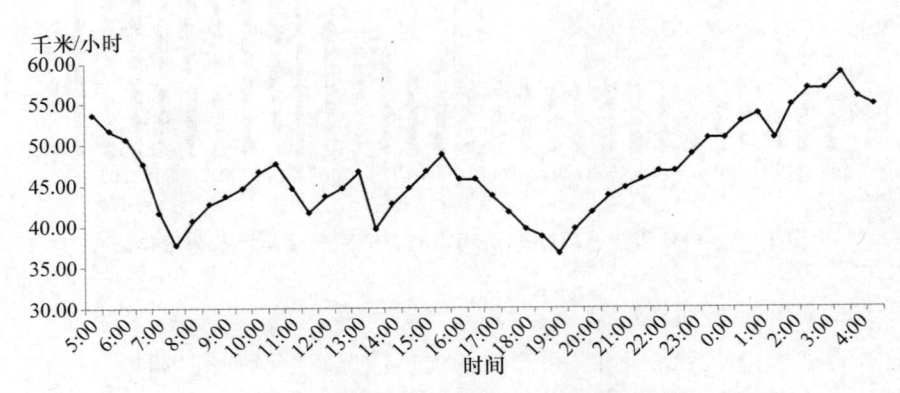

图3-3-15　2016年经十路连续150天整点时刻平均车速

为进一步分析济南市城市交通通达情况，本部分借助高德交通大数据平台，获取了济南市城市工作日、周末和一周内的交通延时指数数据（图3-3-16）。其中，以周为单位测算拥堵延时指数变化情况时，对周内每天的延时指数取平均值。济南市城市交通拥堵延时指数在工作日和周末的差异性变化体现了城市居民在工作日和非工作日不同的生活状态。在工作日的 24 小时内,济南市城市交通拥堵情况呈现明显的"双峰状":交通通达性较低时段分别出现在早上 7:00—9:00 和下午 17:00—19:00。这与前文测算经十路 150 个单位日内平均车速所得结果大致一致。与工作日的剧烈变化不同,在周末,城市交通拥堵延时指数呈现缓慢上升的"单峰状"变化形态。从早 6:00 开始,城市居民陆续外出,交通通达性降低,城市拥堵情况加剧;9:00 开始,居民外出大幅增多,交通延时指数继续上升通达程度进一步降低。相较于工作日的晚高峰来说,周末的晚高峰具有时间早、持续时段长的特点。在 15:00 左右大量居民开始返回,交通延时指数增至 1.9,17:00 达到最高峰为 2.25,此后逐渐下降,至 21:00 降至 1.5。

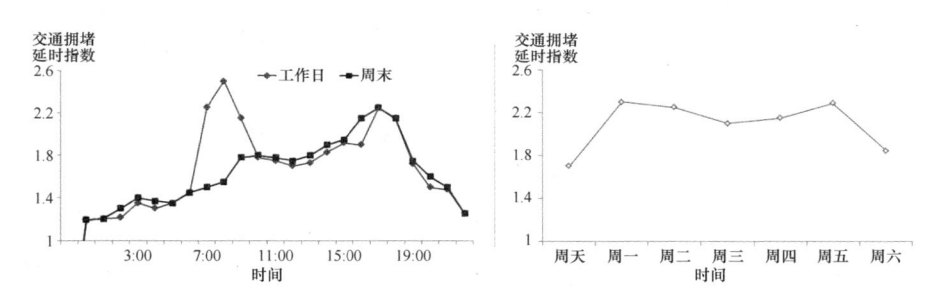

图 3-3-16　2016 年济南市交通拥堵延时指数日变化和周变化
(左为日变化,右为周变化图)

在一周内,济南市城市交通拥堵延时指数同样呈现"双高峰"的变化。高峰期出现在周一和周五,交通拥堵延时指数分别为 2.3 和 2.29;周末双休日的交通拥堵延时指数最低,分别为 1.85 和 1.7。济南市一周内的交通拥堵延时指数变化情况一方面可以解释为部分城市居民处于中长距离的"职住分离"生活状态,另一方面这种变化形式也有可能是周末双休日城市居民大量外出游玩探亲的缘故。

3. 交通运输

在航空运输方面,1990—2017 年间济南市民航客货运输量呈不断上升趋势。2017 年,济南市民航货运量为 5.3 万吨,是 1990 年民航货运量的 223.63 倍；民航客运量为 785.6 万人，相较于 1990 年来说增加了 783 万人。民航货运量和客运量的大幅增加与飞机起飞架次的不断增多和通航范围的扩大息息相关（图 3-3-17）。1990 年，济南市的通航城市只有 9 个，起飞架次为 1688 架。经过 20 余年的发展，2017 年济南市通航城市达 96 个，起飞架次增长至 115529 架。此外，济南遥墙机场在远程航线方面也实现了突破。2017 年，遥墙机场开通直飞美国洛杉矶的航班，结束了济南没有远程洲际直航的历史。

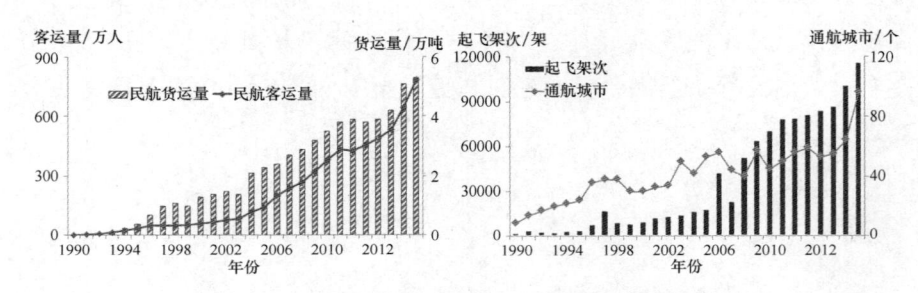

图 3-3-17 1990—2017 年济南市航空运输情况

1990—2017 年间，济南市铁路客货运输量呈"稳定上升—突增"的变化趋势。在 1990—2012 年间，济南市铁路客货运输量呈平稳上升趋势，客货运输量年均增长率分别为 4.55% 和 5.05%。相较于 2012 年，2013 年济南市铁路客货运输量分别增长 1.21 倍和 0.88 倍。分析 2013 年济南市铁路客运输量发生突增的主要原因，一方面是因为 2011 年济南西客站的开通运营，济南西站的开通并未在 2012 年产生立即的效应，而是在滞后的 1 年，即 2013 年客运量才实现增长；另一方面，2013 年济南站完成了扩建改造，这也极大地增加了济南铁路客运量。2013 年济南市铁路货运量突增，其主要是受到当年济南铁路局实施的面向市场、方便快捷的铁路货运服务改革的影响，充分地发挥了铁路运输低价、大运力、全天候、节能环保的优势。

在高速公路方面，2017 年济南市高速公路里程达 488.5 千米，相较于 2000 年增加 338.5 千米，年均增长 2.18%。其中，济南绕城高速作为济南市城市外环高速公路，全长 108 千米，全立交、全封闭，提高

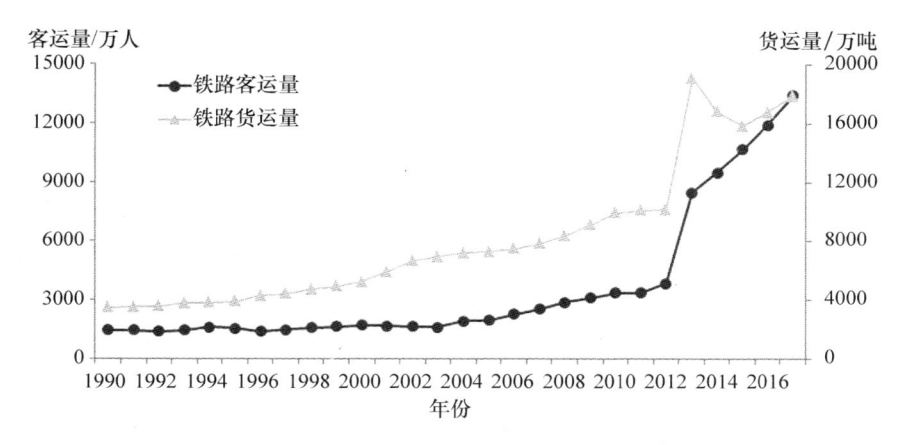

图 3-3-18　1990—2017 年济南市铁路客货运输量

了车辆的通行速度；此外，绕城高速在四个方向上连接了济广高速、京台高速、殷家林立交—港沟立交和京沪高速公路，方便了济南市与各省市的联系。

（二）城市交通出行方式日趋丰富

济南市城市内部通达程度的提高为居民享受多样化交通出行方式奠定良好基础。1990—2016 年以来，济南市城市公共交通发展迅速（图3-3-19）。从公交线路的变化来看，1990 年城市公交线长度仅有 978.8 千米，共 28 条公交线路；2016 年城市公交线长度增长至 4110.75 千米，共有 250 条公交线路；年均增长率分别为 5.67% 和 8.78%。此外，在城市地下公交方面，济南市受限于自身地下泉水和岩石构造的影响，城市地下轨道交通一直难以实现。2015 年初，国家发改委批复《济南市城市轨道交通近期建设规划（2015—2019 年）》，确定了"两纵一横"的"H"型构架。截至 2019 年 11 月份，济南市地铁 1 号线和 3 号线已经成功通车运营，济南市城市公共交通形式得到进一步丰富。

随着"互联网+"的盛行，济南市出现了共享交通和网约车这两种新兴的城市出行方式。2014 年 8 月，滴滴专车进入济南；2015 年 5 月滴滴快车进入，同年 6 月份滴滴顺风车也开始在济南市运营。现在除滴滴平台外，嘀嗒、曹操和美团等网约出租车平台也陆续进入济南市。在

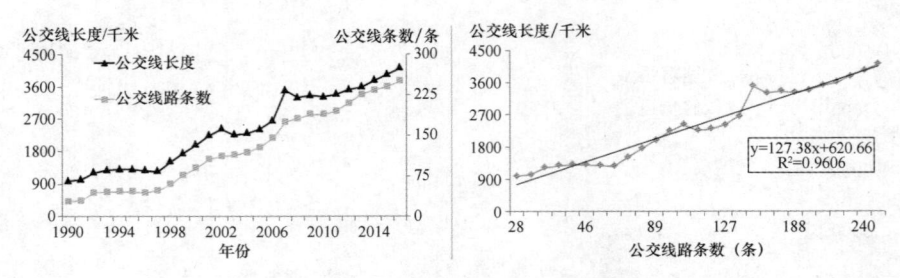

图 3-3-19　1990—2016 年济南市公交线长度与条数情况
（左为两者变化图，右为两者关系图）

共享交通方面，2017 年 1 月 25 日摩拜单车正式进入济南市，此后，青桔、哈罗、OFO 等品牌的共享单车也陆续在济南市运营。此外，共享电动车和共享汽车在济南也有一定的市场。

综上，在济南市城市道路不断完善基础上，城市交通出行方式由原来的公交车、私家车的形式，逐渐出现地铁、共享单车、网约车等新的城市出行方式，极大地丰富了济南市城市交通的形式。

（三）城市物流功能日趋完善

相较于国内北京、上海、广州等特大城市和省内沿海城市而言，济南市的城市物流产业发展起步晚、城市物流功能相对落后。一方面，济南市为内陆城市，缺少发展物流产业的自然本底优势，如港口、河道等；另一方面，济南市物流信息产业发展较慢，部分物流企业依然依靠传统的物流发展模式，济南市城市物流功能明显落后于同等级的城市。进入 21 世纪，特别是 2005 年之后，济南市逐渐出现使用信息化物流的企业，城市物流产业迎来发展的契机。进入 2010 之后，随着信息技术、网络技术的普及和发展，1/3 的济南市物流中小企业都应用了以车源、货源匹配为主要功能的信息系统，初步实现了能够满足各类用户的流量少、速度快、成本低的物流需求。近年来，城市物流产业得到重视，社会物流总额不断上升，发展态势良好。2010 年物流总额仅为 1 万亿元，到 2017 年增至 2.18 万亿元，年均增长率达 11.78%。2018 年，国家 5A 级物流企业达到 11 家、国家级示范物流园区 2 家，重点物流企业

256 个；同年，济南市提出要打造集"路港、空港、保税港、信息港"四港合一的"智慧物流"名城，济南市城市物流功能逐渐完善。

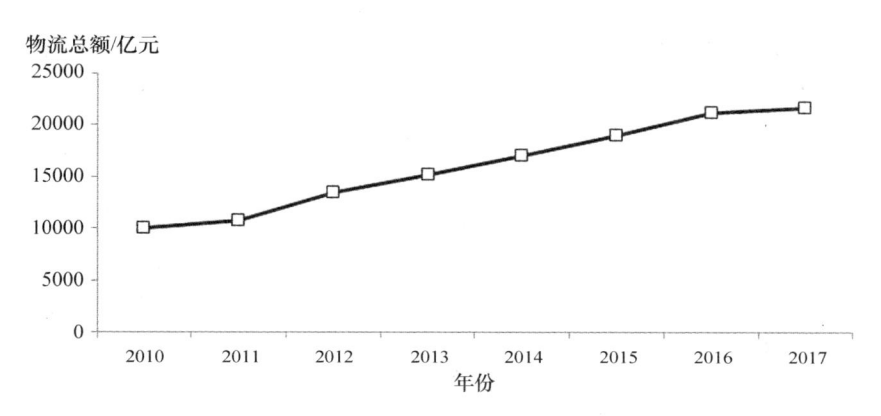

图 3-3-20　2010—2017 年济南市社会物流总额变化图

五　生态功能

（一）"三废"处理功能不断提升

近年来在城市大气污染治理方面，济南市也取得了一定的进步。从《中国城市环境质量报告》公布的济南市城市空气综合质量指数在 74 个城市中的排名情况来看，济南市城市空气综合质量指数排名较为靠后，2013—2018 年间排名位次在 53—74 范围内，说明城市大气环境质量没有显著优势性。其中，2014 年 8 月、9 月，2015 年 9 月、10 月和 2016 年 4 月，共 5 个月份济南市的城市空气综合质量指数排在最后一位。在以一年为单位的时间段内，3—5 月和 7—9 月两个时间段内济南市城市排名靠后，其他时段，特别是在 11—2 月，排名相对靠前。这说明，冬季济南较其他城市来说空气质量相对较好，但是在春夏季节没有显著的优势性。冬季，北方城市普遍陷于冬季供暖带来的城市环境问题，济南市虽位列其中，但是整体情况并不严重；相反在春夏季节，济南市受到地形地势的影响，气温高，气体难以扩散，相较于其他城市来说环境质量没有显著优势性。但是，自 2016 年下半年以来，济南市城市空气综合质量指数排名有所提升，特别是在 2018 年 4 月份，排名升至 53 名。

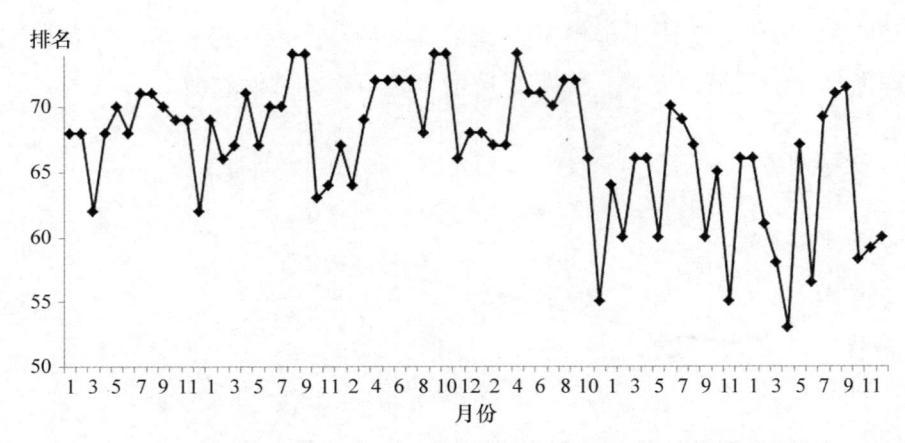

238　第三篇　市域尺度与用地结构

图 3-3-21　2013—2018 年每个月份济南市城市空气质量综合指数排名

济南市在提高城市环境质量的方面展现出极大的潜力也体现在城市各项环境指标的极大改善上（表 3-3-5）。2018 年，济南市空气质量良好以上天数达到 203 天，增加 18 天。相较于 2017 年，空气中可吸入颗粒物（PM_{10}）年均浓度、细颗粒物（$PM_{2.5}$）、二氧化硫（SO_2）和二氧化氮均有不同程度的改善。

表 3-3-5　　　　　　　2018 年济南市城市大气环境指标值

指标	数值	指标	数值
重污染天数/天	14	改善天数/天	4
空气质量良好以上天数/天	203	改善天数/天	18
二氧化硫平均浓度/（$\mu g/m^3$）	17	改善幅度/%	32
二氧化氮平均浓度/（$\mu g/m^3$）	45	改善幅度/%	2.2
可吸入颗粒物平均浓度/（$\mu g/m^3$）	112	改善幅度/%	13.8
细颗粒物平均浓度/（$\mu g/m^3$）	52	改善幅度/%	17.5

从污水处理情况来看，济南市城市污水处理率在 2000—2002 年间呈下降趋势；2003 年出现突增，相较于 2002 年来说增长 1.2 倍。根据济南市政府工作报告，2003 年完成了小清河济南段干流治理工程，配套完善了污水处理和垃圾无害化处理系统，极大地提高了城市污水处理

率。2004年之后，城市污水处理率一直保持上升态势，至2017年城市污水无害化处理率达到95.98%。

2000—2017年，济南市城市生活垃圾清运量也逐年上升。2000年城市垃圾清运量为74.2万吨，2017年达184.65万吨，年均增长率达5.51%。垃圾清运量的上升一方面反映了城市生活垃圾产生量的上升，这是伴随着城市人口不断增加而增加的；另一方面，这也说明了城市清运垃圾的能力逐渐提升。目前，济南市共有8处生活垃圾处理厂，市区共有4处分别为济南市第二生活垃圾综合处理厂（填埋厂）、济南市第三生活垃圾无害化处理厂、济南市第二生活垃圾综合处理厂（焚烧厂）、章丘区垃圾填埋厂。其中，第二生活垃圾无害化处理厂（焚烧厂）是济南市主城区生活垃圾处理的唯一场所，现已经能够实现对50%的生活垃圾进行焚烧处理。从人均生活垃圾处理量的变化来看，2000—2017年间，数值变化呈波动—上升变化趋势。确切来说，2013年之后济南市城市人均生活垃圾清运量才呈现明显上升趋势，2017年人均生活垃圾清运量为0.53吨，是2013年的1.5倍。综合来看，济南市城市生活垃圾的增量，不仅受城市人口总量的增加的影响，更重要的是由人均垃圾量的增长导致。

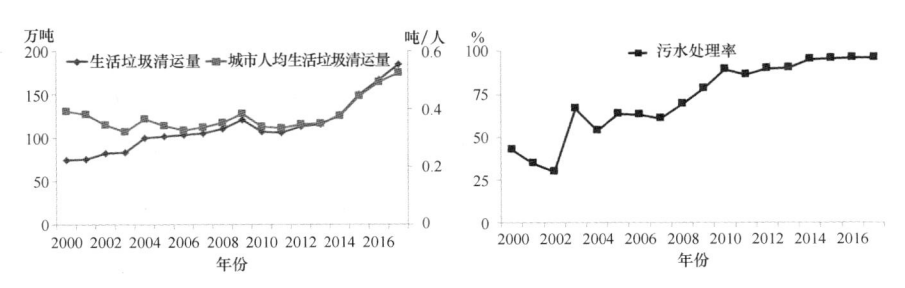

图3-3-22　2000—2017年济南市污水处理率、生活垃圾清运量和人均城市生活垃圾清运量情况

（二）城市生态系统功能逐步完善

自2000年以来济南市城市绿化呈现良好态势。2000—2017年，济南市城市绿化覆盖率呈现"上升—下降—上升"的变化态势。总体来

看，2000年城市绿化覆盖率仅为36.1%，至2017年增长至40.57%，年均增长率为0.26%。但是在2006—2009年间，城市绿化覆盖率出现短暂的下降趋势。从城市绿地覆盖率的计算公式（城市绿化覆盖率=植被的垂直投影面积/城市总用地面积）分析原因可知，尽管在这一时段内城市绿地面积呈现大幅增长，但是植被植株小，垂直投影面积并未实现与城市总体用地面积对应的增长，因此在此时段内城市绿地覆盖率有下降趋势。人均公共绿地一直呈现上升趋势，2000年人均公共绿地面积仅为7.2平方米/人，2017年增长至11.79平方米/人。分析其增长率来看，2000—2010年间，年均增长率为4.61%；2011—2017年间，年均增长率有小幅下降，为1.32%。这反映出，随着城市的人口不断涌入，济南市城市绿地面积增长速度的优势性有所下降，并在2017年出现了人均公共绿地面积小于前一年的情况。

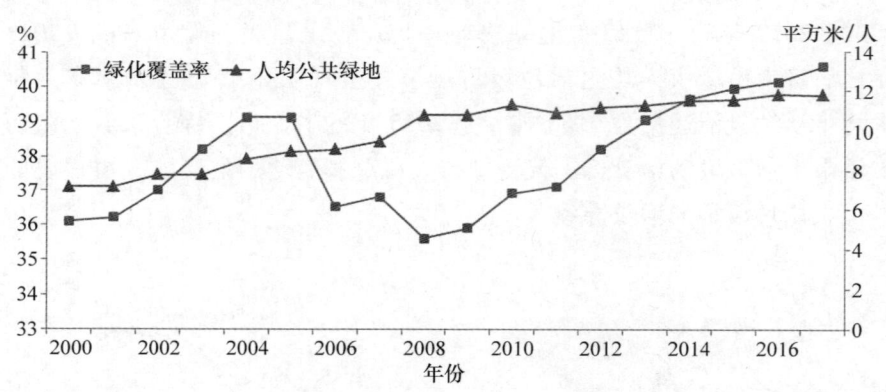

图3-3-23　2000—2017年济南市城市绿化覆盖率和人均公共绿地情况

从济南市城市水资源状况来看，2006—2017年间，济南市水资源总量呈现波动变化趋势。其中，2013年全市水资源总量最多，为20.87亿立方米；2015年全市水资源总量最少，仅有5.16亿立方米。从水资源总量的组成来看，济南市水资源的波动变化主要受到地表水资源和地下水资源的影响；其中，地表水资源因为极易受到降水等不确定因素的影响，波动更大。如，2013年济南市地表水资源为11.57亿立方米，2014年地表水资源仅为2.52亿立方米，两年差距较大。另一方面，

2006—2017年间济南市用水量呈相对平稳变化状态，这与水资源的强烈波动变化形成对比。其中，2011年济南市用水量最多为17.56亿立方米，2017年用水量最少为15.43亿立方米。综上来看，在全市人口不断增长的城市发展情况下，全市用水量依然保持在一个相对稳定水平，甚至在2014年之后用水量呈现小幅度下降趋势，一是体现了城市居民和工业企业在日常生产生活中节水意识的增强；二是也得益于政府对于城市用水管理的加强，如在各区设立水务局、设立专门保护城市泉域的济南市名泉保护管理办公室、专门成立海绵城市办公室等。但是，面对水资源总量的剧烈波动以及当前愈来愈严重的全球水资源短缺现象，倡导全市节水，提高水资源利用依然是未来城市发展的主要方向。

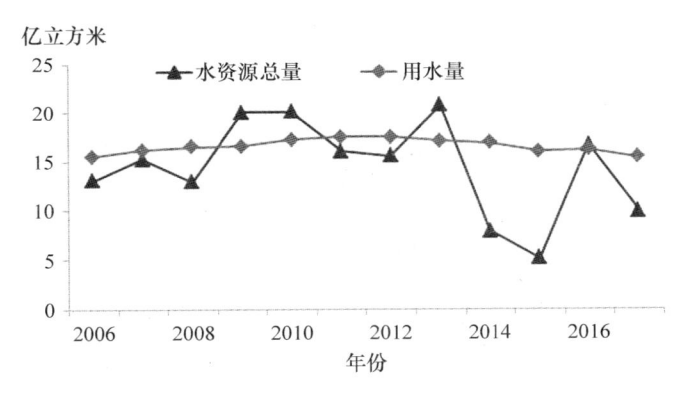

图3-3-24 2006—2017年济南市水资源总量与用水量变化

其中在城市工业用水方面，2006—2017年济南城市工业用水总量呈现波动变化，但是万元工业GDP水耗呈现指数式下降，说明工业节水效能显著。2006—2011年，工业用水量呈上升趋势，至2011年工业用水量最多，为2.67亿立方米；此后，工业用水量呈现下降趋势，降至2017年为1.98亿立方米。在万元工业GDP水耗方面，2006年济南市万元工业GDP水耗为26.18立方米/万元，2017年降至9.88立方米/万元。综上来看，2011年之后济南市工业用水总量开始呈现明显的下降趋势，一方面这主要受到济南市工业企业类型变化的影响，特别是制造业开始向低能耗和高技术类型转型变化的影响；另一方面则反映出工业企业用水效率的提升，节水效果显著。万元工业 GDP 水耗的下降，一是表明了政府实施工业节水政策的有效性，在保证工业 GDP 增速的同时有效地减少水资源的消耗；二是表明了济南市工业企业的节水措施已经发挥了极大地作用，企业发展正呈现出绿色节水式发展。

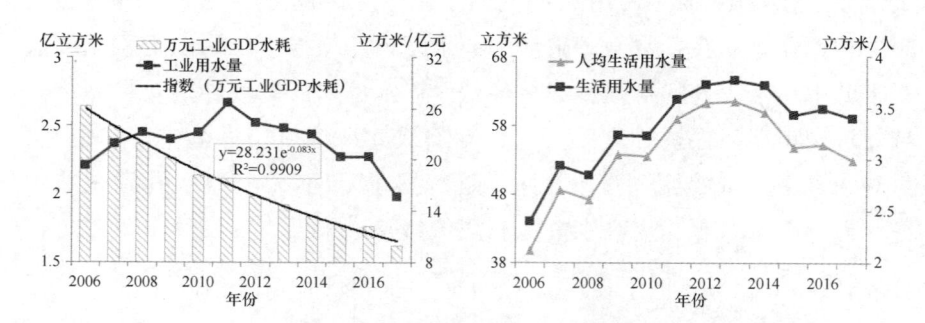

图 3-3-25　2006—2017 年济南市工业和生活用水情况变化图

在生活用水方面，2006—2017 年间，济南市生活用水量和人均生活用水量的呈现"平行式"的一致性变化趋势：先波动上升，再波动下降（图 3-3-25）。2006—2013 年间，济南市生活用水量和人均生活用水量呈现波动上升趋势：生活用水量从 2.4 亿立方米上升至 3.77 亿立方米，人均生活用水量从 39.78 立方米/人上升至 61.48 立方米/人。2013—2017 年间，济南市生活用水量和人均生活用水量呈现波动下降趋势：生活用水量从 3.77 亿立方米下降至 3.4 亿立方米，人均生活用水量从 61.48 立方米/人下降至 52.82 立方米/人。自 2013 年开始的生活用水量的下降，一方面反映出济南市实行阶梯式水价政策的有效性，另一方面也得益于政府加大了市民日常节水的宣传教育，特别是开始利用信息通信化手段进行网络宣传节水措施，提高居民节水意识。此外，济南市人均生活用水量与用水总量"平行"式的变化，说明了当前影响城市生活用水量已不再是城市人数量，而是主要受到城市人均用水量的影响，说明今后政府继续倡导城市居民生活节水的重要性。

第四章 济南市城市用地结构和功能的关系与提升对策研究

系统作为事物存在的普遍形式，具有自身的结构和功能，城市系统亦如此。结构对功能具有决定作用，而功能亦反作用于结构本身，探讨结构与功能之间的关系是一个复杂的过程[①]。城市用地是城市功能发挥的前提基础，城市功能是城市用地的载体，城市结构和功能是否合理关系到城市承载力和城市可持续性发展。此外，城市用地布局和功能发展均会受到城市自然地理环境、政府政策、技术进步和市场驱动等因素的影响。对于城市发展来说，优化城市用地结构，完善城市功能是改善城市发展现状的必要手段，也是推动城市未来建设和实现城市发展目标的关键举措。

一 城市用地和功能的互馈关系分析

城市用地和功能之间能够相互影响，一是表现在城市用地作为投入要素，影响社会经济产出，从而会对其对应的城市功能产生影响。二是城市功能实则上表现为城市中各产业类型的产出，各产业表现在空间上就是各类用地类型。本章以济南市工业用地效率和济南西客站建成后对周围城市用地结构的影响为典型案例，分析在城市发展过程中城市用地结构与城市功能之间的互馈关系。

---

① 魏宏森等：《系统论——系统科学哲学》，清华大学出版社1995年版，第75—89页。

（一）基于投入产出视角的济南市工业用地效率分析

城市工业用地利用效率是指城市工业用地的综合利用程度，反映了城市内部土地、劳动、资本要素与经济效益之间的投入产出关系。本部分在综合多位学者研究的基础上，选择城市工业用地面积、城市工业单位从业人员、城市工业资本存量作为投入要素，城市工业总产值为产出要素。其中，城市工业资本存量按照永续盘存法计算得出①，城市工业总产值已用价格指数进行平减。

表 3-4-1　　　　　　　　　投入产出指标表

要素类型	指标类型	指标描述	符号
投入要素	资本投入	城市工业资本存量（亿元）	x_1
	劳动力投入	城市工业单位从业人员（万人）	x_2
	土地投入	城市工业用地面积（平方千米）	x_3
产出要素	经济产出	城市工业总产值（亿元）	y

本章采用基于投入导向的直接距离法测算济南市城市工业用地效率。生产模型可以表示为：

$$S(X) = \{(X, Y): X \text{ 产出 } Y\}$$

式中，X 为投入指标的总称，并且满足 $X \in R_+^N$；Y 为产出。

选用随机前沿模型中的超越对数函数形式来估算工业用地技术效率，函数形式如下：

$$\begin{aligned}\ln(D(x,y)/X_m) = & a_0 + \sum_{m=1}^{M} a_m \ln X_m^* + \sum_{j=1}^{J} \beta_j \ln Y_j^* \\ & + \frac{1}{2}\sum_{m=1}^{M}\sum_{n=1}^{N} \alpha_{mn} \ln X_m^* \ln X_n^* + \frac{1}{2}\sum_{j=1}^{J}\sum_{h=1}^{H} \beta_{jh} \ln Y_j^* \ln Y_h^* \\ & + \sum_{m=1}^{M}\sum_{n=1}^{N} a_m \beta_j \ln X_m^* \ln Y_j^*\end{aligned}$$

---

① 张军等：《中国省际物质资本存量估算：1952—2000》，《经济研究》2004 年第 10 期。

式中，$X_m^* = x_m/x_3$。因此，上式可以表述为：
$$\ln(D(x,y)/X_m) = TL(x_m/x_3, y, \alpha, \beta)$$

令 $\mu = \ln(D(x,y))$，并引入噪声变量 ν，结合上式可以得到基于投入的距离函数：
$$-\ln(X_m) = TL(x_m/x_3, y, \alpha, \beta) + \nu - \mu$$

因此工业用地的技术效率最终估计模型为：
$$-\ln(x_3) = a_0 + \sum_{m=1}^{2} a_m \ln X_m^* + \beta_1 \ln y + \frac{1}{2} \sum_{m=1}^{2} \sum_{n=1}^{2} \alpha_{mn} \ln X_m^* \ln X_n^*$$
$$+ \frac{1}{2} \beta_{11} \ln y \ln y + \sum_{m=1}^{M} a_m \beta_1 \ln X_m^* \ln y + \nu - \mu$$

采用 Stata14.0 估算 1997—2017 年济南市城市工业用地技术效率，模型检验结果如表 3-4-2。由表 3-4-2 可知，δ^2 为 0.082，并且在 5% 的水平下显著；γ 为 0.89，说明存在技术无效率项，并且技术无效率项所占比重较大；同时，LR 单边检验误差为在 1% 的水平下符合卡方分布。综上结果显示，可以采用构建的随机前沿直接距离函数可以估计城市工业用地技术效率。从投入要素的弹性来看，劳动力的系数为 2.735，即劳动力每增加 1%，用地效率分别会减少 2.735%；说明劳动力投入越多，效率损失会越多，便不利于城市工业用地技术效率的增长。资本存量的系数为 -5.374，即资本存量投入每增加 1%，用地技术效率增加 5.374%；说明工业资本投入越多，效率损失会越少，便越有利于城市工业用地技术效率的增长。由此可知，单纯地增加城市工业单位从业人员的数量规模已经不再是提高工业产出效率的重要手段，提高劳动力的素质，引进高精尖人员才是促进城市工业发展的有效举措。同时，在资本投入上，政府和企业个体依然需要加大资本投入，为人才的引进和技术的创新提供有力保障。

表 3-4-2　　　　　　　　　　技术效率结果表

变量	系数	标准误差	变量	系数	标准误差
常数项	-15.851***	3.313	$\ln y^2$	0.453***	0.141

续表

变量	系数	标准误差	变量	系数	标准误差
ln(X1)	2.735***	0.779	ln(X1)ln(X2)	-0.622*	0.225
ln(X2)	-5.374***	1.369	ln(X1)lny	-0.634***	0.170
lny	0.425***	0.0128	ln(X2)lny	0.068	0.152
ln(X1)^2	0.375**	0.0112	δ^2	0.082**	
ln(X2)^2	-0.447***	0.042	γ	0.89	
LR单边检验误差	6.19***		极大似然值	58.528	

注：*** 表示 $P<0.01$；** 表示 $P<0.05$；* 表示 $P<0.1$

测算结果显示，济南市工业用地的技术效率保持在较高水平，测算时段内效率值均高于0.75。工业用地效率的最高值为0.967，最低值为0.773，最值之间差距较大，反映出测算时段内济南市工业用地效率波动幅度较大的特点。具体来看，济南市城市工业用地技术效率经历了"平稳—下降—上升—下降"的变化过程。1997—2004年，工业用地技术效率保持平稳，效率值维持在0.9左右；自2005年开始工业用地技术效率开始呈现下降的趋势，至2006年降至最低值为0.773。从投入要素来看，鉴于济南市城市规划，济南市工业用地在2005年时出现突增，但是并没有产生相应的工业总产值，因此在工业用地的技术效率上表现出下降的趋势。2007—2012年，工业用地效率呈现上升趋势，至2012年达到最大值为0.967。一方面，此时段内，工业用地呈现稳步增长的变化趋势，有利于工业用地技术效率的提升；另一方面，在此时段内济南市大力发展高新技术产业，实施产业园区集中式发展，政府投资力度增加，劳动力素质也得到了极大的提高，城市对外开放度也在这一时段内表现出极大的活力，有力地促进了工业用地技术效率的提升。2012开始，工业用地的技术效率开始下降，总体下降幅度不大。分析原因可知，工业用地效率下降可能与2012年济南市提出严格控制工业用地规模，减少闲置工业用地的投资政策有关。

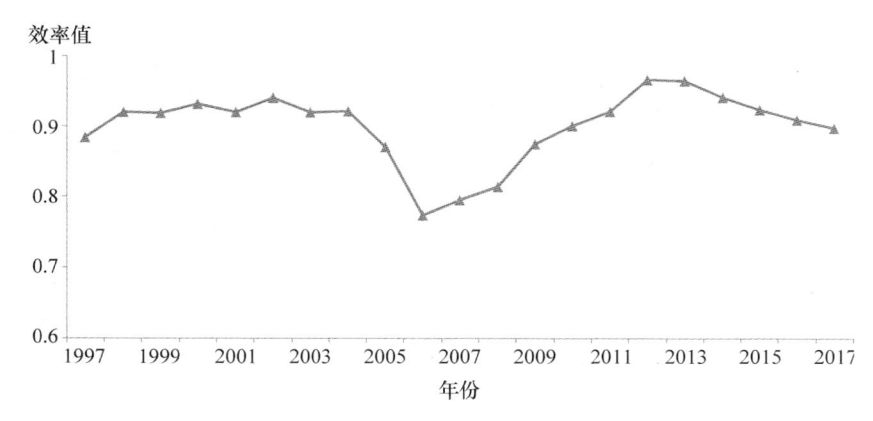

图 3-4-1 1997—2017 年工业用地技术效率变化图

由此来看，2000 年以来，济南市工业用地效率总体上波动程度较大。从投入产出要素来看，主要是受到工业用地的面积变化的影响。这主要是由于在 2005 年开始济南市将原来散乱的工业园区调整，形成较为集中的工业区和工业园区，济南市出现了连片式的工业用地集聚区。但是，在这过程中也会产生一系列问题，如出现工业用地闲置情况和工业企业搬迁所需适应期长短问题。从工业产业发展来看，工业用地效率的大幅波动也反映出济南市中小型工业企业的抗风险能力差，大型工业企业比例较少的现状。

（二）基于城市交通枢纽建立对用地结构的影响分析

随着京沪铁路的建成，济南西客站在 2011 年建成使用。对外，济南西客站承担着京沪铁路、胶济客运专线、石济客运专线、郑济高速铁路的交通枢纽的作用；对内，伴随着西客站的建成使用，带动了济南西部城区的发展，影响了城市用地结构。本部分选取济南西客站建立使用前后的两个时间段：2010 年和 2018 年；以烟台路和顺安路交接的十字路口为中心，测度半径 5 千米范围内的城市用地类型（如图 3-4-2），以分析济南西客站的建成对周围城市用地结构的影响作用。

从整体变化来看，济南西客站运行前后，测算范围内的城市用地在空间上表现出由"无序、散状"向"有序、集聚、复合"的转变。从各类城市用地的变化来看，居住用地和公共服务用地的变化最为强烈。在空间分布上，居住用地由"分散状"变为"东部集聚"；公共服务用地由"集聚"变为"分散"。2010年前，济南市主要的发展重心在东部城区，西部城区相对落后，因此西客站周围的城区发展较为缓慢，居住用地主要以散点状的形式分布。2018年，居中用地多分布在腊山河西路以东的位置，且以中大型的小区为主：分布着吉尔西苑、锦绣城、金科城等高层住宅小区。与2010年相比，2018年西客站周围的居住用地更加集聚，布局更加规整。公共服务用地表现出与居住用地相反的空间分布变化。2010年西站半径5千米的公共用地分布表现为：在腊山河西路以东小片区集聚的分布形态和沿经十西路南北两侧点状分布。2018年，公共服务用地呈现"分散范围广、密度大、点状+条带状"的分布特点：一是以点状或条带状分散于腊山河西路以东的居住用地之间；二是分布在齐鲁大道和经十西路等主要城市道路的两侧。

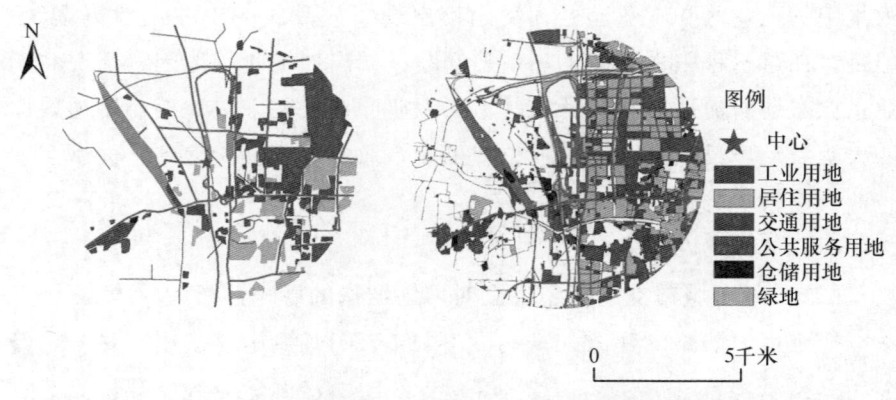

图3-4-2　2010年和2018年济南西客站半径5千米范围内城市用地变化图

其次，受到西客站建成的影响，工业用地表现出远离西客站集聚的分布形态。2010年，测算范围内工业用地呈现点状的分散形态，大面积的工业用地主要是分布在西客站的西南方向，为中国重汽集团特种汽车公司。2018年，工业用地表现出明显西南、东南和东北三个方向集聚状态：一是西南部分布着中国重汽集团；二是东南方向的腊山工业园；三是东北方向的西沙工业园。交通服务用地和仓储用地在2010—

2018 年间也表现出极大增长活力。交通服务用地主要表现为路网密度增大，这主要体现在城市次干路和支路的密度增大上，城市快速路和主干路基本没有变化。与 2010 年相比，2018 年仓储用地一是面积增大，二是分布范围增大。

从城市各类用地之间的复合类型来看，济南西站的建立有效地促进了城市用地空间的合理性分布。与 2010 年相比，2018 年测算范围内居住用地、公共服务用地占比减少，交通用地和工业区用地占比上升，各类用地的占比差距缩小。2010 年，西站周围的城市用地类型之间的复合多为："工业用地＋居住用地"和"居住用地＋交通用地"两种类型，反映出此时西客站周围的居民多居住在工业企业附近和交通线附近，生活区与生产区相互交错，居民生活容易受到工业生产带来的废水和废气污染以及道路噪声的影响。2018 年，西站周围的城市用地类型之间的复合主要为："居住用地＋公共服务用地"和"公共服务用地＋工业用地"两种类型。居住用地和公共服务用地的复合分布，一方面减少了居民生活受到工业生产带来的污染，另一方面可以使得居民更加便捷的享受城市公共设施所发挥的社会效应。公共服务用地和工业用地的复合则可以促进城市工业企业和服务业之间的联系，减少企业成本。

二 影响因素分析

（一）自然条件

城市的发展首先会受到其自然本底条件的影响，包括地理位置、自然环境和资源条件等自然基础要素都会成为影响城市发展的重要因素。济南市拥有"南山、北河、中泉"的特殊自然地理资源与条件，这既是济南市城市发展的优势，也同时为城市的发展带来了诸多的挑战，影响着城市用地空间布局与城市功能的发展。

济南市南部与泰安市接壤，受到泰山余脉的影响，整体海拔较高，分布着大青山、腊山、白马山、六里山、刘长山等山脉。也正因为此，南部山区环境良好，并有"济南市后花园"的美誉，吸引了市区和周围地市内的大批游客，促进了城市旅游业的发展，城市功能更加丰富和

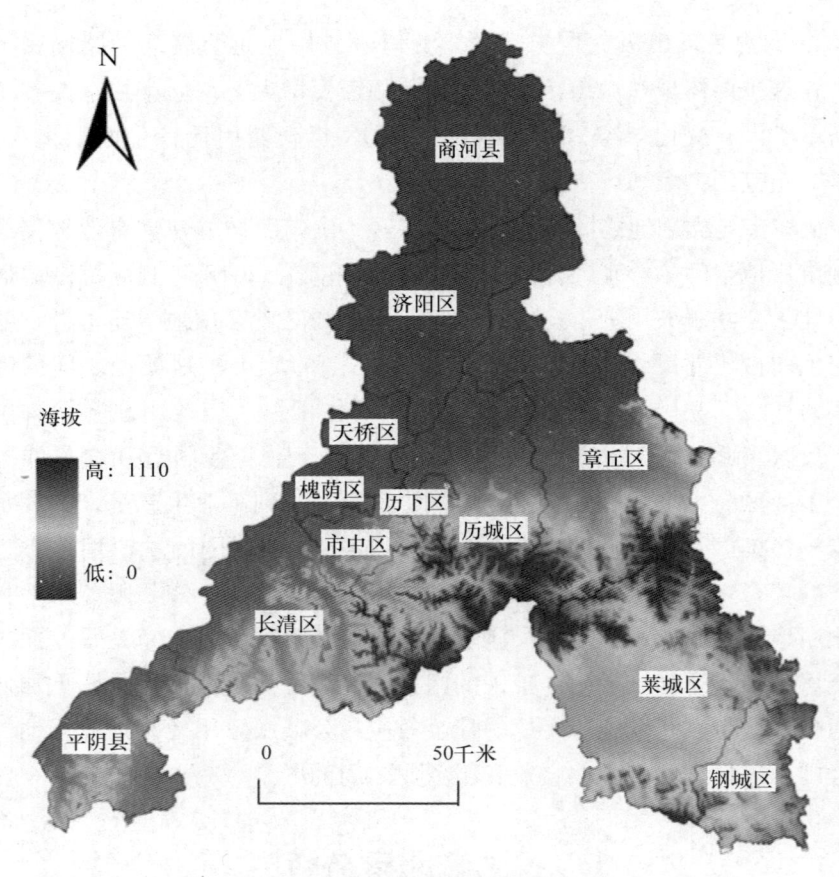

图 3-4-3 济南市高程图

完善。但是，正因为南部有山脉的阻挡，限制了城市用地的扩张，城市发展在南部的方向受到一定的限制。此外，南高北低，主城区发展陷入"槽状"盆地，不利于城市大气流通。济南市城区北部有黄河阻挡，使得黄河北面的济阳区和南边的主城区分离，城区发展速度缓慢，也会影响城市功能的辐射力。济南市因为城市内部分布着泉水，素有"泉城"之称，这也有效地带动了城市旅游业的发展，进而促进了城市其他功能的发展。与此同时，正因为地下泉水的影响，济南市的地下轨道交通的发展面临着诸多的挑战，2019年4月份才拥有第一条地铁线。

纵观国内的城市空间结构形状，大致可以分为团状、条带状、星状、组团状和一城多镇五种类型。总体来说，济南市"南山、北河"的特殊自然条件造就了城市发展呈现条带状的空间结构形态，主城区沿着东西方向扩展。条带状的城市空间形态既是济南市城市发展的优势也是城市发展的限制。得益于条带状的城市发展形态，一定程度上平衡了济南市主城区原本"槽状"盆地带来的生态劣势，特别是在城市人口分布较少的南部山区，其可以中和一部分生产生活带来的污染气体。其次，相较于北京这样的团状城市，条带状的城市形态有效地避免了工业区包围主城区的情况，搬迁成本低。当前，济南市制造型、高污染类工业主要搬迁至城市西部和东北部的边缘区，为主城区发展金融业、服务业和高端信息产业预留了空间。再者，济南市主城区主要沿自西向东的经十路发展，各区通过经十路有效的连接，彼此相互影响，有效地避免了星状城市形态带来的各区独立发展的情况。但是，与其他城市空间结构形状的城市发展相比，条带状城市发展具有明显的辐射能力弱，两端发展差距大的缺陷。目前，济南市城市发展存在着东高西低的差距：东部城区相较于西部城区来说城市用地结构更加合理、城市功能更加完善。此外，条带状城市在城市的交通用地布局上往往受到一定的压力，缺少像团状城市所具有的交通分流能力。作为连接济南市各区的主干道，经十路承载了城市大部分的交通压力，不利于城市功能的提升。

(二) 技术进步

技术进步可以通过技术创新和技术扩散方式推动城市不断向前发展，并对城市用地结构和城市功能产生影响。

首先，技术创新可以通过城市建筑技术的创新、交通运输技术的创新以及工业生产技术的创新直接影响城市用地结构和城市功能。随着建筑业技术的创新升级，城市建筑物高度逐渐增高，有效地减少城市用地面积，提高建筑的容积率。结合本篇的实证结果，在建筑业技术不断进步的影响下，尽管济南市居民小区的数量减小，但是小区内居民楼的高度显著增高，增加了小区的住户数，使得城市居住功能增强。伴随着交通运输技术的不断进步，济南市居民的出行方式愈加丰富，如共享单车、电车以及城市地铁，可以有效改善城市交通拥堵现象，完善城市的交通功能。新能源公共汽车的出现也可以减少城市污染，有利于城市生态功能的提升。此外，工业生产技术不断创新有利于促进城市的工业企业的转型升级。本篇的实证结果表明，济南市工业制造业已经由低端、高污染、高能耗为主的产业类型转为高技术含量和高附加值为主的产业类型，其反映了工业技术发展对于城市工业发展的影响。

其次，技术扩散可以理解为网络信息技术通过扩大城市信息流通的空间范围，减弱地理空间距离的作用，对城市用地结构和城市功能产生影响。信息技术具有共享性的显著优势，可以有效地降低地理距离对于工业企业发展的影响，使得在城区边缘处的工业企业获得与在市中心大致等量的信息。这可以概述为，企业可以借助信息技术带来的全球信息共享优势，减弱市中心地租高，对外交通不便等带来成本过高。当前济南市城市工业用地不断向城市边缘扩张的实证结果，与信息技术的发展有密切的关系。此外，信息技术的共享性也体现在同类工业企业共享同种信息，提高信息输送的针对性。当前济南市呈现出园区式的工业发展，不仅有利于同类企业共享同类的物质资源，更有利于它们共享信息资源，剔除干扰性信息。

（三）政策驱动

政府政策和宏观调控手段往往会对城市的用地结构和功能发展起到重要的作用，其主要体现在城市各类新区的建立、城市规划和城市管理调控政策等方面。

首先，济南市各类新区、开发区和先行区的设立为城市空间扩张提供了条件，也促进了产业集聚和城市功能提升。2000以来济南市先后进行了四次行政区划的变革：2001年，长清撤县设区；2016年章丘区撤市设区；2018年济阳撤县设区；2019年莱芜撤市，分为两区并入济南市。据统计，2018年长清区、章丘区和济阳区的地区生产总值分别为366.9亿元、1072.7亿元和295.7亿元，三区生产总值之和占全市的27.99%。同时，相较于2010年，2018年济南市城区建设用地空间扩张的73.03%来自这三个城区。济南高新区作为1991年国务院首批的国家级高新技术产业开发区，经过20多年的开发建设，现已发展成为济南市的信息产业、生物制药、智能装备的高新技术产业的集聚中心。2018年，高新区的生产总值首次突破1000亿，对全市增长贡献率超过28%，高新区现已经由原来的产业集聚区发展到综合功能不断增强的城市新区。此外，腊山工业园区、临港工业园区、孙村工业园区、新沙工业园区等园区设立，有效地促进了济南市各类产业集聚，更实现工业"郊区化"，为中心城区的空间扩张提供了条件。2018年，国家在济南市设立首个新旧动能转换的先行区，并将主要试验区设立在黄河以北，有利于城市空间的扩张，促进了济南城市新旧动能转换的脚步，更有利于济南市的城市工业功能的发展与完善。

其次，城市规划反映了政府对城市未来发展的宏观调控意愿和基本定位，对城市的扩张和功能发展有着重要的引导作用[①]。1950年济南市制定《济南市都市计划纲要》，《纲要》中提出将济南划分为"工业区、商业区、住宅区、行政区、文教区以及游览区及绿化园艺地带"等几大功能分区，首次明确了济南市城市发展的空间结构。1959版《济南市城市总体规划》确定了城市中心，首次规划建设城市"飞地"工业区；1980版城市规划详细地划定了对城市功能分区，"东拓""西进"的城市发展方向开始萌芽；1996版城市规划提出"沿东西经济轴，向东沿轴"发展的城市结构；2011版城市规划提出实施"东拓、西进、南控、北跨、中优"的城市空间发展战略，强调了培育现代服务业、总部经济聚集区，高新技术产业和先进制造业基地的重要性。

最后，为打造更加繁荣、和谐、宜居、魅力的城市，济南市政府也出台了其他城市改造和管理政策。早在20世纪90年代，济南市政府就提出"腾笼换业"等城市产业发展方针，改造传统产业逐渐培育新的产业，近年来已经颇见成效。如以济钢为代表的大型传统工业企业已经关停，并在计划迁移至靠近沿海的城市中去。这类大型企业的

---

① 申庆喜等：《长春市居住与工业空间演进的耦合性测度及影响因素》，《人文地理》2017年第1期。

搬迁，无疑会削弱整个城市工业生产功能，但也为城市培育新型产业提供了动力，缓解城市工业污染现象，提高城市的宜居性。此外，在政府指导下城市交通设施的建设也对城市发展起到关键性作用。如，济南西站的建成，既有效地分流了旧城区济南站的客流量，也有效地带动了西部城区的城市发展；再如，济南绕城高速、北园高架和二环东高架等城市快速道路的建设，为济南市城市扩张提供了基本支撑，促进了济南市在更广阔的范围内进行空间重构。同时，在政府引导下的城市服务设施的空间布局变化方面，如市政府机关的集体搬迁，万达、万象城等大型商场的规划建设，都有效地促进了济南市城市服务设施的在空间布局的不断调整优化，分流了城市核心区的人流，促进了新城区综合功能的提升。

（四）市场作用

市场是影响城市用地结构和功能发展的又一关键因素。其中，在市场化背景下城市用地市场竞租、城市对外开放水平和微观企业个体发展成为促进城市空间扩张、结构改变和功能调整的重要因素。

在中国土地有偿制度的背景下，城市用地的竞租机制成为影响城市各类用地和产业布局的重要因素[①]。一方面，同一个范围内土地竞租因为产业利润的不同影响产业布局，从而影响到用地类型。另一方面，因为各区地理位置的不同，同一用地类型靠近城市中心的地租要远高于城区边缘处的地租。结合前文的分析实证，当前济南市城市中心位置主要分布着中国银行、证券公司、恒隆购物广场、趵突泉景区、千佛山景区等金融服务业、大型商场和文化旅游景点，用地类型主要为公共服务用地，高档小区主要分布在市中心和郊区居住环境良好的地区，工业用地因为产业园区的建立而在城区边缘集聚。总体来看，济南市和多数城市一样，因为地租机制的存在城市用地类型从城市内部到外部依次为：公共服务用地，居住用地，工业用地的空间分布。

---

① 陈蔚珊等：《广州轨道交通枢纽零售业的特征聚类及时空演变》，《地理学报》2015年第6期。

表 3-4-3　　济南市 2018 年城区国有商业服务业、住宅、
工业用地级别基准地价　　　　单位：元/平方米

级别	商业用地	住宅用地	工业用地
Ⅰ	8510	6245	2100
Ⅱ	7127	4565	1614
Ⅲ	5203	3724	1191
Ⅳ	4000	3170	832
Ⅴ	2892	2616	630
Ⅵ	2364	1987	496
Ⅶ	1804	1364	405
Ⅷ	1263	852	322
Ⅸ	878	—	—

一个城市的新区往往承担着城市对外交流的角色，这过程中也包含着城市用地的扩张，如城市的保税区、中外合作产业园、出口加工等园区的设立都会为城市建设用地的扩张提供新空间。济南市城市对外开放有效地促进了城市建设用地的扩张和功能完善。2017年，济南市进出口总额达到113亿美元，是2000年进出口总额的7.86倍。济南市实际利用外资也呈现出不断上升趋势，2017年全年实际利用外资为18.76亿美元，是2000年实际利用外资总额的5.87倍。当前，济南正在将高新技术开发区努力打造为"对外开放的新高地"。2018年，高新区新设立外资企业112家，合同外资达21亿美元。当前，高新区积极参加全球化产业布局，引进思科、博马科技、安博等世界五百强企业，并通过举办中德中小企业合作交流大会促进两国产业的交流强度；更是建立了发展城市开放型经济的平台——综合保税区，不断为城市区域产业的发展注入新活力，有效地促进了城市用地规模的增加和功能的多元化。

企业的个体行为也会对城市用地结构和功能集聚产生一定的影响。随着现代企业的不断改革，城市生产功能逐渐与其他功能剥离，目的是提高产业集聚力和市场竞争力。如，围绕着济钢、机床二厂而建立的

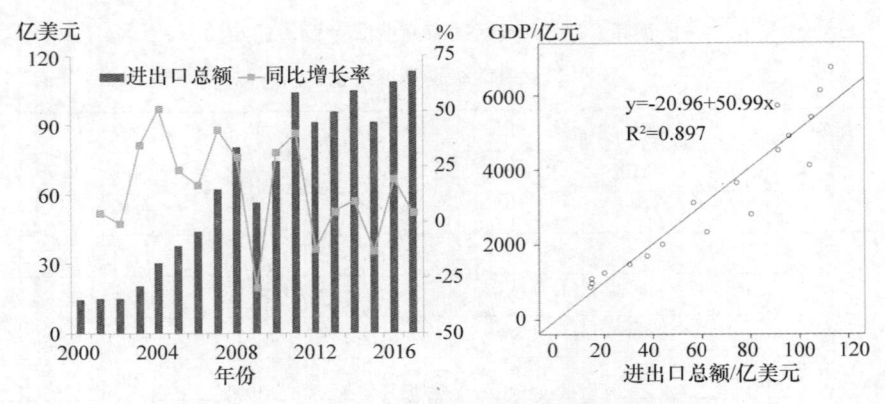

图 3-4-4 2000—2016 年济南市进出口总额及与 GDP 关系图

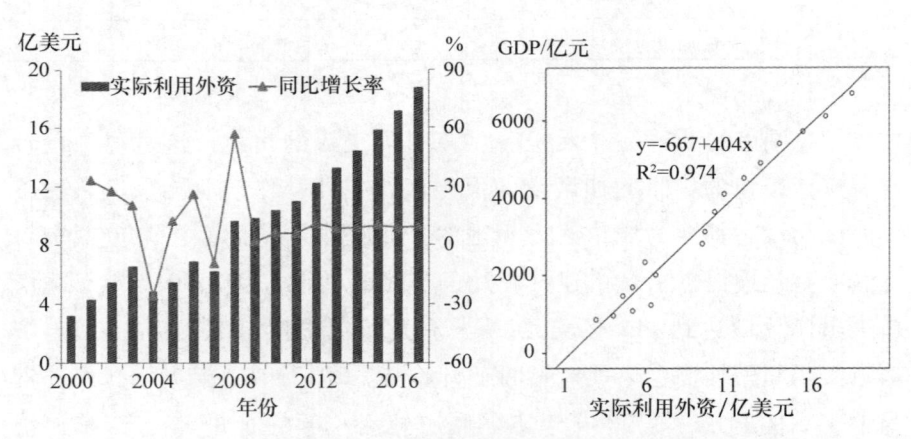

图 3-4-5 2000—2016 年济南市实际利用外资及与 GDP 关系图

"单位大院"式居住小区,因为企业搬迁、企业扩张等原因被其他产业所取代,用地结构发生改变。再者,在市场化背景下,围绕着企业而产生的生产性服务业也逐渐兴起,丰富了区内用地类型,提高了区内功能综合性。如,现高新区内的中泰证券、北京银行、联合财富广场、连锁商务酒店和商务写字楼等生产性服务业多都是围绕着区内重要企业而出现。此外,大型企业的选址与规模扩张,往往会吸引中小企业在其周围,形成产业集聚,增加城市用地面积,提高城市竞争力。如,坐落在济南高新区浪潮集团、山东中创软件工程股份有限公司等电子信息产业,有效地带动了区域信息技术企业在此集聚,形成产业园区,大大提升了济南市的电子信息产业在全国竞争力。

三 优化用地结构与提升城市功能的对策

(一) 优化城市用地结构，提高土地利用效益

首先，根据城市实际发展的目标，继续平衡各类城市用地占比情况。从济南市各类用地占比演变情况来看，居住用地占比有下降的趋势，2018年济南市居住用地占比为27%，略高于国家规定的25%的最低标准；绿地占比尽管呈上升趋势，2018年济南市绿地占比为9.6%，但是还未达到国家规定的10%最低标准。因此，不仅从城市人口不断增多的发展现状来说，还是从未来城市用地占比的合理化来说，在合理范围内增加城市居住用地面积依然是济南市城市用地发展的方向之一。同时，增加绿地面积占比，不仅可以美化城市，也可满足城市居民对居住环境的要求。

其次，顺应城市发展现状，优化城市用地的复合类型。本研究表明，尽管之前工业用地和居住用地之间的复合类型可以有效地减少城市居民的通勤距离，但是这种城市用地类型因其工业污染影响居民的身体健康以及工业园区等大面积工业用地的出现，已经不适用于当前的城市发展。因此，在未来城市发展中，可加强居住用地和生态绿地之间的复合，以实现城市的宜居性；加强居住用地和公共服务用地之间的复合，以方便市民日常生活；加强工业用地和公共服务用地之间的复合，以减少工业生产的成本。

最后，减少闲置土地，提高土地利用效益。本研究表明，在济南市城市工业用地大幅增长的时间段内，其对应的工业效率并未实现大幅的提高，甚至出现了下降的趋势，这说明济南市可能存在闲置工业用地的现象。这不仅降低工业用地效率，更会对城市其他用地产生影响，进而会发生整个城市用地结构失衡的危险。因此，在济南市未来发展中，相对于增加政府资金投入和引入高质量的人才来说通过减少闲置用地来提高城市用地提高效率更为关键。

（二）强化资源优势整合，提升城市综合功能

资源整合是系统论的思维方式，强调了系统内部通过组织协调和有效分工，最终取得"1＋1＞2"的效果。将资源整合运用到提升城市功能上则表现为：通过资源的优化配置和对外联系来提高城市整体的功能水平。

首先，继续提升产业结构层次，强化产业布局。本篇研究结果表明，制造业是济南市工业发展的主要推动力；同时，济南市制造业已经由低端、高污染、高能耗为主的产业类型转为高技术含量和高附加值为主的产业类型。未来，济南市应继续推进高层次、先进制造业发展，如通过奖励机制提高企业发展积极性、引进高层次人才为企业发展注入活力以及支持建设科研机构为企业发展助力。此外，济南市工业发展已经呈现出典型的园区式，因此在未来园区布局过程中，应着重考虑资源禀赋、区位选址和产业基础等产业布局因素，充分发挥各布局因素的优势性。

其次，推进城市交通路网建设，促进要素流动。济南市公共交通种类已逐渐丰富，但是就城市交通设施的完善发展程度来看，与北京、上海、广州等城市相比仍然存在差距，如济南市目前开通2条地铁线路，仍未覆盖到城市中心，这就造成济南市城市公共交通网络之间出现"脱节"的现象，不易于城市内部各功能要素的流通。这就要求济南市在未来城市发展中，一是要在不断完善城市交通设施的基础上，更加注重各类公共交通设施之间的互联互通；二是，要加强城市交通网与周边城市交通网的联系与衔接，从而带动城市其他要素的流动，以达到提高城市整体功能的目的。

（三）加强城市系统协调性，推动城市高质量发展

首先，增强城市用地中供给与需求的协调性。城市若要实现高质量发展，应推动形成高质量的供给，以满足城市居民日益增长的美好生活的需要。在城市用地方面更需要实现供给和需求的平衡。从济南市城市用地结构的演化来看，济南市城市建设用地规模已经由前期的波动变化

转变为稳定增长，并且这种稳定增长有可能会成为未来城市发展的趋势。因此，在城市用地总量不会大幅供给和各类城市要素对用地需求增大的背景下，城市用地的集约利用尤为重要。在维持城市各类生产生活正常运行情况下，合理珍惜利用每一寸土地，盘活土地资源。

其次，增强城市各类功能之间的协调性。城市的高质量发展应为生产功能、生活功能和生态功能三者的相互协调。然而，城市功能协调不单是各类功能在空间上的组合分布、简单拼凑，应是从城市整体规划到具体实施设计的相互交叉与融合。本篇研究表明济南市的城市生态功能状况已经逐渐改善，城市"三废"处理功能不断增强。目前，济南市在城市绿色发展方面取得了一定进步，如居住环境改善、工业能耗降低等，但是未来济南市仍要加强发展绿色经济，加强生态功能与经济社会功能的协调性，以促进城市高质量发展。

参考文献

姜璐：《钱学森论系统科学》，科学出版社 2011 年版。
李小建：《经济地理学》，高等教育出版社 2006 年版。
刘军：《整体网分析讲义：UCINET 软件实用指南》，上海人民出版社 2009 年版。
孙志刚：《城市功能论》，经济管理出版社 1998 年版。
覃成林：《中国区域经济差异研究》，中国经济出版社 1997 年版。
王成新等：《结构解读与发展转型：中国城市化综合思辨》，人民出版社 2017 年版。
魏宏森等：《系统论——系统科学哲学》，清华大学出版社 1995 年版。
吴传钧：《人地关系与经济布局》，学苑出版社 1998 年版。
许学强等：《城市地理学》，高等教育出版社 2009 年版。
姚士谋等：《中国的城市群》，中国科学技术大学出版社 1992 年版。
［德］约翰·冯·杜能：《孤立国同农业和国民经济的关系》，吴衡康译，商务印书馆 1997 年版。
［美］冯·贝塔朗菲：《一般系统论——基础、发展和应用》，林康义译，清华大学出版社 1987 年版。
陈斐等：《空间统计分析与 GIS 在区域经济分析中的应用》，《武汉大学学报（信息科学版）》2002 年第 4 期。
陈明星等：《城市化速度曲线及其政策启示——对诺瑟姆曲线的讨论与发展》，《地理研究》2011 年第 8 期。
陈蔚珊等：《广州轨道交通枢纽零售业的特征聚类及时空演变》，《地理学报》2015 年第 6 期。

参考文献　261

丁镭等:《湖北省城市环境空气质量时空演化格局及影响因素》,《经济地理》2016 年第 3 期。

董锁成等:《山东半岛城市群人居环境质量综合评价》,《中国人口·资源与环境》2017 年第 3 期。

方创琳:《中国城市群研究取得的重要进展与未来发展方向》,《地理学报》2014 年第 8 期。

方创琳:《改革开放 40 年来中国城镇化与城市群取得的重要进展与展望》,《经济地理》2018 年第 9 期。

方创琳:《中国新型城镇化高质量发展的规律性与重点方向》,《地理研究》2019 年第 1 期。

甘静等:《2000 年以来东北地区城市化空间分异的时空演变分析》,《地理科学》2015 年第 5 期。

高宜程等:《城市功能定位的理论和方法思考》,《城市规划》2008 年第 10 期。

顾朝林等:《中国区域开发模式的选择》,《地理研究》1995 年第 4 期。

谷岩岩等:《基于多源数据的城市功能区识别及相互作用分析》,《武汉大学学报（信息科学版）》2018 年第 7 期。

郭克莎:《我国技术密集型产业发展的趋势、作用和战略》,《产业经济研究》2005 年第 5 期。

姬宇等:《山东省城市用地结构演变与驱动力分析》,《湖南师范大学自然科学学报》2017 年第 3 期。

蒋大亮等:《基于百度指数的长江中游城市群城市网络特征研究》,《长江流域资源与环境》2015 年第 10 期。

李德仁等:《论夜光遥感数据挖掘》,《测绘学报》2015 年第 6 期。

李瀚祺等:《基于众源数据挖掘的中国饮食口味与慢性病的空间关联》,《地理学报》2019 年第 8 期。

李琳等:《中三角城市群城市经济联系的时空演变特征》,《城市问题》2015 年第 7 期。

蔺雪芹等:《中国城市空气质量时空演化特征及社会经济驱动力》,《地理学报》2016 年第 8 期。

刘丹等:《城市扩张对热环境时空演变的影响——以哈尔滨为例》,《生态环境学报》2018年第3期。

刘耀彬等:《环鄱阳湖城市群城市规模结构演变特征》,《经济地理》2013年第4期。

梅琳等:《长江中游城市群城市职结构演变及其动力因子研究》,《长江流域资源与环境》2017年第4期。

苗长虹等:《中国城市群发展态势分析》,《城市发展研究》2005年第4期。

权泉等:《四川省城市群综合承载力、驱动因子与空间演化》,《中国农业资源与区划》2018年第8期。

申庆喜:《长春市居住与工业空间演进的耦合性测度及影响因素》,《人文地理》2017年第1期。

石正方等:《城市功能转型的结构优化分析》,《生产力研究》2002年第2期。

汤放华等:《基于分形理论的长株潭城市群等级规模结构研究及对策》,《人文地理》2008年第5期。

唐亮等:《城市建设用地消耗强度与经济社会水平协调发展研究——基于城市发展阶段的分析》,《中国土地科学》2017年第11期。

王德利等:《中国城市群规模结构的合理性诊断及演变特征》,《中国人口·资源与环境》2018年第9期。

王芳等:《基于街区尺度的城市商业区识别与分类及其空间分布格局——以北京为例》,《地理研究》2015年第6期。

王劲峰等:《地理探测器:原理与展望》,《地理学报》2017年第1期。

王金杰等:《协同视角下京津冀制造业转移及区域间合作》,《经济地理》2018年第7期。

王振波等:《2000年以来长江经济带城市职能结构演变特征及战略思考》,《地理科学进展》2015年第11期。

吴传钧:《论地理学的研究核心——人地关系地域系统》,《经济地理》1991年第3期。

吴传清等:《关于中国城市群发展问题的探讨》,《经济前沿》2003年第 Z1 期。

吴健楠等：《中国城市群空间结构研究进展》，《现代城市研究》2013 年第 12 期。

吴健生等：《中国城市体系等级结构及其空间格局——基于 DMSP/OLS 夜间灯光数据的实证》，《地理学报》2014 年第 6 期。

邬丽萍：《城市群空间演进与产业联动——以广西北部湾城市群为例》，《经济问题探索》2013 年第 3 期。

熊丽芳等：《基于百度指数的长三角核心区城市网络特征研究》，《经济地理》2013 年第 7 期。

许芸鹭等：《辽中南城市群城市用地结构的时空演变分析》，《经济地理》2018 年第 1 期。

杨振山等：《大数据对人文——经济地理学研究的促进与局限》，《地理科学进展》2015 年第 4 期。

姚作林等：《成渝经济区城市群空间结构要素特征分析》，《经济地理》2017 年第 1 期。

于谨凯等：《山东半岛城市群经济联系空间格局演变研究》，《地理科学》2018 年第 11 期。

张军等：《中国省际物质资本存量估算：1952—2000》，《经济研究》2004 年第 10 期。

张兴茂：《科学认识和正确处理新时代我国社会主要矛盾》，《武汉大学学报（哲学社会科学版）》2019 年第 1 期。

赵东霞等：《东北地区城市经济联系的空间格局及其演化》，《地理科学》2016 年第 6 期。

赵晶等：《上海市土地利用结构和形态演变的信息熵与分维分析》，《地理研究》2004 年第 2 期。

赵鹏军等：《中国小城镇镇区土地利用结构特征》，《地理学报》2019 年第 5 期。

钟洋等：《基于 DMSP-OLS 夜间灯光数据的长江经济带城镇体系空间格局演变（1992—2013）》，《长江流域资源与环境》2018 年第 10 期。

周一星：《北京的郊区化及引发的思考》，《地理科学》1996 年第 3 期。

周一星等：《中国城市（包括辖县）的工业职能分类——理论，方法和结果》，《地理学报》1988年第4期。

邹琳等：《长江经济带的经济联系网络空间特征分析》，《经济地理》2015年第6期。

李强：《中国城市职能结构演化与区域分异研究》，硕士学位论文，山东师范大学，2014年。

王婷：《中国城市群空间结构的特征、影响因素与经济绩效研究》，硕士学位论文，华东师范大学，2016年。

殷小敏：《中部地区市域经济发展差异及影响因素分析》，硕士学位论文，安徽财经大学，2018年。

Harris C. D., "A Functional Classification of Cities in the United States", *Geographical Review*, Vol. 33, No. 1, 1943.

Hoyt H., *The Structure and Growth of Residential Neighborhoods in American Cities*, Washington DC: Federal Housing Administration, 1939.

Park R. E., E. W. Burgess, R. McKenzie, *The Growth of the City: An Introduction to a Research Project*, Chicago: University of Chicago Press, 1925.

Perroux F., "Economic Space: Theory and Applications", *The Quarterly Journal of Economics*, Vol. 64, No. 1, 1950.